Inhalt

Unterricht GEOGRAPHIE

Modelle · Materialien · Medien

Band 3: **Agrargeographie**

Autoren:
Konrad Riess · Dieter Sajak

Herausgeber:
Helmuth Köck

Wissenschaftlicher Redakteur:
Gerhard Meier-Hilbert

Aulis Verlag
Deubner & Co KG

CIP-Titelaufnahme der Deutschen Bibliothek

Riess, Konrad:
Agrargeographie / Autoren: Konrad Riess; Dieter Sajak.
Hrsg.: Helmuth Köck. — Köln : Aulis-Verl. Deubner, 1988
 (Unterricht Geographie ; Bd. 3)
 ISBN 3-7614-1109-X

NE: Sajak, Dieter:; GT

Unterricht Geographie · **Reihenübersicht:**

1 Geozonen
Von *Gerhard Meier-Hilbert* und *Ellen Thies*

2 Städtische Räume
Von *Claus Dahm* und *Henning Schöpke*

3 Agrargeographie
Von *Konrad Riess* und *Dieter Sajak*

4 Ökologie und Umweltschutz
Von *Jürgen Hasse* und *Winfried Wroz*

5 Industriegeographie
Von *Manfred Schrader* und *Andreas Peter*

Küste und Meer
Von *Ute Braun* und *Eckart Pflüger*

Bergbau/Energiewirtschaft
Von *Wolfgang Fraedrich*

Entwicklungsländer
Von *Gerhard Ströhlein* und *Josef Schnurer*

Politische Räume
Von *Ulrich Brameier* und *Josef Schnurer*

Klima/Wetter
Von *Walter Lükenga*

Reise/Erholung
Von *Diether Stonjek* und *Gerhard Sasse*

Verkehr
Von *Helmut Brauer, Claus Dahm* und *Henning Schöpke*

Bevölkerung
Von *Gerhard Ströhlein* und *Ulrich Brameier*

Böden/Vegetation
Von *Gerhard Meier-Hilbert* und *Winfried Wroz*

Oberflächenformen
Von *Ute Braun* und *Eckart Pflüger*

Räume im Wandel
Von *Diether Stonjek* und *Gerhard Sasse*

Weitere Bände sind geplant.

An der Reihe arbeiten folgende Autoren mit:

Ulrich Brameier,
Albrecht Thaer-Gymnasium, Hamburg

Helmut Brauer,
Universität Göttingen

Dr. *Ute Braun,*
Universität Hannover

Prof. Dr. *Claus Dahm,*
Universität Göttingen

Wolfgang Fraedrich,
Gymnasium Heidberg, Hamburg

Dr. *Jürgen Hasse,*
Universität Hamburg

Dr. *Walter Lükenga,*
Universität Osnabrück

Dr. *Gerhard Meier-Hilbert, M.A.,*
Hochschule Hildesheim

Andreas Peter,
Staatliches Studienseminar Wilhelmshaven

Eckart Pflüger,
Orientierungsstufe Pattensen

Konrad Riess,
Wilhelm Busch-Realschule, Bockenem

Dieter Sajak,
Universität Hannover

Gerhard Sasse,
Haupt- und Realschule Bissendorf

Josef Schnurer,
Robert-Bosch-Gesamtschule, Hildesheim

Henning Schöpke,
Gymnasium Gifhorn

Dr. *Manfred Schrader,*
Universität Hannover

Dr. *Diether Stonjek,*
Universität Osnabrück

Prof. Dr. *Gerhard Ströhlein,*
Universität Göttingen

Ellen Thies,
Bezirksregierung Braunschweig

Winfried Wroz,
Joseph von Eichendorff-Gesamtschule, Kassel

Best.-Nr. 8403

Alle Rechte AULIS VERLAG DEUBNER & CO KG, Köln 1988

Umschlaggestaltung: Atelier Warminski, Büdingen

Titelphotos: Mit freundlicher Genehmigung des Ernst-Klett-Verlags entnommen aus:
Klett-Medien zur Geographie TERRA Nr. 401277

Textverarbeitung des Materialienteils: A. Schwarz, Köln

Gesamtherstellung: KAHM GmbH, Frankenberg/Eder

ISBN 3-7614-1109-X

Vorwort

Anlaß zur Planung und Herausgabe dieser Reihe ist die Tatsache, daß

— das Material (Fachliteratur, Medien, Materialien i. e. S. etc.) zu den unterrichtlich relevanten allgemeingeographischen Themenkreisen und erst recht zugehörigen möglichen Raumbeispielen extrem verstreut vorliegt und als Folge davon für den einzelnen Lehrer weder überschaubar, noch von heute auf morgen greifbar ist, der Unterricht mithin häufig vom gerade zufällig vorhandenen, greifbaren Material getragen wird,

— sorgfältige Vorbereitung und guter Unterricht mithin einen unverhältnismäßig hohen, letztlich jedoch nicht vorhandenen Zeitaufwand erfordern, zumal angesichts der Fachlehrertätigkeit in oft mehreren Jahrgängen,

— ein Großteil der Geographie erteilenden Lehrer fachlich nicht ausgebildet ist, also fachfremd unterrichtet, u. a. m.

Ziel dieser Reihe ist es daher, durch Zusammenstellung und unterrichtsbezogene Aufarbeitung und Strukturierung des für das jeweilige allgemeingeographische Thema und zugehörige Raumbeispiel erforderlichen Materials den Lehrer in seiner Vorbereitungsarbeit so zu unterstützen und dadurch zu entlasten, daß er frei wird für die gedankliche Durchdringung statt für die Suche des Materials, daß er dadurch dann über und nicht mehr in der Sache steht, daß er die unterrichtlichen Vermittlungsprozesse somit souverän organisieren kann, statt sich mehr schlecht als recht durchwursteln zu müssen.

Daraus ergibt sich, daß jeder Band dieser Reihe ein Lehrer- und kein Schülerbuch ist, und zwar gedacht für den Lehrer der Sekundarstufe I aller Schularten. Funktional ist jeder Band jedoch insofern auch wieder schülerbezogen, als seine Materialien großenteils per Vervielfältigung direkt in die Hand des Schülers gelangen, um dann von diesem bearbeitet zu werden.

Aus dem schulartenübergreifenden Charakter dieser Reihe ergibt sich allerdings die Notwendigkeit einer schulartenbezogenen Differenzierung hinsichtlich der Inhalte, Medien, Materialien, Erschließungstiefe usw. Hier muß dann jeder Lehrer selbst das für seine konkrete Situation Passende heraussuchen oder durch Überarbeitung herstellen.

Um die hier angesprochenen Zwecke nun zu erreichen, sind die Bände dieser Reihe i. d. R. wie folgt aufgebaut:

In der **Einleitung** wird einiges zu Zweck, Aufbau und Verwendung des jeweiligen Bandes gesagt.
In der **Didaktischen Begründung** geht es zunächst um die Legitimation des betreffenden Bandthemas. Sodann werden aus dem somit begründeten Gesamtthema curricular und somit unterrichtsrelevante Teilthemen (Fragekreise) ausgegliedert und im sog. Gesamtplanungsfeld übersichtlich zusammengestellt. Zugleich weist dieses Gesamtplanungsfeld die ungefähre Schulstufenzuordnung und damit das curriculare Gefüge der ausgegliederten Teilthemen aus. Da die jeweils ausgegliederten Teilthemen jedoch ein hinreichendes Maß an Eigenständigkeit und innerer Abgeschlossenheit besitzen, können sie ganz nach Bedarf, flexibel also, verwendet werden.

Im **Basiswissen** wird das jeweilige Bandthema nach Maßgabe seiner im Gesamtplanungsfeld ausgegliederten Teilthemen allgemeingeographisch abgehandelt. Dem Charakter des Basiswissens entsprechend geht es dabei jedoch nur um grundlegende themenspezifische Sachaussagen. Abgeschlossen bzw. ergänzt wird dieses Basiswissen durch ein themenspezifisches Glossar.

In den **Unterrichtsvorschlägen**, dem neben dem Medienangebot wichtigsten Teil eines jeden Bandes, werden die einzelnen Felder/Teilthemen des Gesamtplanungsfeldes nun mit konkreten Unterrichtsvorschlägen ausgefüllt. Diese haben i. d. R. folgenden Aufbau: spezielles, d. h. teilthemenbezogenes, meist regionalgeographisches, bisweilen auch thematisch erweitertes Planungsfeld, in dem per Übersicht gezeigt wird, wie die Erschließung des betreffenden Teilthemas gedacht ist; regionalgeographische Sachanalyse, zu verstehen als themenspezifische Analyse des betreffenden Raumbeispiels; methodische Analyse; Verlaufsplanung mit den wichtigsten Angaben zu Inhalten, Lehrer-/Schülerverhalten, Medien, etc.

In dem Kapitel **Zur Arbeit mit den Medien** werden knapp gefaßte Hinweise zur Arbeit mit den in den Bänden dieser Reihe hauptsächlich angebotenen Medien-/Materialienarten gegeben.

Die jeweiligen Medien/Materialien selbst sind dann in dem **Medienangebot** zusammengestellt. Dabei ist dieses Medienangebot zweigeteilt: Ein Teil umfaßt als geschlossener Teil die eingebundenen Materialien (Kopiervorlagen, Tabellen, Karten, Diagramme etc.); der andere Teil beinhaltet in Gestalt einer Medientasche diejenigen Medien/Materialien, die nicht geheftet beigegeben werden können (z. B. Folien, Dias, Faltkarten, etc.). Den letzten Abschnitt bildet der **Quellenteil**, in dem die Literatur, Medien, Materialien etc. nachgewiesen werden.

Auf der Grundlage dieser Konzeption müßte es möglich sein, die einzelnen Vorschläge direkt in Unterricht umzusetzen. Gestützt wird diese Erwartung durch die unterrichtliche Erprobung, die alle Unterrichtsvorschläge erfahren haben.

Verlag **Herausgeber**

 # Einleitung

Die elementaren materiellen Mittel zur Befriedigung menschlicher Bedürfnisse werden durch die Bodenkultur beschafft. Dadurch kommt unter den verschiedenen Wirtschaftsformen der Erde der Landwirtschaft die größte Bedeutung zu. Entsprechend gehört die Agrargeographie zu den klassischen Forschungsbereichen der wissenschaftlichen Geographie.

Gleichwohl ist die Landwirtschaft in den städtisch-industriellen Gesellschaften stark zurückgedrängt worden. Nicht nur, daß ihr Anteil an den Erwerbstätigen und am Volkseinkommen — trotz steigender Produktivität — abnahm; auch ihr Ansehen — man denke an Arbeitszeit, Arbeitsart, Verdienstmöglichkeiten, Bildungsgrad und gesellschaftliche Stellung der Bauern — ist beträchtlich gesunken. Mit dieser Tatsache muß sich auch die Schule bewußt auseinandersetzen. Der Geographieunterricht sollte mit Hilfe von agrargeographischen Unterrichtsthemen ein realistisches Bild der Landwirtschaft als einer der wichtigsten Lebensgrundlagen vermitteln.

Grundlagen der Überlegungen zum Aufbau dieses Bandes war die herzustellende Affinität zu bestehenden Lehrplänen bzw. Rahmenrichtlinien der einzelnen Bundesländer. Das hat dann zwangsläufig zur Folge, daß bestimmte Inhalte dieses Bandes z. T. auch in Schulbüchern und Lehrplänen ausgewiesen sind. Zugleich steigt dadurch der Nutzen dieses Bandes für den Schulalltag. Wichtig erschien, daß dem Lehrer reichhaltiges Material zur Verfügung gestellt wird (z. B. Kopiervorlagen für Arbeitsblätter und Folien, Dias, Arbeitsaufgaben), um ihm dadurch Vorbereitung und Durchführung seines Unterrichts zu erleichtern. In diesem Sinne ist auch das umfangreiche Medienangebot zu verstehen, aus dem je nach schulischer Situation eine entsprechende Auswahl getroffen werden kann.

B Didaktische Begründung und Gesamtplanungsfeld

Landwirtschaftliche Themen nehmen innerhalb des Geographieunterrichts seit jeher einen breiten Raum ein. Obwohl der landwirtschaftliche Bereich hinsichtlich Arbeitsplätzen und Produktionswerten im Rahmen der Volkswirtschaft, vor allem in industrialisierten Ländern, an Bedeutung verloren hat, sind agrargeographische Grundkenntnisse aus unterschiedlichen Klimazonen und Wirtschafts- bzw. Gesellschaftssystemen trotzdem zum besseren Verständnis wirtschaftlicher Fragestellungen sowie der Lebensbedingungen und -möglichkeiten während der Schulzeit und des späteren Lebens notwendig. Empirische Untersuchungen haben gezeigt (vgl. IMA, 1973), daß bis in die 70er Jahre die landwirtschaftliche Wirklichkeit in weiten Teilen der Bevölkerung romantisch verklärt und vorurteilsbeladen wahrgenommen wurde. Besonders gern wurde dabei die Diskrepanz zwischen dem ‚menschenfeindlichen und unwirtlichen' Industriesektor und dem stärker ‚naturbelassenen und harmonischen' Landwirtschaftssektor herausgestellt. Solche Bewertungskategorien nützen wenig, sie bauen Vorurteile auf und verstellen den Blick für die Wirklichkeit.

Informationen durch unterschiedliche Medien zum Beispiel über landwirtschaftliche Überschußproduktion in Industrieländern, wachsende Agrarsubventionen (vgl. EG) sowie die katastrophale Ernährungslage in vielen Ländern der Dritten Welt stimmen heute viele Menschen nachdenklich und fordern auch den Lehrer heraus, dazu Stellung zu nehmen. Um aber angemessen argumentieren zu können, sind umfangreiche Kenntnisse über das Phänomen ‚Landwirtschaft' erforderlich.

Deshalb werden hier im einzelnen recht unterschiedliche Themenkreise vorgestellt, die der Realisierung folgender didaktischer Leitlinien dienen:

— unterschiedliche agrarische Wirtschaftsformen und bäuerliche Lebensweisen sollen erkannt werden,
— der Einfluß der Wirtschaftsformen und Lebensweisen auf das Bild der entsprechenden Agrarlandschaft bzw. Region muß deutlich werden,
— Versorgung bzw. Unterversorgung von Bevölkerungsgruppen mit agrarischen Produkten soll begründet werden,
— neuere betriebliche Organisationsformen in unterschiedlichen Gesellschaftssystemen sind zu erkennen,
— regionale Agrarstrukturen mit ihren differenzierten Betriebstypen und Bodennutzungssystemen sind zu erfassen und in ihren sozioökonomischen Entwicklungsmöglichkeiten einzuschätzen.

Eine umfassende Darstellung agrargeographischer Probleme und Phänomene ist angesichts der Vielgestaltigkeit des Komplexes nicht möglich. Daraus folgt der Zwang zur Eingrenzung, Abgrenzung und zu einer vertretbaren Auswahl. Wichtige Kriterien bei der Auswahl der einzelnen Themen waren:
— Eindeutigkeit der Themen hinsichtlich eventueller Transfermöglichkeiten,
— Signifikanz und Repräsentanz der Beispiele,
— Darstellbarkeit der Beispiele (Bildmaterial, Zahlen, Statistiken etc.),
— Möglichkeit, ausgewählte Probleme von Stufe zu Stufe (Klassen 5/6 bis Klassen 9/10) zu erweitern, zu ergänzen und im Sinne eines Spiralcurriculums altersangemessen darzustellen (Grundlage in Klassen 5/6, Erweiterung sowohl thematisch als auch räumlich in Klassen 7/8, stärker abstrahierend und zum Teil fächerübergreifend in Klassen 9/10).

Die Auswahl der Themen ist im Sinne der Vorgaben der Rahmenrichtlinien der einzelnen Bundesländer zu verstehen, so daß sie sich, wenn auch häufig unter anderer Betrachtungsweise, zum Teil auch in gängigen Schulbüchern wiederfinden lassen. Allerdings wurde bei den einzelnen Kapiteln versucht, zunächst dem Lehrer in knapper Form Sachwissen anzubieten, didaktische und methodische Hilfen zu entwickeln und kopierfähige Arbeitsblätter für die Hand der Schüler bereitzustellen.

Planungsfeld für die Klassen 5/6

Berücksichtigt wurde hier besonders die entwicklungspsychologische Situation, und zwar durch Darstellung einfacher Probleme und Vermittlung grundlegender Kenntnisse zur Landwirtschaft. Bei der Betriebserkundung steht deshalb eine weitgehend phänomenologische Betrachtungsweise im Vordergrund, um Vorstellungsbilder zu schaffen, die in dieser Altersstufe weitgehend von Geschichten, Bildern und ähnlichem geprägt sind.

Um eine bessere Einordnung der Begriffe in richtige Vorstellungsbilder zu schaffen, wurde das Thema „Landwirtschaft früher und heute" gewählt, das in der hier vorliegenden Darstellung in dieser Altersstufe durchaus geistig bewältigt werden kann und zudem motivationsträchtig ist.

Das Thema „Landwirtschaft in verschiedenen Klimazonen" dient der Erkenntnis, daß Landwirtschaft nicht überall gleich ist, sondern bestimmten naturgeographischen Bedingungen unterworfen ist, die unterschiedliche bäuerliche Lebens- und Wirtschaftsweisen erkennen lassen.

Planungsfeld für die Klassen 7/8

Was in den Klassen 5/6 mit der mehr phänomenologischen Erkundung eines landwirtschaftlichen Betriebes begann, wird für die Klassen 7/8 zu einer mehr problematisierenden Form weitergeführt, wobei schwerpunktmäßig die Analyse der Betriebsstruktur eines Hofes im Vordergrund steht. Dieselben Überlegungen zur Erkennung der Spezialisierung in der Landwirtschaft, die auch bei der Erkundung angelegt wurden, werden nun in klimatisch unterschiedlichen Räumen nach verschiedenen Gesichtspunkten betrachtet (z. B. Spezialisierung in der Höhenstufung des Anbaus, Spezialisierung durch Bewässerung mit neuen technischen Möglichkeiten, Spezialisierung durch andere Wirtschaftsformen).

Planungsfeld für die Klassen 9/10

Nachdem für die beiden unteren Klassenstufen vor allem durch Anschaulichkeit brauchbare Vorstellungen zur Landwirtschaft geschaffen worden sind, soll in den Beispielen für die Klassen 9/10 mehr abstrahierend gearbeitet werden. Bei der Erkundung geht es um Überlegungen zur Rentabilität eines Betriebes. Die Übertragung der Rentabilitätsanalyse setzt sich im nächsten Thema fort, wobei nicht mehr Betriebe, sondern Staaten miteinander verglichen werden, die eine unterschiedliche Gesellschaftsordnung haben. An dieser Stelle sollte fächerübergreifend gearbeitet werden, um die Problematik besser verstehen zu können. Das brennende Problem der Versorgung mit Nahrungsmitteln muß am Beispiel eines weniger entwickelten Landes verdeutlicht werden. Zum besseren Verständnis müssen im Gegensatz dazu Erscheinungen einer Überproduktion in einigen Industrieländern Westeuropas gesehen werden.

Das letzte Thema beschäftigt sich mit einigen Strukturproblemen der Landwirtschaft in der BR Deutschland, so z. B. Fragen der Betriebsflächenzersplitterung, die auf historische Hintergründe zurückgeführt werden können. Diese verteuert agrarische Produktion durch lange Wege und unrentable Nutzung landwirtschaftlicher Geräte erheblich (daher Zwang zur Flurbereinigung). Da zur Zeit noch überall in der BR Deutschland Maßnahmen zur Flurbereinigung durchgeführt werden müssen, sind Grundkenntnisse dieser Maßnahmen zur Strukturverbesserung für Schüler dieser Altersstufe notwendig. Das andere große Strukturproblem der Landwirtschaft liegt in der Diskrepanz zwischen steigenden Erzeugerkosten und stagnierenden Erlösen für agrarische Produkte. Möglichkeiten und Grenzen zur Lösung dieses Problems werden dabei angesprochen.

Gesamtplanungsfeld

Das Gesamtplanungsfeld ist sowohl horizontal als auch vertikal gegliedert. Die horizontale Gliederung setzt das Leitthema für die Altersstufe fest, z. B. für die Klassen

5/6 das Leitthema „Landwirtschaft als Grundlage der Ernährung", und beinhaltet im wesentlichen die nachfolgenden speziellen Planungsfelder. So ist eine Behandlung des Themas „Landwirtschaft früher und heute" ohne eine vorausgehende Betriebserkundung wenig sinnvoll. Ebenso ist die Behandlung landwirtschaftlicher Themen in anderen Klimazonen ohne Kenntnis und anschauliche Vorstellung deutscher Verhältnisse wenig hilfreich. Auch die horizontale Gliederung der beiden Leitthemen für die Klassen 7/8 und 9/10 versucht, das jeweilige Leitthema mit entsprechenden Inhalten altersangepaßt darzustellen, wobei allerdings keine Vollständigkeit zu erreichen ist.

Die vertikale Gliederung läßt sich in drei Grundzügen beschreiben: Erstens wurde versucht, von einfacheren zu komplexeren Zusammenhängen zu gelangen; zum zweiten ging es darum, von mehr anschaulichen zu mehr abstrakt gehaltenen Inhalten zu kommen; und drittens verläuft die Betriebserkundung nach eben diesen Grundzügen vertikal von einer Stufe zur nächsten. Aus diesen Überlegungen resultiert das folgende Gesamtplanungsfeld:

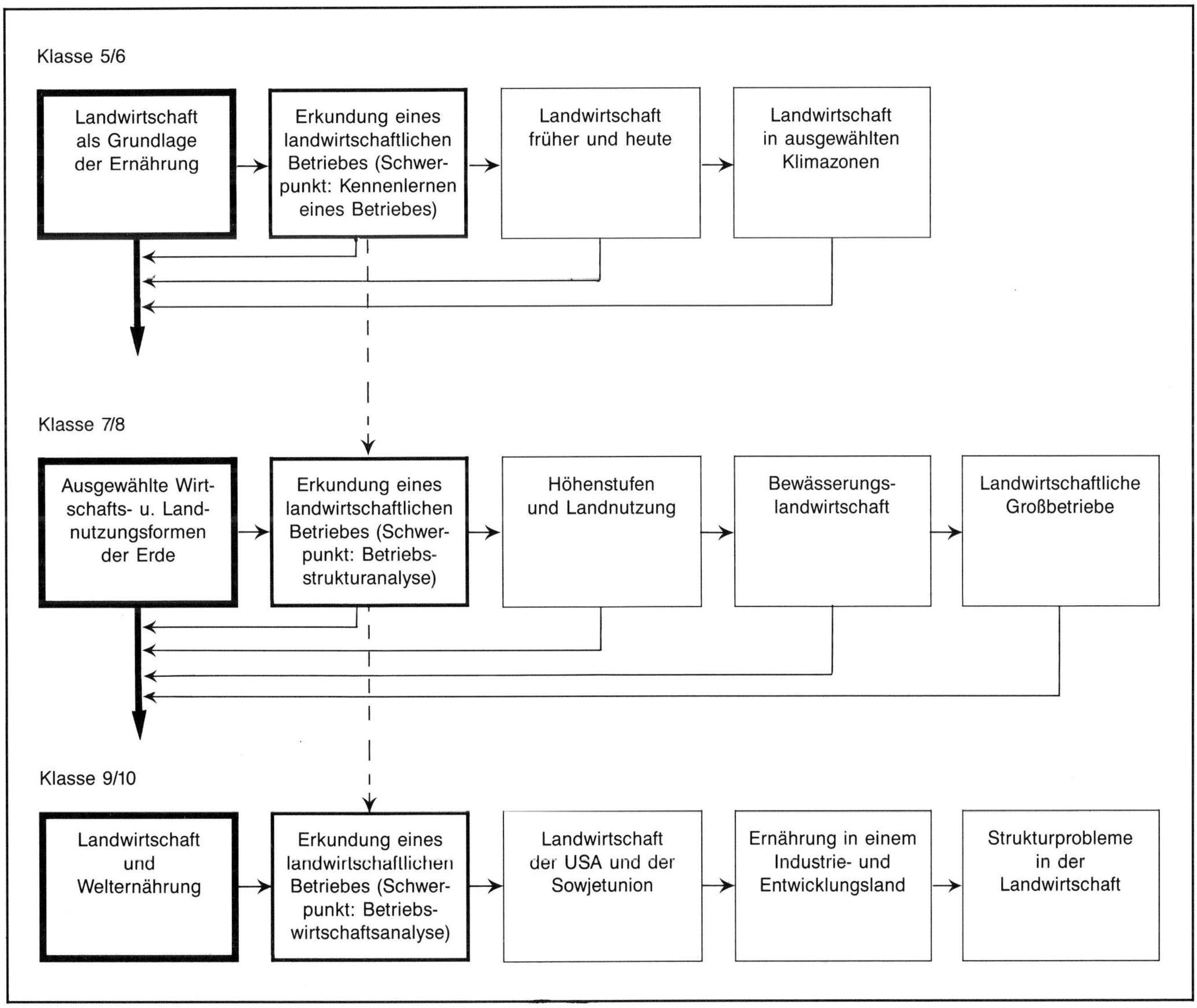

Klasse 5/6

| Landwirtschaft als Grundlage der Ernährung | → | Erkundung eines landwirtschaftlichen Betriebes (Schwerpunkt: Kennenlernen eines Betriebes) | → | Landwirtschaft früher und heute | → | Landwirtschaft in ausgewählten Klimazonen |

Klasse 7/8

| Ausgewählte Wirtschafts- u. Landnutzungsformen der Erde | → | Erkundung eines landwirtschaftlichen Betriebes (Schwerpunkt: Betriebsstrukturanalyse) | → | Höhenstufen und Landnutzung | → | Bewässerungslandwirtschaft | → | Landwirtschaftliche Großbetriebe |

Klasse 9/10

| Landwirtschaft und Welternährung | → | Erkundung eines landwirtschaftlichen Betriebes (Schwerpunkt: Betriebswirtschaftsanalyse) | → | Landwirtschaft der USA und der Sowjetunion | → | Ernährung in einem Industrie- und Entwicklungsland | → | Strukturprobleme in der Landwirtschaft |

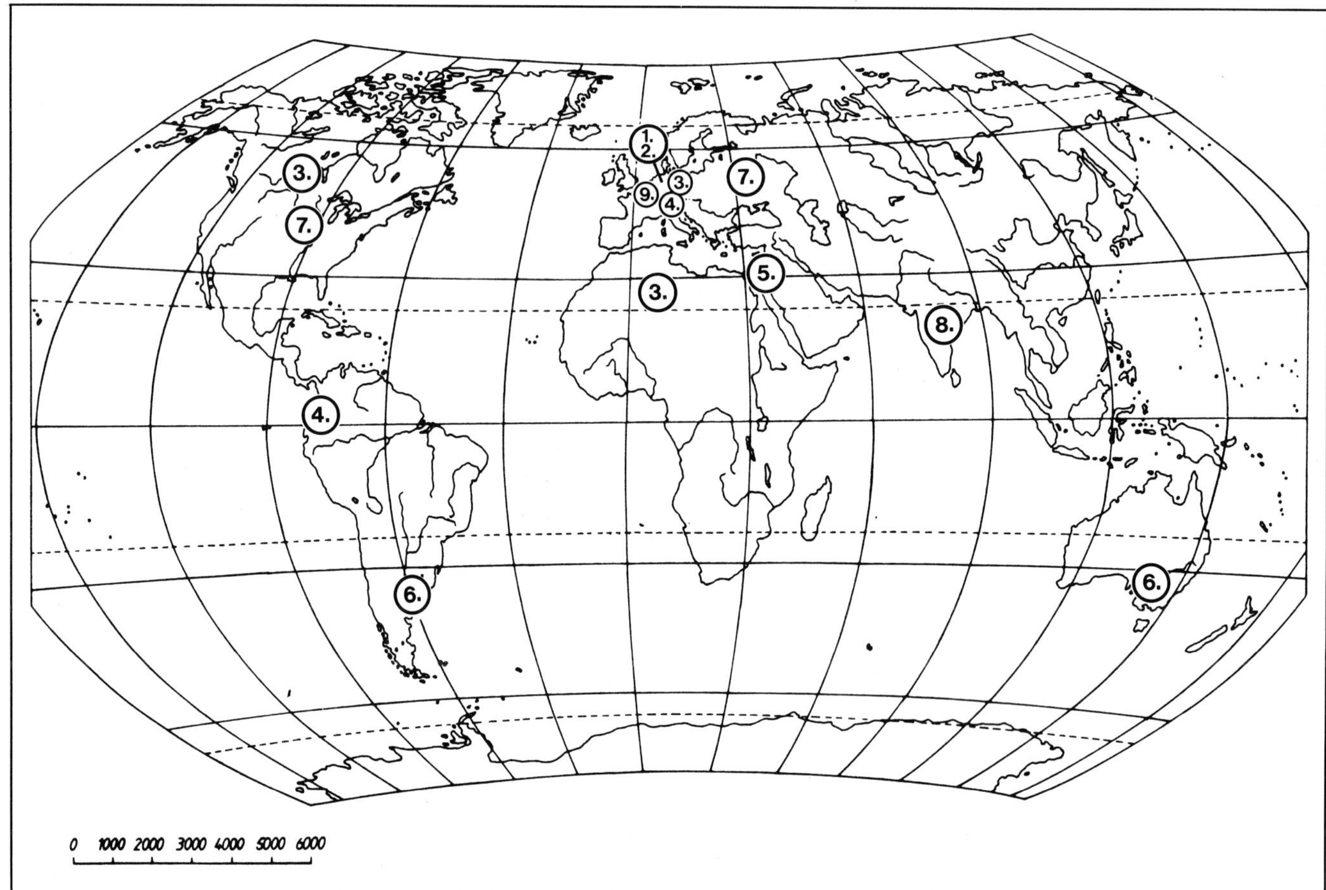

Lokalisierung der Unterrichtsvorschläge

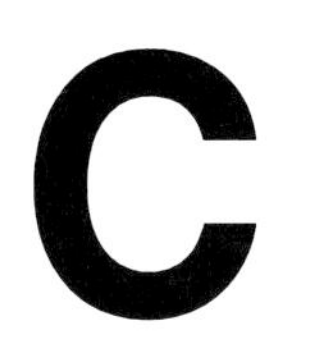# Basiswissen (mit Glossar)

Landwirtschaft ist die älteste wirtschaftlich vorausschauende Tätigkeit des Menschen, deren Grundprinzip — Erzeugung von Nahrungsmitteln aller Art — sich seit Seßhaftwerdung der Menschen (i. d. R. Jungsteinzeit) trotz aller technischen Veränderungen und großer Produktivitätssteigerungen nicht verändert hat. In diesem Sinn gehören zur Landwirtschaft Ackerbau, Viehwirtschaft, Garten-, Gemüse-, Obst-, Weinbau sowie alle Arten von Baum- und Strauchkulturen zur Gewinnung von Pflanzenfetten, Genußmitteln und Fasermaterial. Entsprechend ist die „Landwirtschaft zwar auch eine Lebensform, in erster Linie aber eine Wirtschaftsform. Die Agrargeographie ist daher ... Bestandteil der Wirtschaftsgeographie" (*Andreae* 1977, S. 31).

Speziell ist die Agrargeographie die Wissenschaft von der durch Landwirtschaft gestalteten Erdoberfläche. Sie beschäftigt sich vor allem mit den natürlichen und sozioökonomischen Einflußfaktoren auf den Agrarraum bzw. entsprechender Prozeßhaftigkeit im Agrarraum (im allgemeinen Teil) sowie mit Agrarregionen (im speziellen Teil). Allgemeine und regionale Agrargeographie sind dabei gleichermaßen unterrichtsrelevant.

Bis zum Ende des 19. Jahrhunderts wurden agrargeographische Untersuchungen überwiegend von Landwirten, Nationalökonomen u. a. vorgenommen, so vor allem von *Thünen* (1826), später von *Hahn* (1892), *Rühl* (1929) und *Engelbrecht* (1930). Inzwischen hatte sich die Agrargeographie als selbständige geographische Disziplin herausgebildet (vgl. *Bernhard* 1915), die im zweiten Drittel dieses Jahrhunderts entscheidende Impulse bekam, und zwar einerseits aus sich selbst heraus (u. a. von *Waibel* 1936; *Bobek* 1948 und 1959; *Carol* 1952; *Baade* 1956; *Pfeifer* 1958; *Borcherdt* 1961), andererseits auch von Nachbardisziplinen (z. B. von der Soziologie: *Blanckenburg* 1962; von der Bodengeographie: *Hollstein* 1937; von der Agrarpolitik: *Stamer* 1983), so daß jetzt einige gute (deutschsprachige) Lehrbücher vorliegen (vgl. die entsprechenden Teilkapitel in *Boesch* ²1969, *Mohs* 1977, *Obst* ³1965; *Otremba* ³1976 u. a., bzw. die Monographien von *Andreae* ²1983 und 1985, *Arnold* 1985, *Sick* 1983 u. a.), und es sind im letzten Dezennium einige Themenhefte und Lehrerhilfen greifbar (z. B. *Bartels* 1980; *Busch* 1978; *Heuer* 1978; *Weischet* 1978; *Windhorst* 1974 und ²1978; *Wenzel* 1981).

C.1 Physisch-geographische Faktoren im Agrarraum

Die wichtigsten physisch-geographischen Faktoren, die die Art der Landnutzung beeinflussen, sind Klima, Boden und Relief.

Weil Landwirtschaft weitgehend auf Primärproduktion beruht, müssen sowohl die zur Photosynthese notwendigen Substanzen als auch die zur Aufrechterhaltung dieses Prozesses notwendigen Rahmenbedingungen (z. B. ausreichende Wärme) vorhanden sein. „Das *Klima* ... bildet die übergeordnete ökologische Determinante für mögliche Agrarsysteme" (*Arnold* 1985, S. 41). Bei den Temperaturen sind sowohl deren absolute Höhe als auch Schwellenwerte einer bestimmten Andauer wesentlich. Lebenswichtig für alle Pflanzen ist die Dauer der frostfreien Zeit. Wenngleich die Keim-Temperaturen von Gräsern (u. a. einige Getreidearten) bei nur 1°—4 °C liegen, so erfolgt produktives Pflanzenwachstum jedoch erst über 5 °C (bei Mais z. B. über 12 °C). Die Zeit, in der die Tagesmitteltemperaturen über 5 °C liegen, wird allgemein für die Kulturpflanzen der gemäßigten Breiten als (thermische) Vegetationsperiode angesehen. Unterschreitet sie die Dauer von 90—100 Tagen, so wird die Rentabilitätsgrenze des Ackerbaus erreicht (wenngleich manche Gerstensorten mit 60—65 Tagen auskommen). „Eine kurze Vegetationszeit ist nachteilig, weil sie den Anbau auf wenige kurzlebige Pflanzen (Gerste, Kartoffeln) beschränkt, die Zeiten für Feldbestellung und Ernte einengt, während der langen Arbeitsruhe Kapital bindet und so die Kapitaleffizienz verringert" (*Arnold* 1985, S. 42). Jede Pflanze hat artspezifische Ansprüche an Wärmesummen bzw. Vegetationszeit; dadurch ist ihre ‚Polargrenze' bedingt (die also auch höhenwärts auftreten kann und somit eine Wärmemangelgrenze ist).

Im Zusammenhang mit den Temperaturen müssen die Niederschläge gesehen werden, für die weniger ihre Gesamtmenge als vielmehr ihre jahreszeitliche Verteilung wesentlich ist. Der Gesamtbedarf ist für einzelne Nutzungsformen verschieden: Für extensive Viehwirtschaft sind 75 mm/Jahr noch ausreichend, für Regenfeldbau sind jedoch mindestens 250 mm/Jahr nötig (sog. ‚agronomische Trockengrenze'), aber manche Pflanzen der feuchten Tropen benötigen über 1 500 mm/Jahr. Die meisten Kulturen brauchen während der Hauptwachstumszeit bis zum Fruchtansatz besonders viel Wasser. Da diese Zeit in den meisten Fällen auch diejenige der optimalen Temperaturen ist, ist für den Anbau letztlich die Kombination der Klimaelemente entscheidend: „Aus Niederschlagsmenge und Temperaturhöhe ergibt sich die Dauer der humiden bzw. ariden Zeit, je nachdem, ob die Niederschläge die (potentielle) Verdunstung über- oder unterschreiten. Extensive Weidewirtschaft kann noch bei 1—2, Regenfeldbau jedoch erst bei 3—4 humiden Monaten im Jahr betrieben werden. Die für den Regenfeldbau erforderliche Niederschlagsmenge schwankt dabei je nach Temperaturhöhe zwischen 250 und über 1 000 mm/Jahr. Von den einzelnen Kulturpflanzen benötigen z. B. Bananen und Kakao mindestens 6, Kaffee 4—5, Baumwolle 3—4 humide Monate im Jahr" (*Sick* 1983, S. 41).

Die Faktoren ‚Wärme' und ‚Wasser' setzen der landwirtschaftlichen Nutzung bestimmte Grenzen, wenn es auch mittlerweile gelungen ist, z. B. die Trockengrenze durch moderne Methoden künstlicher Bewässerung und neue Anbaumethoden sowie die Polargrenze durch die Züchtung neuer Getreidesorten mit kürzerer Vegetationszeit zu verschieben (*Rostankowski* 1981). Die einzelnen Klimazonen (charakterisiert durch Temperatur und Niederschlag sowie deren jahreszeitliche Ausprä-

Tab. 1: Beziehungen zwischen Klimazonen, natürlicher Vegetation und landwirtschaftlicher Nutzung
(nach *Walter* 1951 und *Geisler* 1971)

Breite beiderseits des Äquators	Klima	Natürliche Vegetation	Landwirtschaftliche Nutzung	
			Nutzungstyp	Pflanzliche und tierische Produktion
70°	arktisch	Tundra	nomadische Weidewirtschaft	Rentierhaltung
50—60°	kalt bis gemäßigt	Nadelwald, Laubwald (kontinentale Steppe)	Milchwirtschaft und zunehmend Getreide sowie Hackfruchtanbau	Gerste, Kartoffel, Roggen, Weizen, Zuckerrüben, Mais, Sonnenblume
40°	mediterran	Hartlaubgehölze	Dauerkulturen (Holzpflanzen)	Wein, Ölbaum, Citrusfrüchte
30°	subtropisch	Sukkulentenwüste oder vegetationslos	Bewässerungskulturen	Citrusfrüchte, Dattelpalme
15—25°	tropisch	Grasland, Savanne	extensive Weidewirtschaft	Schaf- und Rinderhaltung, Erdnuß, Baumwolle, Batate
0—10°	äquatorial	Trockenwald, tropischer Regenwald	tropischer Ackerbau und Baumkulturen	Maniok, Tee, Kaffee, Banane, Kautschuk, Kokos, Ölpalme

gung) bestimmen in der Landwirtschaft grundsätzlich die Anbauwürdigkeit sowie die Wahl geeigneter Wirtschaftssysteme und entsprechender Fruchtfolgen. In einem vereinfachten Modellvorschlag von *Walter* (1951) und *Geisler* (1971), basierend auf der Annahme eines Großraumklimas in weltweiter Sicht, lassen sich typische Pflanzengesellschaften erkennen und bestimmte landwirtschaftliche Nutzungen darstellen (vgl. Tab. 1). Während das Klima das Spektrum der potentiellen Kulturpflanzen vorgibt, beeinflussen die lokalen *Boden-* (und untergeordnet: Relief-) *Verhältnisse* die Entscheidung über die Auswahl der tatsächlich angebauten Pflanzen. ,,Die Böden ... bedingen als Nährstoffträger maßgeblich die Agrarwirtschaft" (*Sick* 1983, S. 42), wobei sich die Nutzbarkeit nach den chemischen, physikalischen, hydrologischen und biologischen Eigenschaften der Böden richtet. — Die im einzelnen recht differenzierten Bodenansprüche der Nutzpflanzen lassen sich nur an Beispielen aufzeigen (vgl. *Sick* 1983, S. 43; *Arnold* 1985, S. 48): z. B. bevorzugen Weizen milde Lehmböden, Kartoffeln leichte sandige Böden, Kaffee tiefgründige durchlässige humusreiche Böden, Reis schwere wasserhaltige Böden, während z. B. auf den als besonders fruchtbar angesehenen Schwarzerden oft nur mittelmäßige Ernten erzielt werden (weil das zonale Verbreitungsgebiet mit seinem semihumiden Klima für Höchsterträge schon zu trocken ist), hingegen auf armen Sandböden gelegentlich beste Erträge (wie Sonderkulturen-Gebiete in Mitteleuropa beweisen, sofern — wie hier — Düngung, Humuszufuhr und Bewässerung optimal geplant erfolgen).

C.2 Sozioökonomische Prozesse und Faktoren im Agrarraum

Kulturgeographische, insbesondere sozioökonomische Faktoren spielen in entwickelten Agrarwirtschaften eine zunehmende Rolle. Dennoch ist es schwierig, einzelne Faktoren isoliert zu bewerten, weil letztlich und vielfach ganze Faktorenkombinationen die individuelle (sofern überhaupt möglich!) Entscheidung des Bauern beeinflussen. Deshalb soll im folgenden zunächst auf einige agrargeographische Prozesse eingegangen werden — ein Vorgehen, das (in abgewandelter Form und, mit sehr vereinfachten bzw. spezifischeren Inhalten) auch im Unterricht empfehlenswert ist, weil ‚Prozeßhaftigkeit‘ die Schüler meist mehr anspricht als ‚Faktorenanalyse‘, wenngleich letztere — zunehmend etwa ab 8. Jahrgangsstufe — immer wieder ein Ziel bei der Behandlung agrargeographischer Themen sein sollte.

,,Zu den gesetzmäßig schwer faßbaren und vom menschlichen Verhalten bestimmten Prozessen im Agrarraum gehören (insbesondere) *Innovationen*, d. h. die Einführung und Ausbreitung von Neuerungen. ... Objekte der Innovation können neue Agrarprodukte, technische Hilfsmittel, Anbau- und Vermarktungsmethoden oder auch neue Lebensformen sein. Die Ausbreitung kann sich durch Ertragssteigerung, Absatz- und Konjunkturgunst, Investitionen und staatliche Förderung beschleunigen. Entscheidend für die Verbreitung ist die freiwillige Bewertung und Nachahmung eines zunächst räumlich eng begrenzten Vorbildes" (*Sick* 1983, S. 77). Die Innovations- und Diffusionsforschung ist derzeit zwar noch ein weites Aufgabenfeld der Geographie (vgl. *Windhorst* 1983); aber als gesichert ist festzuhalten, daß die Innovation eine ,,agrargeographische Regelerscheinung" (*Borcherdt* 1961) ist. Mehrere Schübe von Innovationen bewirkten, daß die heutige Verteilung der Nutzpflanzen über die Agrarräume der Erde anders ist als früher: Die Ursprungsgebiete wichtiger Kulturpflanzen (Abb. 1) liegen in den gebirgigen Gegenden der tropischen und subtropischen Zone. Hier entstanden aus einzelnen Wildformen in langen Entwicklungsprozessen jene Kulturpflanzen,

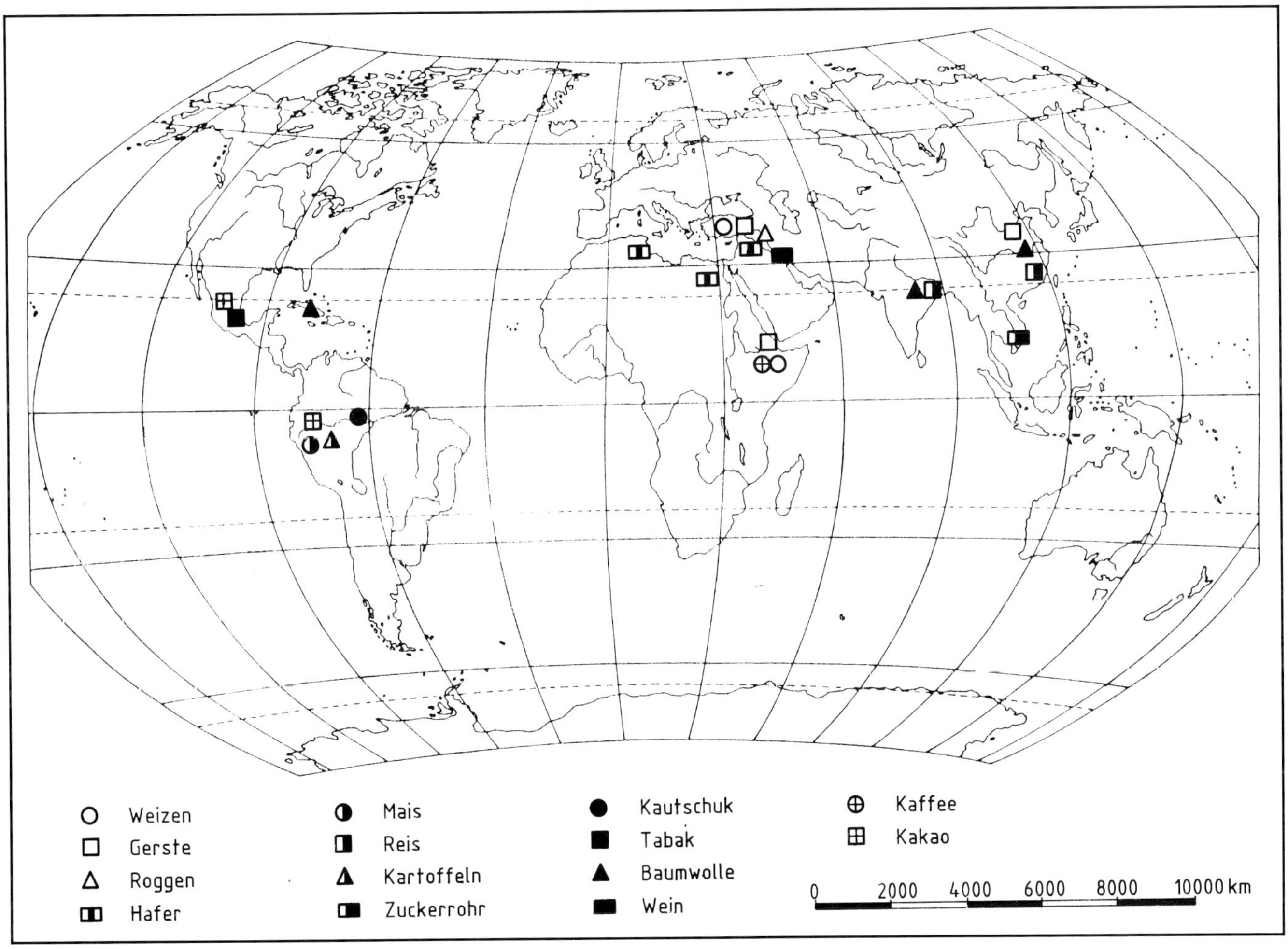

Abb. 1: Ursprungsgebiete wichtiger Kulturpflanzen (vereinfacht nach *Walter* und *Geisler* 1971)

die für den Menschen besondere Bedeutung bekamen. Der Vergleich einiger wichtiger Kulturpflanzen zwischen den Ursprungsgebieten und den heutigen Verbreitungsgebieten (siehe einschlägige Bodennutzungskarten im Atlas) macht deutlich, wie sich eine Änderung in der Anpassung der Lebensverhältnisse vollzog.

Es wurde eingangs erwähnt, daß Landwirtschaft nicht zuletzt auch eine Lebensform ist: die *sozioökonomische Entwicklung* der Menscheit spiegelt sich geradezu in jener der Agrarwirtschaft wider. Es bestehen verschiedene Ansätze, die zeitlich und räumlich sehr komplexe Wirtschafts- und Gesellschaftsordnung der Menschheit in Theorien zu fassen (vgl. *Sick* 1983, S. 26 f.), wobei sich aufeinanderfolgende, aber durchaus heute noch nebeneinander bestehende ‚Stufen‘ ergeben. Als agrargeographisch wie auch allgemein bedeutendste sei hier die Stufentheorie von *Bobek* (1959) wiedergegeben.

Danach lassen sich sechs „Hauptstufen der Gesellschafts- und Wirtschaftsentfaltung" unterscheiden: die Wildbeuterstufe (primitive Wirtschaft mit starker Naturabhängigkeit), Stufe der spezialisierten Sammler, Jäger und Fischer (einfacher Kulturpflanzenanbau, Entwicklung von Dauersiedlungen), Stufe des Sippenbauerntums (planmäßige Nahrungsmittelproduktion, Einführung des Pflugbaues, Arbeitsteilung)

und des Hirtenbauerntums, Stufe der herrschaftlich-organisierten Agrargesellschaft (Herrschaft und spezialisierte Arbeitsteilung lassen soziale Schichten und Gruppen entstehen), Stufe des älteren Städtewesens und Rentenkapitalismus (Kommerzialisierung der Wirtschaft, Bildung eines Systems von zentralen Orten) und Stufe des produktiven Kapitalismus mit industrieller Gesellschaft und jüngerem Städtewesen (Auswirkungen auf Agrarwirtschaft infolge Mechanisierung, Pflanzenzüchtung, Kunstdünger usw.).

Die wirtschaftliche *Bedeutung* des Agrarsektors *innerhalb einer Volkswirtschaft* zeigt sich u. a. an der jeweiligen Zahl der Erwerbstätigen. Weltweit gesehen ist die Landwirtschaft immer noch die wichtigste wirtschaftliche Aktivität. Fast die Hälfte der erwerbstätigen Erdbevölkerung ist in der Landwirtschaft beschäftigt (1980 ca. 45 %), wobei die Spanne von Land zu Land extrem schwankt (vgl. Tab. 2). — Ein anderer Maßstab für die Bedeutung der Agrarwirtschaft innerhalb der Gesamtwirtschaft eines Landes ist ihr Beitrag zum Bruttosozialprodukt (vgl. Tab. 2). Beide Zahlen eines Landes geben bereits einen deutlichen Hinweis auf den jeweiligen Entwicklungsstand.

Nur bedingten Aussagewert über die ernährungswirtschaftliche Bedeutung der Landwirtschaft hat heute

Tab. 2: Beschäftigte in der Landwirtschaft und Anteil am Bruttoinlandsprodukt (Auswahl)
(aus: FISCHER-Weltalmanach 1987)

Staat	in der Landwirtschaft Beschäftigte (in % der Erwerbstätigen)	Anteil am Bruttoinlandsprodukt (in %)
Großbritannien	2,0	2,0
BR Deutschland	4,0	2,0
USA	2,0	2,0
UdSSR	14,0	14,0
VR China	74,0	37,0
Indische Union	71,0	36,0
Mali, Niger, Bangladesch	ca. 80—90	ca. 42—56

noch der Selbstversorgungsgrad, d. h. der Beitrag, den die Landwirtschaft zur Nahrungsmittelversorgung der einheimischen Bevölkerung leistet. In der Bundesrepublik Deutschland sind es z. B. vier Produkte, die das Gleichgewicht zwischen Inlandsangebot und Inlandsnachfrage überschreiten, nämlich Weizen, Zucker, Fleisch und Butter. Vergleicht man jedoch die Länder der Europäischen Gemeinschaft untereinander, so ergeben sich in diesem Bereich erhebliche Unterschiede (vgl. Tab. 3).

Im Zusammenhang mit der agrarwirtschaftlichen Produktion und Versorgung und insbesondere der diesbezüglich großen regionalen Unterschiede auf der Erde wie vor allem auch angesichts des explosiven Bevölkerungswachstums stellt sich notwendig die Frage nach der *Tragfähigkeit* der Erde. ,,Alle Daten über Dichte und Zuwachs der Bevölkerung müssen sowohl zur lokalen Tragfähigkeit wie zu den weltwirtschaftlichen Verflechtungen in Bezug gesetzt werden. So bedeuten hohe Dichtewerte in den Industrieländern auch bei ökolo-

Tab. 3: Mittlerer Pro-Kopf-Verbrauch und Selbstversorgungsgrad in der EG
(aus: Agrimente 1987, S. 50; Angaben ohne Spanien und Portugal)

Mittlerer Verbrauch je Kopf und Jahr in kg 1983/84	D	F	I	NL	B—L	GB	IRL	DK	GR	EG
Weizen[1]	51,1	70,5	103,4	56,3	69,5	67,7	79,9	46,0	104,2	72,5
Getreide insgesamt[1]	73,5	80,7	111,1	62,4	72,7	80,2	90,4	68,9	104,6	84,4
Kartoffeln	70,1	74,8	34,9	81,3	89,0	104,9	124,7	68,9	86,2	73,5
Zucker[2]	33,8	34,3	25,7	33,3	36,7	33,9	38,3	40,1	28,1	32,6
Gemüse[3]	67,7	117,4	179,7	86,3	76,8	83,0	83,0	58,1	164,2	109,1
Frischobst[3]	74,3	60,6	69,0	59,2	51,7	34,5	29,2	38,1	76,2	59,3
Wein (Liter)	25,7	83,9	80,3	14,6	22,7	9,4	3,3	18,1	33,5	44,6
Rind- und Kalbfleisch[4][5]	22,5	31,9	25,8	18,6	24,8	21,5	23,8	13,3	21,6	24,6
Schweinefleisch[4][5]	59,2	37,9	26,9	41,3	45,5	24,3	33,7	53,0	20,3	37,6
Geflügelfleisch[4][5]	9,5	17,3	18,2	12,8	14,6	15,3	15,6	9,8	15,7	14,8
Fleisch insgesamt[4][5]	99,0	105,4	80,9	77,0	99,1	72,6	96,5	83,9	77,7	88,8
Eier[4]	16,7	15,3	11,9	11,9	14,1	13,4	13,3	14,5	11,8	14,1
Milch[4][6]	87,2	97,7	81,2	133,5	86,1	129,7	199,4	159,2	66.6	101,3
Käse[4]	13,7	19,8	14,4	13,4	11,3	6,0	3,7	12,3	20,7	13,5
Butter[4]	7,0	9,5	2,3	4,0	9,1	5,4	12,4	7,8	0,7	6,0
Pflanzliche Öle und Fette[4]	5,8	—	21,8	6,2	—	11,5	9,3	12,1	—	—
Inländische Produktion in v. H. des Verbrauchs 1983/84 (Selbstversorgungsgrad)	D	F	I	NL	B—L	GB	IRL	DK	GR	EG
Weizen	99	201	82	54	60	97	50	104	106	116
anderes Getreide	83	157	76	9	36	103	92	95	89	97
Getreide insgesamt	89	178	79	27	46	100	79	97	97	105
Kartoffeln	82	98	100	156	113	87	87	96	108	99
Zucker[2]	120	189	85	150	205	55	143	165	107	122
Gemüse[3]	35	91	115	210	116	61	83	68	174	98
Frischobst[3]	51	89	124	61	62	25	18	37	133	83
Rind- und Kalbfleisch[4][5]	119	121	67	196	127	91	601	363	37	112
Schweinefleisch[4][5]	87	76	76	259	145	69	118	383	73	101
Geflügelfleisch[4][5]	61	132	98	223	85	97	95	220	98	107
Fleisch insgesamt[4][5]	91	98	79	236	122	81	245	341	72	103
Eier[4]	73	101	90	319	120	96	76	101	97	102
Käse[4]	97	114	79	243	35	71	423	468	87	108
Butter[4]	134	115	63	467	118	67	389	173	51	129
Pflanzliche Öle und Fette[4]	22	—	37	2	—	23	4	6	—	—

[1] in Mehlwert
[2] in Weißzuckerwert
[3] einschl. Konserven und Säfte in Frischgewicht
[4] 1984
[5] in Schlachtgewicht einschl. Abschnittsfette
[6] ohne Sahne

gisch bedingter ungenügender Agrarproduktion keine Übervölkerung, wenn fehlende Agrarprodukte aufgrund hoher Industrieexporte eingeführt werden können. Auf der anderen Seite ist in Entwicklungsländern, die noch stark auf Selbstversorgung angewiesen sind, die Grenze der Tragfähigkeit auch bei niedrigen Dichtewerten schon erreicht, wenn z. B. Niederschlagsarmut oder rasche Bodenerschöpfung die Agrarproduktion beschränken" (*Sick* 1983, S. 20). Obwohl im Laufe der Neuzeit wiederholt Berechnungen der (agraren) Tragfähigkeit der Erde angestellt wurden (*Malthus* 1798; *Hollstein* 1937; *Baade* 1960 u. a.), haben diese zu keinem befriedigenden Ergebnis geführt: zu ungewiß sind u. a. Prognosen zu Ernährungsgewohnheiten, zu Rationalisierung und Mechanisierung, zur Ausdehnung eines ökologisch verantwortbaren Agrarraumes usw. Ernstzunehmende Schätzungen liegen zwischen ca. 15—30 Mrd. Menschen, die auf der Erde unter Berücksichtigung eines in naher Zukunft erreichbaren Kultur- und Zivilisationsstandes dauerhaft auf überwiegend agrarischer Grundlage ernährt werden können, ohne daß der Naturhaushalt nachteilig beeinflußt wird.

Insofern spielen Fragen nach der *Produktivität* einer Landwirtschaft eine bedeutende Rolle (und sollten demzufolge immer wieder zentrales Thema im Unterricht sein). Das Produktionswachstum in der Landwirtschaft hat seine Ursache primär in der gestiegenen Produktivität. Gründe dafür sind: verstärkter Einsatz mineralischer Düngemittel, zunehmende Mechanisierung durch mehr und bessere Maschinen, Einfuhr und Züchtung neuen Saat- und Pflanzgutes, verbesserter Pflanzenschutz, zunehmende fachliche Qualifikation der Bauern, rationelle Ausnutzung der vorhandenen Maschinen durch Maschinenringe, Züchtung leistungsfähiger Viehbestände, Früherkennung und Bekämpfung von Viehseuchen, verbesserte Vermarktung der Erzeugnisse (Kühlhäuser, Luftfracht, Marktorganisation) u. a. m.

Gleichwohl stehen auf der einen Seite die vielen Länder der Dritten Welt mit einer geringen Produktivität ihrer Landwirtschaft und dem kaum zu überwindenden Problem des Hungers, auf der anderen Seite hingegen die Industrienationen mit einer durch hohe Produktivität der Landwirtschaft ausgewiesenen Überproduktion von Nahrungsmitteln, mit einer komplizierten Marktsteuerung, mit einer fragwürdigen Subventions- und Agrarpolitik. Obwohl zukünftig weltweit neben ökonomischen Problemen besonders ökologische Fragen bei jeglicher Produktivitätssteigerung gelöst werden müssen / sollten, wird es für viele Länder der Dritten Welt vorrangig sein, wie sie den (mit der Bevölkerungszunahme) steigenden Nahrungsmittelbedarf decken können. Nach *Andreae* (1977, S. 46) kann die Nahrungserzeugung der Landwirtschaft auf drei Wegen gesteigert werden:

— durch Erhöhung der Bewirtschaftungsintensität mittels verstärkten Einsatzes von Bewässerung, Mineraldüngung, Pflanzenschutz, genetisch höherwertigem Pflanzen- und Tiermaterial usw.,
— durch Erhöhung der Organisationsintensität, d. h. durch sukzessiven Ersatz von Extensivzweigen durch Intensivzweige, also z. B.

von Getreide durch Knollen- und Wurzelfrüchte oder von Rindermast durch Milchproduktion, und
— durch Erweiterung des Agrarwirtschaftsraumes über seine gegenwärtigen Grenzen hinaus.

Bei alledem ist aber zu berücksichtigen, daß auch für die drei agraren *Produktionsfaktoren* Boden (= Betriebs-/Produktionsfläche), Arbeit (= Tätigkeit des Bauern und seiner Familienangehörigen, Lohnarbeit und Dienstleistungen von Betriebsfremden) und Kapital (zusammenfassend für verschiedene Formen wie Gebäude, Maschinen, Betriebsmittel, Investitionen in Viehbestand oder Dauerkulturen, aber auch Geldkapital) das ‚Gesetz vom abnehmenden Ertragszuwachs' gilt (1768 von *Turgot* formuliert; vgl. *Arnold* 1985, S. 50 f.): Es besagt, daß bei vermehrtem Einsatz eines Produktionsfaktors und gleichzeitiger Konstanz der übrigen Faktor-Einsatzmengen der erstrebte Ertragszuwachs nicht in der gleichen Größenordnung steigen wird — oder anders ausgedrückt: der Aufwand an Produktionsmitteln läßt sich nur sinnvoll bis an eine Grenzertragskurve heranführen, oberhalb derer ein vermehrter Einsatz eines Produktionsfaktors zu Lasten des/der anderen geht und die Gesamtrechnung somit passiv beeinflußt. ,,Ökonomisches Verhalten vorausgesetzt, wird der Bauer die verschiedenen Produktionsfaktoren so kombinieren, daß ein bestimmter Erzeugungsvorgang sich mit den geringsten Kosten durchführen läßt. ... Bis zu einem gewissen Grad lassen sich teure durch billige Faktoren substituieren. Nun ist die Preis- Kosten-Struktur nicht konstant, sie wandelt sich im Verlauf der wirtschaftlich-technischen Entwicklung, und sie differiert erheblich zwischen verschiedenen Staaten bzw. Staatengruppen nach ihrem jeweiligen volkswirtschaftlichen Entwicklungsstand" (*Arnold* 1985, S. 53):

Schema der Kombination der agraren Produktionsfaktoren in Abhängigkeit vom sozioökonomischen Entwicklungsstand			
	Boden	Arbeit	Kapital
1. Entwicklungsländer mit niedriger Bevölkerungsdichte	+	+	−
2. Entwicklungsländer mit hoher Bevölkerungsdichte	−	+	−
3. Industrieländer mit niedriger Bevölkerungsdichte	+	−	+
4. Industrieländer mit hoher Bevölkerungsdichte	−	−	+
+ = hoher Mengeneinsatz − = niedriger Mengeneinsatz			

Von besonderer geographischer Relevanz sind *Standortfaktoren*, weil sich hieran wichtige Raumstrukturen und vom Menschen zu treffende Entscheidungen (auch im Unterricht!) nachvollziehen lassen. Die wichtigste Grundlage hierfür bilden die Standort- und Intensitätsgesetze *Thünens* (1826): Er wies nach, daß die Intensität der Bodennutzung infolge der Ertrags- und Aufwandrelationen einer räumlich-gesetzmäßigen Anordnung folgt (sog. ,,*Thünen*'sche Ringe").

Wenngleich *Thünen*'s Modell abstrahierend und inzwischen zeitfremd ist, so ist dessen Kernaussage jedoch

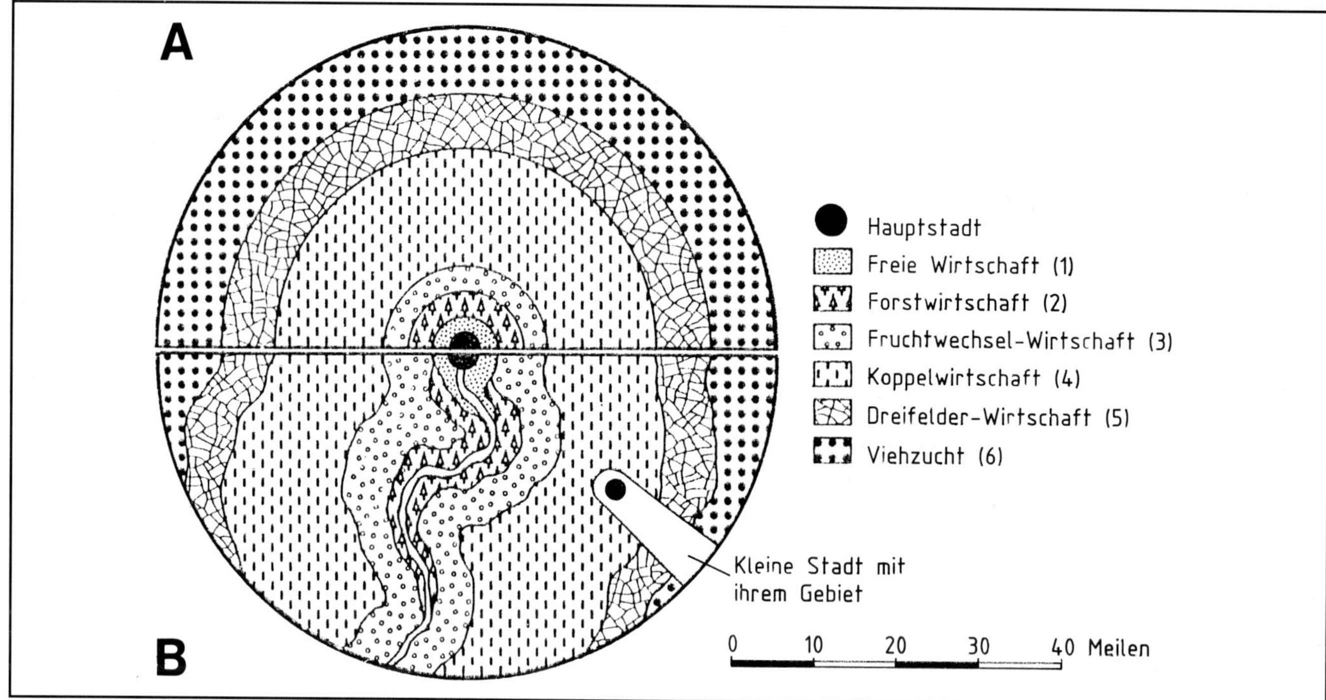

Abb. 2: Die Thünen'schen Ringe — Idealschema (oben) und Modifizierung durch einen schiffbaren Fluß (unten)

(1) Produktion von leicht verderblichen oder transportkostenempfindlichen Gütern (Milch, Gartenbauerzeugnisse; bzw. Heu, Speisekartoffeln, Rüben).
(2) Brennholz-Erzeugung im stadtnahen Bereich (wegen der relativ hohen Transportkosten)
(3) Intensiver Ackerbau mit Fruchtwechsel zwischen Halm- und Blattfrucht
(4) Feldgraswirtschaft, d. h. abwechselnde Nutzung als Acker bzw. Weide
(5) Extensiver Getreidebau mit Brache
(6) Hochwertige Viehzucht-Erzeugnisse, bei denen die Transportkosten relativ wenig preiserhöhend sind.

heute weiterhin zutreffend: Die räumliche Ordnung der Bodennutzung nach dem jeweils günstigsten Aufwand-/Ertragsverhältnis, die Anordnung bzw. Abhängigkeit der agrarischen Intensitätsstufen von den Verbrauchermärkten (z. B. Ballungsgebiete) usw. *Thünen* selbst hatte schon grundlegende Ideen entwickelt, wie sich das Ringmodell — etwa durch äußere Einflüsse, hier: Verkehrslinien — abwandelt.

Der Standortfaktor muß heute vielschichtig und nicht mehr isoliert von (agrar-) *marktwirtschaftlichen Faktoren* gesehen werden. Weil diese hauptsächlich in einem wirtschaftskundlichen Unterricht Berücksichtigung finden, seien sie hier nur kurz erwähnt: in der Realität besteht nur höchst selten das *Thünen*'sche Modell, sondern eher ein Ungleichgewicht zwischen Angebot und Nachfrage, womit sich die Preis-Kosten-Relationen und die optimalen Standorte verändern. Insofern müssen marktwirtschaftliche Mechanismen regulierend eingreifen:

— Vertriebssysteme kommen auf, oft untergliedert nach Warengattungen oder räumlicher Reichweite;
— Konsumgewohnheiten sind nicht konstant, verändern somit die Nachfrage (oder richten sich nach dem Angebot);
— Angebot und Produktion sind oft (naturbedingt) wenig ‚elastisch', d. h. von Mißernten oder Überangebot o. ä. abhängig;
— Marktpreise ergeben sich aus dem freien Kräftespiel von Angebot und Nachfrage und sind demzufolge häufig Schwankungen unterworfen;
— zur (Preis-)Stabilisierung der wenig elastischen Agrarmärkte

gründete man lokale, regionale, nationale, internationale und supranationale Ordnungen von Agrarmärkten, d. h. eine — zumeist politisch gewollte — Zuordnung von Liefer- und Konsumräumen.

Die räumliche Ordnung der Agrarmärkte, ihre Verflechtung, hierarchische Ordnung, Strukturierung usw., die Gründe dafür, ggf. die regionale Differenzierung der Agrarpolitik sind wichtigere schulgeographische Themen als die Analyse sozialer und politischer Einflußfaktoren, die zwar nicht außer acht gelassen werden dürfen, die aber in der wissenschaftlichen Agrargeographie einen höheren Stellenwert als in der Schulgeographie haben. Zu letztgenannten Themenbereichen wird es im Geographieunterricht im wesentlichen darauf ankommen zu zeigen, daß es in allen Agrarräumen der Erde landwirtschaftliche Betriebe unterschiedlicher Größe sowie in unterschiedlichen Wirtschaftsformen und politischen Systemen gibt (vgl. *Otremba* 1960; *Nitz* 1970 und 1982; *Andreae* 1977; *Kästner / Schwengler* 1981; *Arnold* 1983; *Uhlig* 1965; *Manshard* 1968), d. h. die sozialen und organisatorischen Strukturen werden an ausgewählten Raumbeispielen zu erläutern sein:

— bäuerliche Betriebe (z. B. Bauernhof, Farm, Estancia) mit unterschiedlichen Bodennutzungssystemen, wenig oder stark spezialisiert, mit und ohne fremde Arbeitskräfte;
— Produktionsgemeinschaften (z. B. Kolchosen der UdSSR, LPG's der DDR, Kibbuzim und Moschawim in Israel, sippen- oder stammesmäßig gebundene Gruppen in den Tropen);

— Staatsbetriebe (z. B. Sowchosen, staatliche Güter, mit Einschränkung: Domänen);
— Plantagenwirtschaft und Pflanzungen in den Tropen und Subtropen, die in der Regel als Großbetriebe weltmarktorientiert produzieren (z. B. Bananen, Kaffee, Tee, Sisal, Tabak, Kakao, Agrumen, Erdnüsse, Baumwolle, Zuckerrohr);
— nomadisierende Weidewirtschaft in Savannen- bzw. Steppengebieten und in bestimmten Höhenlagen von Gebirgen;
— Weidegroßbetriebe besonders in Australien, Nord- und Südamerika (z. B. Rinder- und Schaffarmen).

Im einzelnen geht es bei der Behandlung der *sozialen Strukturen* um die Aufzeigung verschiedener Eigentumsordnungen (z. B. Privat-, Gruppen-, Kollektiveigentum, Pacht), verschiedener Arbeitsverfassungen (z. B. Familienbetrieb, Kooperative, Lohnarbeiter, Saison-/ Wanderarbeiter), verschiedener Erwerbsfunktionen eines Betriebes (z. B. Voll-, Zu-, Nebenerwerbsbetrieb), verschiedener Betriebsgrößen (Zwerg-, Klein-, Mittel-, Großbetriebe und ihre jeweiligen Probleme) usw.

Bei der Behandlung der *organisatorischen Strukturen* geht es u. a. um Methoden der Landerschließung (z. B. Brandrodung, Erschließung der Wüste, vgl. ,,Beispiel Negev" in Kap. D. 5), um Fruchtfolgesysteme, um Anbauordnungen nach Klima und Wasserhaushalt (vgl. die Themen in Kap. D 3) sowie neben dem Ackerbau auch um Formen der Viehwirtschaft (vgl. die Themen in Kap. D. 6). Die hierbei erfolgenden Analysen sollen jedoch nicht (nur) die sozialen und/oder organisatorischen Strukturen ermitteln — weil das nicht von hinreichender geographischer Relevanz ist —, sondern sie sollen die *agrarsozialen Systeme* (vgl. *Sick* 1983, S. 98 ff.) als ,,Lebensformen mit einer jeweils verschiedenen Kombination der Strukturelemente" — ggf. in einer ganz bestimmten räumlichen Zugehörigkeit — hervorheben. Dabei handelt es sich vielfach (so jedenfalls nach der Auffassung von *Sick*, a. a. O.) zugleich um Entwicklungsstufen, die sich mit den Phasen der gesamten Wirtschaftsentwicklung (ggf. *Bobek* s. o.) vergleichen lassen. Folgende agrarsoziale Systeme seien exemplarisch erwähnt:

— Tribalistische Agrarsysteme mit Gemeinschaftseigentum von Sippen o. ä., ggf. mit Nutzungsrechten einzelner Familien; meist verbunden mit Landwechselwirtschaft oder Nomadentum; mit familiärer oder kooperativer Arbeitsverfassung; Produktionsziel ist überwiegend die Selbstversorgung. — Beispiel: ,,Nomaden in der Sahara" (Kap. D. 3).
— Familistische Agrarsysteme mit Individualeigentum, oft ergänzt durch Pacht oder Allmende; die familiäre Arbeitsverfassung wird durch Lohnarbeit ergänzt; Produktionsziel ist neben der eigenen, oft nur teilweisen Bedarfsdeckung die Marktbelieferung. — Beispiele: ,,Der Bauer in der Marsch", ,,Der Bauer in der Börde", ,,Weizenfarmer in Kanada" (Kap. D. 3), ,,Almwirtschaft in den Alpen" (Kap. D.4).
— Feudalistische Agrarsysteme: unterscheiden sich von den familistischen durch eine ausgeprägte soziale Schichtung in eine privilegierte und machtausübende, bodenbesitzende Minderheit und in die Masse machtloser, zumeist durch Pacht- oder Lohnarbeit an den Betrieb des Grundherrn gebundener Familien.
— Kapitalistische Agrarsysteme, bei denen die (zumeist weltmarktorientierte) Bodennutzung i. d. R. über Verträge mit den Boden- bzw. Kapitalbesitzern erfolgt; die Arbeitskräfte sind aber nicht (wie bei feudalistischen Agrarsystemen) an den Grundherrn gebunden, sondern mobil. — Beispiel: ,,Eine Estancia in Argentinien", ,,Eine Schafstation in Australien" (Kap. D.6).

— Kollektivistische Agrarsysteme mit unterschiedlichem Grad der Vergesellschaftung von Produktionsmitteln, insofern fehlender sozialer Schichtung; das Produktionsziel kann selbst- oder planwirtschaftlich-bestimmt sein, teilweise davon abhängig ist die Art der Marktbelieferungen (regional bis international). — Beispiel: ,,Landwirtschaft in der Sowjetunion" (Kap. D.7).

C.3 Agrargeographische Raumeinheiten

Um Schülern ,ein geordnetes Bild' agrargeographischer Phänomene zu vermitteln, ist es notwendig, neben den Einflußfaktoren und Prozessen im Agrarraum auch auf agrargeographische Raumeinheiten einzugehen: ,,Dabei sollten die Beziehungen zwischen den ökologischen und sozialen Komponenten deutlich werden, die sich letzthin in den agrargeographischen Raumeinheiten, vom Einzelbetrieb bis zum Agrarraum der Erde, miteinander verknüpfen. (*Sick* 1983, S. 148). ,Kleinste Bausteine' der Agrarlandschaft sind die bäuerlichen *Betriebe*. Diese Ordnungsstufe wird in Kap. D.1 behandelt.

Die höherrangigen Stufen bzw. die Kriterien für eine Regionalisierung des Agrarraumes sind recht unterschiedlich (vgl. *Arnold* 1985, S. 143 ff.). ,,Bis zur Gegenwart basieren viele Untergliederungen des Agrarraumes der Erde auf dem vorgegebenen Muster der Klima- und Vegetationszonen, so z. B. auch bei *Andreae* (1983). *Grigg* (1969, S. 103) sieht darin einen falschen Ansatz, da dieser den Einfluß der physischen Faktoren auf die Landwirtschaft überbewertet. Die Klima- und Vegetationszonen geben nur den Eignungsraum für die landwirtschaftliche Produktion ab, sie markieren das Produktionspotential, aber nicht die tatsächlichen Produktionsverhältnisse. Potentialregionen dürfen nicht mit Agrarregionen gleichgesetzt werden" (*Arnold* 1985, S. 145). Angesichts dieser Tatsache haben *Sick* (1983) und *Arnold* (1985) den Agrarraum der Erde vor allem nach dem Kriterium ,Wirtschaftssystem' gegliedert. Flächendeckende hierarchische Gliederungen der Erde sind dabei kaum möglich, da zwischen den Ordnungsstufen zahllose Übergänge bestehen und viele Räume mit Mischstrukturen nicht eindeutig zuordenbar sind. Die hier vorgenommene Gliederung folgt *Sick* (1983), weil er den Regionsbegriff mehr als *Arnold* (1985) betont, und eine solche Gliederung im Sek. I-Geographieunterricht offenbar einsichtiger ist.

,,Nach der Größenordnung liegen die *Agrargebiete* zwischen den Agrarbetrieben und den Agrarregionen als Einheiten mittleren Umfangs. Agrargebiete sind individuelle Räume, die sich durch eine spezifische Kombination ihrer Merkmale von den Nachbarräumen abheben. Zu diesen Merkmalen zählen Lage, Naturgrundlagen, Bodennutzung, Sozial- und Siedlungsstrukturen mit ihrer historischen Entwicklung" (*Sick* 1983, S. 157). Agrargebiete können recht unterschiedlicher Größe sein; *Sick* (1983, S. 159) gibt hierfür als Beispiele:

Kaiserstuhl (Südbaden)	Kleinbäuerliches Weinbaugebiet mit Marktorientierung, Feldbau im Randsaum
Küstenhof von Valencia (Spanien)	Kleinbäuerlich mit vielfältigem Bewässerungs- und Trockenfeldbau (Reis, Agrumen, Baumwolle, Getreide, Gemüse), Kleinviehhaltung

Oase Quargla (Algerien)	Bewässerung mit artesischem Grundwasser; Dattelpalmenkulturen
Becken von Quito (Ecuador)	Haciendas, indianische Kleinbetriebe; Regenfeldbau mit Mais, Weizen; Viehhaltung
Pampa (Argentinien)	Regenfeldbau mit Weizen, Mais, Alfalfa, Sonnenblumen u. a.; Randlich Viehhaltung; Großbetriebe und kleinere Pachtbetriebe.

Sie sind als Alternative oder zur Vertiefung der Unterrichtsvorschläge „Der Bauer in der Marsch", „Der Bauer in der Börde" usw. von Kap. D.3 möglich.

An *Agrarregionen* führt *Sick* (1983, S. 162 ff.) an:

1. Region des Wanderfeldbaus und der Landwechselwirtschaft in den feuchttropischen Gebieten Mittel- und Südamerikas, Afrikas und Südostasiens: die Nutzung beruht auf einem Wechsel zwischen mehrjährigem Anbau (meist in Hackbau) und langandauernder Brache mit Sekundärvegetation, daher die Nutzflächen oft inselhaft im Regenwald. Der Anbau (Maniok, Yams, Taro, Süßkartoffeln, Bananen, Hirse, Mais u. a.) dient überwiegend der Selbstversorgung, doch gelangen z. B. Baumwolle, Erdnüsse und Tabak auch zum Verkauf.

2. Region der gemischtwirtschaftlichen traditionellen Agrargebiete der Tropen: Nutzung (Hackbau, regional auch Pflugbau) erfolgt meist ohne Flächenwechsel in kleinen, kapitalarmen (daher wenig mechanisierten) Betrieben, wobei der Anbau vielseitig ist (d. h. Reis, Hirse, Mais als Grundlage der eigenen Ernährung; Erdnüsse, Faserpflanzen, Zuckerrohr, Kaffee, Tee, Kakao, Ölpalmen u. a. als markt- und/oder exportorientierte Produktion).

3. Regionen der Bewässerungswirtschaft: liegen im subtropisch/tropischen Übergangsbereich nahezu überall auf der Erde mit unterschiedlichen sozialen und organisatorischen Strukturen. Größtes einheitliches Verbreitungsgebiet ist der Naßreisbau in Süd- und Ostasien.

4. Regionen der Plantagenwirtschaft: liegen ähnlich verstreut wie die Bewässerungswirtschaften in den Tropen und Subtropen. Die spezialisierte Produktion, z. T. in Monokultur, ist mit Risiken (Preis, Krankheiten, Bodenerschöpfung) verbunden, so daß heute mehrseitiger Anbau aufkommt. Wichtige Produkte und ihre (zumeist auf verkehrsgünstige Lagen reduzierten) Verbreitungsgebiete sind:

   Bananen: Mittel- und Südamerika, Westafrika, Gummi: Indonesien, Malaysia, Westafrika, Kaffee: Brasilien, Mittelamerika, Ostafrika, Kakao: Westafrika, Sisal: Ostafrika, Indonesien, Zuckerrohr: Westindien, Brasilien.

5. Region der nomadischen Weidewirtschaft: hat von allen Regionen die geschlossenste Verbreitung, da sie dem afrikanisch-asiatischen Trockengürtel entspricht. Die Viehhaltung dient der Selbstversorgung (Fleisch, Milch, Wolle, Felle usw.) sowie dem Austausch gegen Feld- und Gewerbeerzeugnisse. Am Grenzsaum der Ökumene stellt der Nomadismus die bestmögliche Anpassung an die extremen Nutzungsbedingungen dar; aus ökologischen Gründen ist er jedoch kaum intensivierbar.

6. Region der stationären extensiven Weidewirtschaft: gliedert sich in Teilregionen, die in den Subtropen und gemäßigten Breiten liegen (z. B. westl. Nordamerika, südöstl. Südamerika, Australien), wo die Niederschläge für Ackerbau nicht mehr ausreichen, die Weidewirtschaft jedoch ohne Wanderungen noch bestehen kann. Es handelt sich überwiegend um flächenextensive Großbetriebe mit geringem Arbeitskräftebesatz, die spezialisiert sind und (welt-) marktorientiert produzieren.

7. Region der gemischtwirtschaftlichen traditionellen Betriebe der Subtropen: umfaßt mehrere Teilräume mit verschiedenen Betriebsformen. Ausgeprägt sind Dauerkulturen (Ölbaum, Baumwolle, Agrumen u. a. m.), häufig untergeordnet erscheint der Getreideanbau; verbreitet erscheint (Klein-)Viehhaltung als weiteres Element. Im Mediterranraum sind die Sozialstrukturen (Latifundien, Pächter usw.) bemerkenswert.

8. Region der spezialisierten, marktorientierten Ackerbauwirtschaft: Nutzung erfolgt zumeist in flächenextensiven, kapitalintensiven und somit stark mechanisierten Großbetrieben (insbes. ‚Farmen'), die sich auf einzelne Feldpflanzen spezialisiert haben (z. B. Baumwolle, Tabak, Sonnenblumen, Zuckerrüben, Mais, Weizen); Viehhaltung spielt eine völlig untergeordnete Rolle.

9. Region der gemischtwirtschaftlichen, marktorientierten Betriebe der gemäßigten Zone: hinsichtlich der Betriebsformen sehr differenziert, ähnlich auch in der Produktionsausrichtung, so daß als ‚gemeinsames' Merkmal „die vielseitige Kombination von Getreide-, Hackfrucht- und Futterbau mit zahlreichen Bodennutzungssystemen" anzusehen ist (*Sick* 1983, S. 176). In kleinst- bis großbäuerlichen weltmarktorientierten, kapital- und arbeitskräfte-intensiven Betrieben werden vor allem Weizen, Gerste, Roggen, Körnermais, Kartoffeln, Zuckerrüben, Feldgemüse und Futterpflanzen angebaut, und es kommt zu einer engen Verzahnung von Ackerbau und Viehhaltung (vor allem Rinder, Schweine, Geflügel).

10. Region der intensiven Grünlandwirtschaft: schließt sich polwärts der zuvor behandelten Region an; die Nutzung besteht in Dauergrünland und Feldfutterbau in kapital- und arbeitskräfte-intensiven Klein- und Mittelbetrieben, die sich zumeist auf jeweils eine Viehart und Produktionsrichtung spezialisiert haben; die Produktion dient vor allem der Inlandsnachfrage, ist aber auch weltmarktorientiert.

Außer Betracht geblieben sind hier Regionen der Wald- und Forstwirtschaft sowie gewisse Bereiche mit durchaus beachtenswerter, aber einseitiger Produktionsausrichtung (z. B. Gartenbau- und Sonderkulturengebiete, die in den Regionen 3, 7 und 9 recht häufig sind). Beispiele für die einzelnen Agrarregionen ergeben sich unschwer aus den Unterrichtsvorschlägen in Kapitel D.

Weitere Sachinformationen sind in kurzer Form dem nachfolgenden Glossar und den regionalgeographischen Sachanalysen in den Unterrichtsbeispielen zu entnehmen.

Glossar

Agrarraum: der gesamte, in irgendeiner Form landwirtschaftlich genutzte Teil der Erdoberfläche (entspricht ca. 30 % der Fläche des Festlandes). Nur 10 % der Festlandsfläche werden als Ackerland genutzt, 20 % als Dauergrünland (vorwiegend extensiv genutztes Weideland). Extreme räumliche Unterschiede (bedingt durch vielfältige Produktionsmethoden, Organisationsformen und Produkte) sind ein wesentliches Merkmal der Landwirtschaft.

Agrarstruktur: bezeichnet die Gesamtheit der strukturellen Bedingungen, unter denen landwirtschaftliche Produktion und Vermarktung von Agrarprodukten stattfinden. Wichtig sind Siedlungsform, Flurverfassung, Besitzstruktur (Eigentum oder Pacht), ↑Betriebsgrößen, Formen der Bodennutzung und Viehhaltung sowie die Marktstruktur. A. unterliegt durch wirtschaftliche und politische Entwicklungen einem Wandel.

Almwirtschaft: Form der Weidewirtschaft auf Hochgebirgsflächen, die oft oberhalb der Baumgrenze liegen und lediglich ca. 90 Tage im Jahr beweidet werden können.

alternativer Landbau: Pflanzenproduktion unter weitgehendem Verzicht auf Einsatz von ↑Mineraldünger und synthetisch hergestellten Schädlingsbekämpfungsmitteln. In der ökologischen Bewegung spielt a. L. eine große Rolle.

artesischer Brunnen: erreicht in der Tiefe eine wasserführende Schicht, die in einer Senke zwischen zwei wasserundurchlässigen Schichten liegt (artesisches Becken). Die wasserführende Schicht erhält ihr Wasser oft aus weit entfernten, höher gelegenen Gebieten; das Wasser steht daher häufig unter Druck und tritt bis an die Erdoberfläche aus. Meistens wird es jedoch mit Göpelwerken bzw. elektrischen Pumpen heraufgefördert. Die Bezeichnung wird abgeleitet von der französischen Landschaft Artois, wo im 12. Jahrhundert bereits solche Brunnen angelegt wurden.

Betriebsgrößenstruktur: Einteilung der landwirtschaftlichen Betriebe nach ihrer Betriebsgröße ergibt die B., die in Verbindung mit der landwirtschaftlich genutzten Fläche ↑(LF) den Wandel der ↑Agrarstruktur verdeutlicht.

Bonitierung: Feststellung des Bodenwertes; dabei werden die Bodenarten, ihre Entstehungsgrundlage, die Einwirkung des Reliefs, des Klimas und der Vegetation berücksichtigt. Neben natürlichen Faktoren werden Absatz- und Verkehrslage zusätzlich als steuerliche Bemessungsgrundlage einbezogen. Man bewertet die Böden in Deutschland von den minderwertigen bis zu den besten Böden mit den Ziffern 1—100 (100 gemessen an einem Betrieb in der Magdeburger Börde, bester Lößboden).

Bruttosozialprodukt: Wert der in einem Berechnungszeitraum produzierten Waren und getätigten Arbeits- und Dienstleistungen. Enthalten sind in dieser Summe auch der gesamte private und öffentliche Verbrauch, alle Abschreibungen der Industrie und alle Investitions- und Exportleistungen. Es ist das in Geldwert ausgedrückte Gesamtergebnis der wirtschaftlichen Tätigkeit des ganzen Volkes und ein Wertmaßstab für die Leistungsfähigkeit seiner Volkswirtschaft.

Bruttowertschöpfung: Differenz von Produktionswert (= alle Verkäufe landwirtschaftlicher Produkte an andere Wirtschaftsbereiche, Eigenverbrauch, Vorratshaltung für Mensch und Tier, Dienstleistungen auf der landwirtschaftlichen Erzeugerstufe) und Vorleistungen (= Kosten für Futter, Mineraldünger, Saatgut, Pflanzenschutzmittel, neugekauftes Vieh).

Dränage: Entwässerung nasser oder zur Staunässe neigender Böden durch Röhren- und/oder Grabensysteme, in denen das überschüssige Wasser abgeleitet wird. Für den Ackerbau in feuchten Gebieten notwendig. Heute werden schwerwiegende Einwände erhoben, da Feuchtbiotope häufig gefährdet werden und eine Absenkung des Grundwasserspiegels das ökologische Gleichgewicht stören kann.

Dry-Farming: ,Trockenfarmsystem‘ oder ,Trockenfeldbau‘. Form der Bodenbestellung in niederschlagsarmen bzw. dürregefährdeten Gebieten: Nach einem Regenfall wird durch Auflockern der oberen Bodenschicht die Kapillarverdunstung unterbrochen, so daß die Feuchtigkeit länger im Boden bleibt. Fruchtfolge beim Dry-Farming, z. B. 1. Jahr Brache, 2. Jahr Weizen, 3. Jahr Weizen.

extensive Wirtschaft: Form der Landwirtschaft, bei der im Verhältnis zur Bodenfläche wenig Arbeit und Kapital aufgewendet werden (z. B. Weizenanbau in USA, Kanada, Australien). Im Gegensatz dazu wird bei ,intensiver Bodennutzung‘ (z. B. Ackerbau in Mitteleuropa, Sonderkulturen) viel Arbeit und/oder Kapital eingesetzt.

Feuchtgrenze: Grenzsaum in den Tropen zwischen Feuchtsavanne und tropischem Regenwald (z. B. Afrika). Bestimmte Früchte wie Hirse, Sisal, Erdnuß, Tabak und Baumwolle benötigen in der Reifezeit eine charakteristische Trockenperiode; gleichmäßig hohe Feuchtigkeit läßt diese Früchte nur unzureichend gedeihen.

Flurbereinigung: Maßnahmen zur Verbesserung der ↑Agrarstruktur; insbesondere Zusammenlegung zersplitterten Grundbesitzes einschließlich aller damit verbundenen Arbeiten (Planung, Finanzierung, Durchführung) sowie Ausbau und Neuerstellung des Wege-, Straßen- und Gewässernetzes. Ziel der F. (gesetzliche Grundlage: Flurbereinigungsgesetz vom 16. 3. 1976 und 1. 6. 1980) ist umfassende Neuordnung des ländlichen Raumes, um Produktions- und Arbeitsbedingungen zu verbessern. Belange des Naturschutzes, der Landschaftspflege und des Umweltschutzes sind zu berücksichtigen.

Fruchtfolge: Anbaufolge von Garten- oder Feldfrüchten auf einer Parzelle bzw. einem Flurstück im Laufe eines Jahres (bei günstigen klimatischen Verhältnissen) oder mit jährlichem Wechsel im Laufe mehrerer Jahre (= Fruchtwechsel, häufig in jeweils drei- oder vierjähriger Folge).

Hektarertrag: Zahl der Dezitonnen (Abk. dt, früher Doppelzentner = dz) einer Feldfrucht, die durchschnittlich auf einem Hektar (ha) geerntet wird. Der H. zeigt den Intensitätsgrad der landwirtschaftlichen Nutzung an.

Höhengrenze: ihrem Wesen nach eine Kältegrenze (in die sie auch in hohen Breiten allmählich übergeht); entsprechend nähern sich polwärts die unterschiedlichen Höhengrenzen immer mehr dem Meeresspiegelniveau. Das Verteilungsbild der Nutzpflanzen in ihrer Gliederung nach Höhenstufen ist jedoch nicht so eindeutig wie die Differenzierung nach Kältegrenzen; z. B. Tee und Sisal haben enge Polargrenzen, aber weitgespannte Höhengrenzen; Rüben, Sojabohnen und Erdnüsse breiten sich polwärts stark aus, meiden aber die Höhenlagen (↑ Kältegrenze).

Kältegrenze: Grenzsaum, in dem infolge Wärmemangels bestimmte Nutzungen und Lebensbedingungen polwärts und höhenwärts ihre Verbreitungsgrenze finden. Wichtig sind: Waldgrenze (Vorkommen geschlossener Waldgebiete), Baumgrenze (Vorkommen einzelner Bäume bzw. Baumgruppen) und Schneegrenze (Unterschied nach klimatischer, orographischer, temporärer Schneegrenze). Kältegrenzen sind für die Landwirtschaft von besonderer Bedeutung: Vorrücken von Gerste und Kartoffeln bis ca. 70° N; Weizen bis 62° N, ebenso Rüben; Körnermais durch Züchtungsfortschritte bis ca. 51° N (↑ Höhengrenze).

Kibbuz: (Mz.: Kibbuzim) Form landwirtschaftlicher Genossenschaftsbetriebe in Israel. Alles Eigentum, mit Ausnahme des persönlichen Besitzes, ist Gemeingut. Die Arbeit wird auf kollektiver Basis organisiert. Neben der Landwirtschaft werden in jüngster Zeit

verstärkt industrielle Betriebe aufgebaut, um der nachfolgenden Generation Arbeitsplätze zu sichern.

Kolchose: landwirtschaftliche Betriebsform in der UdSSR; durch Kollektivierung ehemals privater landwirtschaftlicher Betriebe entstandene Genossenschaft.

Kollektivierung: Vorgang der zwangsweisen Einbringung von landwirtschaftlichen Betrieben in eine Genossenschaft (z. B. Kolchose).

künstliche Bewässerung: hauptsächlich in ariden, semiariden und semihumiden Gebieten wird Wasser (u. a. durch ein Netz von Kanälen und Gräben) auf die Felder geleitet; dadurch auch Anbau in extremen Trockenzeiten.

LF: Landwirtschaftlich genutzte Fläche, Summe von: Ackerfläche + Gartenland + Dauergrünland + Obstfläche + Rebland + Hopfenland + Baumschul- und Flurholzflächen.

LN: Landwirtschaftliche Nutzfläche, Summe von: LF + nicht mehr bewirtschaftete Acker- und Dauergrünlandflächen + alle Park- und Rasenflächen.

LPG: Landwirtschaftliche Produktionsgenossenschaft; kollektiver, juristisch selbständiger Landwirtschaftsbetrieb in der DDR. Je nach vorhandenen Produktionsfaktoren werden LPG's unterschiedlich typisiert (Typ I bis III).

Mineraldünger: künstlich erzeugte Düngemittel, z. B. Kali, Stickstoff oder Phosphorsäure; M. verstärkt oder ergänzt die Wirkung des Naturdüngers, verbessert die Bodenqualität, fördert das Wachstum, steigert die Ernteerträge.

Monokultur: ständiger Anbau der gleichen Kulturpflanze, z. B. dauernder Getreide-, Kaffee-, Zuckerrohr-, Bananenanbau. Nachteile der M.: erhöhte Auslaugung des Bodens, stärkerer Schädlingsbefall, Abhängigkeit vom Weltmarkt u. a.

Moschaw: (Mz.: Moschawim) ländliche Siedlung in Israel, die auf genossenschaftlicher Basis aufgebaut ist. Zwei Typen von Moschawim: Am meisten verbreitet ist der *kooperative Moschaw*, in dem jede Familie ihren eigenen Hof besitzt; der Verkauf der Produkte und der Einkauf neuer Geräte und Gebrauchsgegenstände erfolgt durch zentrale Genossenschaften. Der andere Typ ist der *Moschaw Schitufi*, der nach dem Prinzip des kollektiven Besitzes, des gemeinsamen Wirtschaftens gegründet ist; jede Familie führt ihren eigenen Haushalt und ist für die Erziehung der Kinder verantwortlich. Ebenso wie im ↑Kibbuz besteht hier die Tendenz, neben der Landwirtschaft auch industrielle Betriebe zu entwickeln.

Nebenerwerbsbetrieb: Betriebsinhaber setzen weniger als die Hälfte ihrer Arbeitszeit für die Landwirtschaft ein, und/oder weniger als 50 % des Erwerbseinkommens stammen aus dem landwirtschaftlichen Betrieb. Hauptberuflich bieten sie keine Existenzgrundlage. N.

können nur existieren, wenn in der Regel Kapital aus anderen Wirtschaftsbereichen eingebracht wird (z. B. Bauer arbeitet regelmäßig in einem Industriebetrieb).

Naturdünger: alle in der Landwirtschaft und im Garten anfallenden Abfallprodukte wie Jauche (Gülle), Mist, Blätter. Sie führen dem Boden einen Teil der durch die Pflanzen entzogenen Mineralstoffe wieder zu und erhöhen die Bodengare.

Plantage: Großbetrieb in den Tropen und Subtropen, der pflanzliche Produkte für den Binnen- und Weltmarkt erzeugt und aufbereitet; wird mit hohem Kapitaleinsatz und zahlreichen Arbeitskräften betrieben und hebt sich von bäuerlichen Betrieben durch starke Rationalisierung, Technisierung und Spezialisierung ab.

Planwirtschaft: Zentralverwaltungswirtschaft; Wirtschaftsordnung, in der das Wirtschaften durch Staat bzw. Partei nach einem einheitlichen Plan geregelt wird. Preise und Löhne werden vom Staat festgesetzt. Es gibt keinen Wettbewerb wie in einer Marktwirtschaft.

Produktivität: Verhältnis von Aufwand (an Arbeit, Energie, Kapital) und Ertrag (Produktionsmenge). Im landwirtschaftlichen Bereich werden allgemein sowohl Produktionsertrag (Nahrungsmittelproduktion) als auch P. in Getreideeinheiten (1 dt Getreide = 1 dt GE) ausgedrückt.

Ranch: Betrieb mit extensiver Weidewirtschaft (hauptsächlich Rinder, Schafe) von zumeist beträchtlicher Größe. Man wählt anspruchslose Tierrassen, die futterknappe Zeiten gut überstehen, bzw. je nach Rentabilität des Betriebes wird Futter entsprechend dazugekauft.

Regenfeldbau: im Gegensatz zum Bewässerungsfeldbau die Form des Ackerbaus, bei der der zur Verfügung stehende Niederschlag alleiniger Feuchtigkeitsspender für das Wachstum der angebauten Feldfrüchte ist. Verbreitungsgebiete sind u. a. Feuchtsavannen (7—9 Monate humid), z. T. Trockensavannen (mindestens 5 ½—6 Monate humid) und der tropische Regenwald (in der Regel zu feucht, mit 10—12 humiden Monaten).

Sonderkultur: auch Spezialkultur genannt, Anbau von Früchten, die besondere klimatische Bedingungen und arbeitsintensiveren Anbau verlangen. In der BR Deutschland gehören dazu z. B. Wein-, Obst-, Tabak- und Gemüseanbau.

Sowchose: Staatsgut (UdSSR), welches durch Enteignung früherer Gutsbetriebe entstanden ist. Zusätzlich gibt es Sowchosen als planmäßige Neugründungen, z. B. in Gebieten mit Neulandgewinnung.

Strip-Farming: (= Streifenanbau), streifenförmiger Anbau von Früchten unterschiedlichen Nährstoffbedarfs, unterschiedlicher Wuchshöhe und Erntezeit. S. soll Bodenerosion verhindern. In den USA als Gegenmaßnahme zur ↑Monokultur eingesetzt.

Subsistenzwirtschaft: Wirtschaftsform, die ganz oder nahezu ausschließlich der Selbstversorgung ihrer Besitzer und deren Familien dient; besonders in Ländern der Dritten Welt ist der Anteil solcher Betriebe sehr hoch.

Subventionen: staatliche Zahlungen zur Erhaltung von Wirtschaftsbetrieben (z. B. Sicherung von Arbeitsplätzen). In der Landwirtschaft werden Beihilfen gezahlt, um naturbedingte und wirtschaftliche Nachteile gegenüber anderen Wirtschaftsbereichen auszugleichen und um die Produktivität zu steigern. Im Zusammenhang mit der EG-Agrarpolitik häufig umstritten.

Trockengrenze: Grenzsaum, über den hinaus Anbau von Feldfrüchten infolge zu großer Trockenheit im ↑ Regenfeldbau nicht möglich ist. Grenze des Regenfeldbaus wird als *agronomische Trockengrenze* bezeichnet: verläuft in den Tropen zwischen Trocken- und Dornbuschsavanne bei etwa 8 ½ ariden Monaten und in den Subtropen zwischen Hartlaubgehölzzone und Dornbuschsteppe bei etwa 8 ariden Monaten. Wenn man die Norm-Niederschlagshöhen mit den Niederschlagsansprüchen der Kulturpflanzen im Bereich der agronomischen T. vergleicht, wird die Artenarmut der Kulturpflanzengemeinschaft besonders deutlich. T. unterliegt in allen Kontinenten unterschiedlichen ökologischen und ökonomischen Bedingungen. Für Weizen liegt die a. T. bei einem Niederschlag von ca. 500 mm. Spezielle Züchtungen, Bewässerungsmaßnahmen und ↑ Dry-Farming haben die Grenze hinausschieben können.

Vergrünlandung: Umstellung der landwirtschaftlichen Produktionsrichtung vom Ackerbau zur Wiesen- und Weidewirtschaft.

Vollerwerbsbetrieb: Bewirtschaftung erfolgt hauptberuflich, d. h. der Lebensunterhalt der Familie wird in der Regel ausschließlich aus dem landwirtschaftlichen Betrieb bestritten. V.e bilden zusammen mit den ↑ Zuerwerbsbetrieben die sog. Haupterwerbsbetriebe.

Wanderfeldbau: (Shifting Cultivation, auch Wanderhackbau) wichtigstes Ackerbausystem der feuchten Tropen, 4—5 % der Weltbevölkerung handhaben diese Wirtschaftsform auf ca. ⅕ des Festlandes. Auf durch Rodung bzw. Brandrodung vorbereiteten Flächen (daher auch ,Waldbrandwirtschaft') werden i. d. R. kleine Felder mit Hacke oder Pflanzstock bestellt. Nach 2—3 Jahren ist Bodenfruchtbarkeit erschöpft. Solange diese Wirtschaftsform nur kleinflächig auftritt, bleiben die ökologischen Schäden relativ gering. Problematisch ist heute die Rodung unter Einbeziehung moderner Maschinen im großen Stil.

Zuerwerbsbetrieb: landwirtschaftlicher Betrieb, in dem die betrieblichen Verhältnisse es erfordern, daß außerhalb der Landwirtschaft ein Zuerwerb erfolgen muß (außerbetriebliches Erwerbseinkommen von 10 % bis unter 50 % des gesamten Erwerbseinkommens). Von der Landwirtschaft allein ist ein Z. nicht existenzfähig.

Unterrichtsvorschläge

D.1 Erkundung eines landwirtschaftlichen Betriebes

Lehrpläne und Didaktiken haben schon immer die geographische Lehrwanderung bzw. Lehrfahrt oder Betriebserkundung als grundlegende Unterrichtsformen des Faches bezeichnet und sie gefordert. In seiner Bibliographie hat *Sperling* (1971) zu diesem Themenkreis eine Fülle von Publikationen aufgeführt, so daß auf weitere Literaturhinweise sowie auf eine fachdidaktische Erörterung an dieser Stelle verzichtet werden kann.

Unbestritten ist sicherlich, daß Geographieunterricht durch Exkursionen und Erkundungen lebt, weil hier geographische Inhalte und Fertigkeiten anschaulich und im realen Raum vermittelt werden können. Gerade Exkursionen und Erkundungen erfordern vom Schüler innerhalb selbständigen Arbeitens den Einsatz gewisser Grundfertigkeiten und -inhalte.

Die an dieser Stelle vorgeschlagenen Erkundungen eines landwirtschaftlichen Betriebes unterscheiden sich von reinen Betriebsbesichtigungen in erheblichem Maße: Bei den Betriebserkundungen geht es nicht nur um bloßes Anschauen, sondern der Schüler soll sich „aktiv um eine Durchdringung der Arbeits- und Wirtschaftsphänomene bemühen" (*Fick* 1968, S. 664). Dabei muß der Lehrer einige organisatorische Besonderheiten berücksichtigen (z. B. Erlasse, Aufsichtspflicht, Stundenplan, Transportfrage, Auswahl des Untersuchungsobjektes), auf die an dieser Stelle nicht näher eingegangen zu werden braucht.

Vielleicht wird auch die Auswahl eines geeigneten Untersuchungsobjektes auf Schwierigkeiten stoßen. Hier sind die örtlichen Landwirtschaftskammern behilflich. In besonderen Fragen wende man sich an die IMA (Informationsgemeinschaft für Meinungspflege und Aufklärung), Alexanderstr. 3, 3000 Hannover 1 oder an die CMA (Centrale Marketinggesellschaft der deutschen Agrarwirtschaft), Postfach 370, 5300 Bonn-Bad Godesberg. Diese Institutionen stellen entsprechendes Informationsmaterial über die deutsche Landwirtschaft zur Verfügung und weisen ggf. geeignete Betriebe nach.

Für die Vorbereitung der Erkundung ist es unerläßlich, den ausgesuchten Betrieb näher zu analysieren. Als Hilfe mag dazu Abb. 3 dienen, in welcher die unterschiedlichen Faktoren, die auf die Organisation und

Abb. 3: Faktoren, die auf die Organisation und Struktur eines landwirtschaftlichen Betriebes einwirken

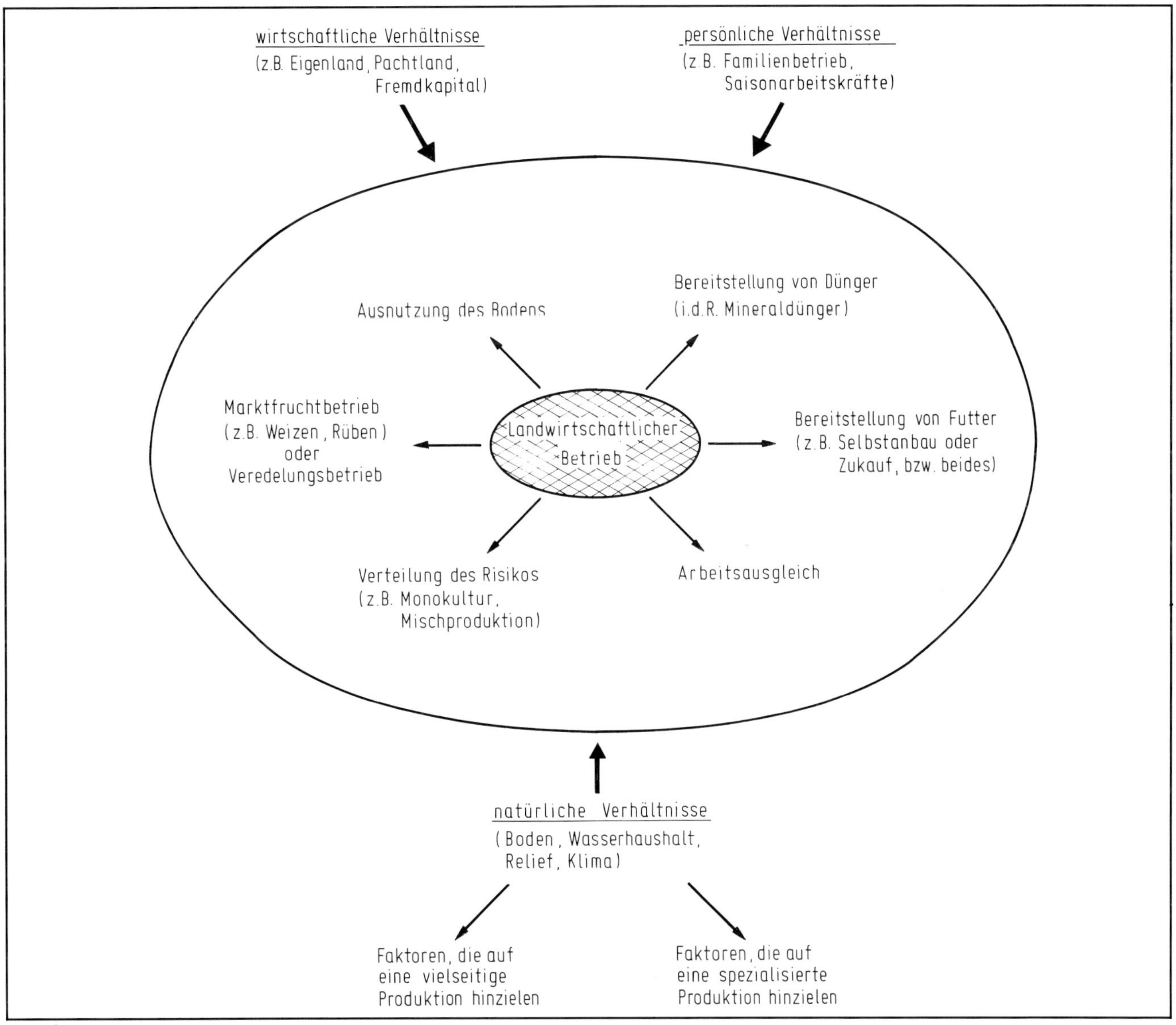

Struktur eines landwirtschaftlichen Betriebes einwirken, dargestellt sind. Das Schema soll dem Lehrer die Vorbereitung erleichtern, und es kann je nach Struktur und Organisation des ausgewählten Betriebes entsprechend abgewandelt bzw. ergänzt werden.

Für alle geplanten Betriebserkundungen (unterschiedliche Schwerpunkte für die Klassen 5/6; 7/8; 9/10) ergibt sich methodisch eine Gliederung in drei deutlich voneinander unterschiedene Phasen: die *Vorbereitung* des Vorhabens in der Schule, die *Durchführung* der Erkundung vor Ort und die *Nachbesprechung* in der Schule. Da hier Schüler unterschiedlichen Alters angesprochen sind, ist die Zielsetzung für die einzelnen Schuljahre entsprechend gewichtet.

Im *5./6. Schuljahr* sollen die Schüler zunächst einen landwirtschaftlichen Betrieb als Arbeitsplatz kennenlernen. Sichtbare und durchschaubare Vorgänge und Phänomene im Betrieb sollen den Schülern dieser Altersstufe einen Bereich erschließen, der auch für sie von Bedeutung ist. Dazu gehören die auf M 1.1 formulierten Fragen. Der Lehrer sollte darauf achten, daß möglichst ein Vollerwerbsbetrieb vorgestellt wird, der nicht zu stark spezialisiert ist, damit die Bandbreite landwirtschaftlicher Tätigkeiten und Produktionen sichtbar wird. Die Betriebserkundung im *7./8. Schuljahr* zielt im wesentlichen auf das Erkennen des Vorgangs der Spezialisierung in der Landwirtschaft. Dazu ist es nötig, einen Betrieb auszuwählen, in dem eine gewisse Spezialisierung auch zu erkennen ist. Grundsätzlich ist jede Art der Spezialisierung möglich, jedoch müßten bei Betrieben mit Sonderkulturen (z. B. Wein, Obst, Hopfen, Gemüse) die Fragen aus M 1.2 entsprechend umformuliert werden. Es ist daher empfehlenswert, Betriebe mit Spezialisierung in Form des Ackerbaus oder der Veredelung auszuwählen. Daß auch Fragen zur Betriebswirtschaft in den Materialien auftauchen, dient zur Begründung der Wirtschaftsstruktur des betreffenden Betriebes.

Für das *9./10. Schuljahr* ist die Erkundung eines landwirtschaftlichen Betriebes hauptsächlich auf Betriebswirtschaftsstrukturen eingerichtet; d. h. die Schüler sollen erkennen, daß jede Arbeit, jeder Vorgang, jeder Einsatz von Maschinen und Mitteln anderer Art rationell erfolgen muß und entsprechend Geld kostet und damit im Preis einzelner Produktionsgüter (z. B. Fleisch, Eier, Getreide) wiederzufinden ist. Um wesentliche Faktoren der Preisbildung zu erfassen, ist es notwendig, die feststehenden Größen und sozial- sowie naturgeographischen Variablen zu erkennen und als preisbildend mit einzubeziehen. Außerdem werden einführend (vgl. M 1.3) Mechanismen des Marktes (z. B. Agrarmarktordnung der EG, Subventionen, Überproduktion) angesprochen, die im Zusammenhang mit der Analyse des gesamten Betriebes gesehen werden müssen. Damit auf dieser Altersstufe die Erkundung nicht ausschließlich unter betriebswirtschaftlichen Aspekten gesehen wird, müssen die engeren geographischen Bezüge bei den einzelnen Fragekomplexen immer wieder hergestellt werden, so daß am Ende der Auswertung des Fragebogens die Erkenntnis steht, daß dieser Betrieb wirtschaftlich optimal so zu führen ist, aber nur unter den vorgegebenen naturgeographischen Bedingungen.

Die für eine Erkundung notwendigen Materialien (M 1.1 für Klassen 5/6; M 1.2 für Klassen 7/8; M 1.3 für Klassen 9/10) lassen für die methodische Durchführung eine gewisse Flexibilität, so daß jeder Lehrer selbst entscheiden kann, in welcher Weise (z. B. Gruppenarbeit mit arbeitsteiligem Verfahren, Partnerarbeit mit ausgewählten Fragen) die Betriebserkundung durchgeführt werden soll.

Spezielle Hinweise zum technischen Ablauf, zur unterrichtlichen Vorbereitung (z. B. Mithilfe von Eltern, Bedeutung eines Elternabends), zur Durchführung und Auswertung sowie zu methodisch alternativem Vorgehen findet man u. a. bei *Heyn* (1982, S. 163 ff.).

D.2 Landwirtschaft früher und heute

In dieser Unterrichtseinheit sollen die vielfältigen Veränderungen der Landwirtschaft im Zuge der technischen Entwicklung in ihren Grundzügen dargestellt werden. Im einzelnen gliedert sich diese Einheit wie folgt:

1. Stunde: Einführungsstunde (Mechanisierung)
2./3. Stunde: Rationalisierung in der Landwirtschaft (Maßnahmen zur Steigerung der Rentabilität und Produktivität)
4. Stunde: Spezialisierung in der Landwirtschaft (Gegenüberstellung von zwei unterschiedlichen Betrieben)
5. Stunde: Vermarktung landwirtschaftlicher Produkte

1. Sachanalyse

Der Beruf des Bauern ist einer der ältesten der Welt. Noch um die Mitte vorigen Jahrhunderts lagen die Getreideerträge im Durchschnitt aller Böden in Mitteleuropa bei maximal 10 dt/ha. Anfang des 19. Jahrhunderts konnte mit einem neuen Pflug (geschwungenes Streichblech anstelle des geraden Streichbretts) mit derselben Zugkraft (in der Regel ein Gespann) statt 10 cm nunmehr 20 cm tief gepflügt werden. Auf einem derart vorbereiteten Acker konnten sich die Pflanzen üppiger entwickeln, und mit mehr Biomasse stieg der Humusgehalt des Ackers: somit konnten höhere Erträge erwirtschaftet werden. Die Landwirtschaft steigerte im 19. Jahrhundert u. a. durch Ablösung der Dreifelderwirtschaft, Ausweitung des Hackfruchtanbaus, Zwischenfruchtanbau, Melioration, verbesserte Düngung ihre Produktion um 46 % (*Pacyna* 1958, S. 71). Tab. 4 zeigt an einigen typischen Indikatoren die wesentlichen Veränderungen in den letzten 100 Jahren. Am Beispiel des Getreideanbaus wird die Rationalisierung besonders deutlich. Zum Abmähen eines Hektars mit der Sense benötigte man 30 Arbeitsstunden. Erste Pferdebinder gab es bereits 1926, aber sie wurden noch selten eingesetzt, weil sie zu teuer waren. Und auch dann mußten je Hektar 2500 Getreidegarben (je 20 Garben formten eine Stiege) zeltförmig zum Trocknen auf-

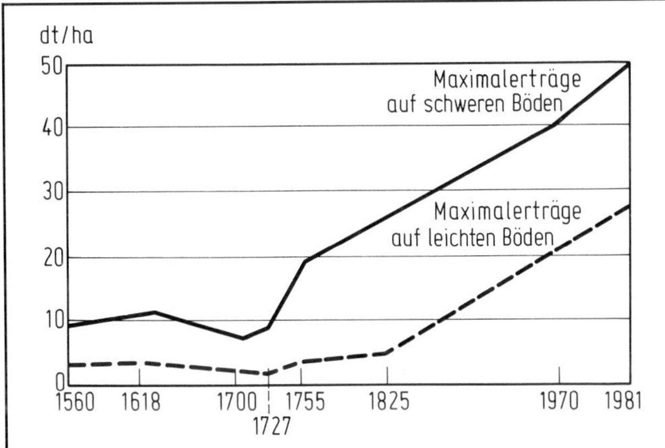

Abb. 4: Zunahme der Getreideerträge (Quelle: IMA u. eigene Ergänzungen)

Tab. 4: Landwirtschaft im Deutschen Reich bzw. in der Bundesrepublik Deutschland zwischen 1881 und 1986 (verschiedene Quellen)

	1881	1913	1950	1981	1986
Arbeitskräfte pro 100 ha landwirtschaftlich genutzter Fläche	45	40	37	8	7
Landwirtschaftlich genutzte Fläche in ha je Einwohner	0,78	0,50	0,29	0,20	0,19
Ernährte Person pro Landwirt	4	6	10	43	45
Jährl. Düngung mit Stallmist in dt/ha LF	22	45	67	80	82
Jährl. Mineraldüngung in kg/ha LF	12	21	26	50	63,1
Zuckerrübenertrag in dt/ha LF	218	266	362	477	518,8

Hinweis: 1. 1913 wurde verstärkt Stickstoff, später Kalkammonsalpeter verwendet.
2. ab 1950 Beginn des modernen Pflanzenschutzes

gestellt, später auf den Pferdewagen geladen, zum Hof gebracht, abgeladen und schließlich in der Dreschmaschine gedroschen werden. Ein Mähdrescher faßt heute alle Arbeitsgänge zusammen, und mit ihm wird 1 ha Getreide in 2 Stunden abgeerntet.

Auch in der Viehwirtschaft haben sich entscheidende Veränderungen vollzogen, die eine Produktionssteigerung erkennen lassen.

Besonders deutlich werden die Veränderungen auf dem Gebiet der Schweinehaltung. Hier vollzog sich mit geänderten Eßgewohnheiten (vor 50 Jahren aß jede Person 30 kg, heute 44 kg Schweinefleisch pro Jahr, Stand 1983) eine dem Bevölkerungswachstum und der Suche nach höherwertigen Nahrungsmitteln entsprechende Umorientierung, die in der Viehhaltung zu einer Spezialisierung in Zucht und Mast führte. Noch vor 50 Jahren wurden in jedem bäuerlichen Betrieb einige Schweine gehalten. Heute werden hauptsächlich in spezialisierten Schweinemästereien große Bestände gehalten. Moderne Technik, vorausberechenbare Zusammenstellung und Qualität bzw. Quantität des Futters, Gewohnheiten der Käufer, Chancen am Markt und hart kalkulierte Betriebskosten prägen die Rentablität dieser Mästereien. Man hat festgestellt, daß z. B. für die BR Deutschland Bestände bis zu 800 Tiere am kostengünstigsten in der Haltung sind (IMA 1983). Ein solcher Betrieb kann den jährlichen Schweinefleischbedarf einer Kleinstadt decken. Früher dauerte die Mast eines Schweines, das recht fett war, zehn Monate; heute werden Mastschweine in sechs Monaten schlachtreif gefüttert, so daß jährlich jeder Mastplatz zweimal belegt werden kann. Ferkel werden mit ca. 20 kg für 70—90 DM pro Stück (Stand 1983) zur Mästung gekauft. Bis es auf 110 kg gemästet ist, frißt es 300 kg Futter (in der Regel Fertigfutter, bestehend aus Getreide mit Zusätzen von Eiweiß, Kalk und Vitaminen).

Die Erfolge im Ackerbau und in der Tierhaltung waren nur möglich, weil die Landwirtschaft neben züchterischen, technischen und arbeits- bzw. betriebswirtschaftlichen Fortschritten vergleichbare Erfolge auch auf organisatorischem und absatzwirtschaftlichem Gebiet vorzuweisen hat.

Auch gegenwärtig ist die Landwirtschaft in der BR Deutschland und vergleichbaren Industrienationen noch in einem Prozeß der Umstrukturierung begriffen. Abnehmende Betriebszahlen und ein Rückgang der in der Landwirtschaft Tätigen auf der einen Seite stehen einer wachsenden Produktivität unter Einbeziehung modernster technischer Verfahren und Hilfsmittel auf der anderen Seite gegenüber.

Trotz dieser Erfolge ist aber weiterhin die Abhängigkeit des Bauern von der Natur auch in unseren Breiten geblieben. Die Folgen wetterbedingter Schwankungen — große Trockenheit im Frühjahr bzw. Frühsommer,

Tab. 5: Entwicklung der Leistungen ausgewählter Bereiche der Viehwirtschaft (Quelle: IMA)

Jahr	Milchleistung in kg je Kuh/Jahr	Aufzuchtleistung Ferkel je Sau/Jahr	Futterverwertung je Mastschwein* von 40—110 kg	Legeleistung Eier je Henne/Jahr
1800	860	—	—	50
1861	1150	—	4,23**	60
1935	2406	15,5	3,83	93
1950/51	2560	17,2	3,82	120
1960/61	3406	18,5	3,47	154
1975/76	4108	19,2	2,93	239
1984/85	4629	16,5	2,75	257

* Futterverbrauch pro kg Lebendgewicht-Zunahme
** 1926

kühle und z. T. feuchte Sommer — ergeben immer wieder Mißernten, wenn auch nicht so verheerend wie in früheren Zeiten, und führen immer wieder zu Anpassungsschwierigkeiten der Landwirte am Markt.

2. Didaktisch-methodische Gestaltung

Wie alle wirtschaftlichen Betätigungen des Menschen, so unterliegt auch die Landwirtschaft einem dauernden Wandel. Dabei haben sich in den Industrieländern, vor allem in den letzten 50 Jahren, gewaltige Veränderungen in Anbau- und Produktionsmethoden, Mechanisierung, Rationalisierung und Spezialisierung sowie im Vermarktungsprozeß ergeben. Demgegenüber stehen viele Länder der 3. und 4. Welt mit einer geringen Produktivität der Landwirtschaft, oft archaisch anmutenden Anbaumethoden, großen Schwierigkeiten bei der Selbstversorgung und Problemen beim Aufbau angepaßter Technologien, um die Bodenerträge für eine jährlich steigende Bevölkerungszahl zu erhöhen.

Damit die Schüler später, vor allem bei schwierigeren Strukturzusammenhängen, die Problematik dieses auch heute noch wichtigen Wirtschaftszweiges erfassen, ist es notwendig, bereits im 5. Schuljahr (in Ansätzen bereits in der Grundschule) einige Grundfragen der Landwirtschaft zu erörtern. Dazu will die Unterrichtseinheit „Landwirtschaft früher und heute" einige Hilfen bieten. Die Unterrichtseinheit ist so aufgebaut, daß mit fortschreitendem Unterrichtsverlauf, ausgehend von einfachen z. T. bekannten Phänomenen, zunehmend komplexere Strukturzusammenhänge erschlossen werden. Das ist in dieser Altersstufe nur durch entsprechendes Bild- bzw. Textmaterial zu leisten.

So geht es in der *1. Stunde* (Stoffbegegnungsstunde) darum, wichtige Tätigkeiten des Landwirts früher und heute zu vergleichen. Je nach schulischem Standort können (natur-)landschaftsbedingte Besonderheiten der Agrarwirtschaft zusätzlich in den Unterricht aufgenommen bzw. kontrastierend zu den vorgelegten Tätigkeitsfeldern (M 2.1) besprochen werden.

Aufbauend auf der Informationsverarbeitung in der Stoffbegegnungsstunde sollen den Schülern in der *2./3. Stunde* erste Einsichten in komplexere Zusammenhänge vermittelt werden. Nachdem die Kategorien ‚früher' und ‚heute' erfahren wurden, wird jetzt anhand des Begriffs ‚Rationalisierung' das Bedingungsgeflecht dieser Kategorien erschlossen. Die bereits erfahrenen Veränderungsvorgänge in der landwirtschaftlichen Produktion gilt es zu vertiefen.

Am Beispiel der ‚Spezialisierung' (*4. Stunde*) soll deutlich werden, daß für einen marktgerecht produzierenden landwirtschaftlichen Betrieb die Erzeugung verschiedenartiger Produkte unrentabel ist und sich aus finanziellen und arbeitsökonomischen Gründen nicht lohnt. Die Gegenüberstellung zweier Betriebe (Tafelbild) soll den Schülern die Problematik verdeutlichen.

In der Unterrichtsstunde ‚Vermarktung' (*5. Stunde*) wird eine Verknüpfung aller bisher besprochenen Problembereiche angestrebt. Spezielle Fragen der Agrarstrukturpolitik (z. B. Problem der zunehmenden Produktivität, wachsende Konkurrenz, internationale Marktmechanismen, Subventionspolitik) können auf dieser Altersstufe

nur bedingt angesprochen werden. Wichtiger ist die Analyse der einzelnen Stationen, die landwirtschaftliche Produkte vom Erzeuger zum Verbraucher durchlaufen, und die Erkenntnis, daß der Bauer den Vermarktungsprozeß nicht mehr in eigener Regie steuern kann.

Die einzelnen Stunden werden zwar mit Hilfe von Lernzielen z. T. ausführlich dargestellt, jedoch enthalten sie genügend pädagogischen Freiraum für alternatives Vorgehen (z. B. Verwendung der Schulbücher in Kombination mit den Materialien, stärkere Einbindung gruppenunterrichtlicher Verfahren, Akzentuierung, bzw. Ausweitung der am Schulstandort bedeutsamen landwirtschaftlichen Tätigkeiten).

Die folgenden Filme bzw. Bildreihen können zusätzlich in den Unterricht eingeplant werden:
Filme: FWU 322016 „Dorf im Wandel" (38 min). — FWU 320745 „Der Bauer zwischen Gestern und Morgen" (24 min).
Bildreihen: FWU 102357 „Vom Ackerbau zur Milchwirtschaft" (14 Dias). — FWU 101486 „Entwicklung des Pfluges" (19 Dias).

3. Lernziele und Verlaufsplanung

1. Stunde: Mechanisierung

Lernziele: Die Schüler sollen
— die in M 2.1 dargestellten Tätigkeiten benennen,
— die einzelnen Bilder ausschneiden und die jeweiligen Arbeitsformen einander zuordnen, so daß 5 Bildpaare entstehen,
— die 5 Bildpaare auf dem M 2.2 so aufkleben, daß in der linken Längsspalte die früheren und in der rechten Längsspalte entsprechend die heutigen landwirtschaftlichen Arbeitsformen dargestellt sind,
— am rechten Rand (M 2.2) die einzelnen Tätigkeiten aufschreiben.

Unterrichtsverlauf	Medien
1. Informierender Einstieg zum Thema „Landwirtschaft" (kurze Einführung in den Themenkreis)	
2. Austeilen von M 2.1: gemeinsame Erarbeitung der einzelnen Tätigkeiten	M 2.1
3. Einteilen von Gruppen, dann Stillarbeit: Ausschneiden der einzelnen Bilder von M 2.1, Schüler überlegen Anordnungs- und Beschriftungsmöglichkeiten auf M 2.2 (z. B. Kartoffelernte, Melken, Heuernte, Pflügen, Arbeitsplatz der Bäuerin)	Schere M 2.2
4. Diskussion der Gruppenergebnisse	
5. Einzelarbeit in der Gruppe: Schüler kleben die Bilder in der besprochenen Reihenfolge auf und beschriften M 2.2	
6. Vorstellung der Ergebnisse aus den Gruppen	

2./3. Stunde: Rationalisierung

Lernziele: Die Schüler sollen erkennen, daß der historische Wandel landwirtschaftlicher Produktionsformen kein monokausaler Ablauf, sondern ein kompliziertes Bedingungsgefüge vielfältiger Faktoren ist (z. B. Industrialisierung, Landflucht, Bevölkerungszunahme, gesteigerter Nahrungsmittelbedarf, Erfindung neuer landwirtschaftlicher Maschinen).

Aus diesem Wandel landwirtschaftlicher Produktionsformen sollen die Schüler erste Rückschlüsse auf die Veränderung der Berufsstruktur des Landwirts ziehen können.

Unterrichtsverlauf	Medien
1. Einstieg: Präsentation von M 2.3. Erklärung der Größe 1 ha (10 000 m^2, vergleichbar ungefähr mit einem Fußballplatz). Gemeinsames *Erarbeiten* der dargestellten Tätigkeiten bzw. Begründung der zeitlichen Abläufe.	M 2.3
2. Formulierung eines kurzen Merktextes (z. B.: Früher wurden die meisten landwirtschaftlichen Arbeiten mit der Hand verrichtet. Das dauerte sehr lange. Heute benutzt der Landwirt Maschinen, die in viel kürzerer Zeit die gleiche Arbeit leisten.)	Tafelanschrieb
3. Problemstellung: Wie kam es zu diesen Veränderungen in den landwirtschaftlichen Arbeitsformen? — Sondierung evtl. vorhandenen Vorwissens der Schüler — Bildung von Arbeitsgruppen, Verteilen von M 2.4	M 2.4
4. Vorlesen von M 2.4, Klärung unklarer Textstellen	
5. Arbeit der einzelnen Gruppen (Stillarbeit): schriftliche Beantwortung der Fragen von M 2.4	(Fragen zum Text von M 2.4
6. Ergebnissicherung: Vorstellen und Auswertung der Gruppenergebnisse — Lehrer sammelt Stichworte zu den einzelnen Fragen an der Tafel (evtl. Merksatz als Grundaussage), — Schüler übertragen den Tafelanschrieb.	Tafelanschrieb

4. Stunde: Spezialisierung

Lernziele: Die Schüler sollen erkennen, daß

— die landwirtschaftliche Produktion sich zunehmend nach betriebswirtschaftlichen Kriterien richten muß,

— höhere Erträge nicht nur durch rationelles Verfahren, sondern in gesteigertem Maße durch eine Spezialisierung des Betriebes zu erzielen sind.

Unterrichtsverlauf	Medien
1. Tafelanschrift „Spezialisierung"	
2. Sondierung des Vorwissens der Schüler	
3. Problemstellung: Was unterscheidet die beiden Bauernhöfe? — Vorlesen der beiden Texte — Klärung unklarer Begriffe	M 2.5
4. Gemeinsames Erarbeiten des Textes, Entwicklung eines Tafelbildes: Gegenüberstellung: Bauer Meyer — Bauer Schulze : : : : : : : : *Impuls:* Vergleicht beide Betriebe! (z. B. Arbeitstätigkeiten, Inventar der Höfe, Art der Erzeugnisse, hohe bzw. niedrige Kosten) Ergebnisse werden in die entsprechende Spalte eingetragen.	Tafelbild
5. Ergebnissicherung: ‚Spezialisierung' wird stichwortartig erläutert (z. B. wenig Produkte, z. T. nur ein Produkt, wenig Arbeitsgänge, Spezialwissen) Beispiele für Spezialisierung: beim *Ackerbau:* z. B. Getreideanbau, Zuckerrübenanbau, Obstanbau, Weinbau; bei der *Viehzucht:* z. B. Rindermast, Eierproduktion, Schweinemast, Hühnermast, Ferkelproduktion	Tafelanschrieb

5. Stunde: Vermarktung

Lernziele:

1. Die Schüler sollen anhand von M 2.6 (Abb.) im Unterrichtsgespräch darstellen können, wie sich die Vermarktung landwirtschaftlicher Produkte verändert hat und welche Stationen heute wichtig sind.
2. Die Schüler sollen aus der Tafelskizze (Brot) entnehmen können, daß der Gewinnanteil des Bauern an seinem landwirtschaftlichen Produkt durch die zunehmende Zwischenschaltung von Vermarktungs- und Veredelungsstationen schrumpft.
3. In einem Unterrichtsgespräch sollen die Schüler (unter Einbeziehung der Ergebnisse der vorangegangenen Stunden) erkennen, daß der Bauer zur Sicherung und Erweiterung seines Lebensunterhaltes die Produktion eines Produkts bzw. weniger landwirtschaftlicher Produkte erhöhen muß.
4. Mit Hilfe der Fragen von M 2.6 sollen die Schüler erkennen, daß der Bauer aufgrund seiner Massenproduktion, der Ausdehnung der Märkte und der industriellen Veredelung vieler landwirtschaftlicher Produkte nicht mehr in der Lage ist, den Vermarktungsprozeß selbst zu steuern.

Unterrichtsverlauf	Medien
1. Präsentation M 2.6 (Vermarktung früher — heute)	M 2.6 (1. Teil: Schaubilder)
2. Interpretation dieses Arbeitsblattes (wichtig ist, daß die Schüler sowohl die einzelnen Stationen der landwirtschaftlichen Produkte als auch die jeweilige Funktion dieser Stationen herausarbeiten.)	
3. Problemstellung durch Tafelbild: *Früher:* 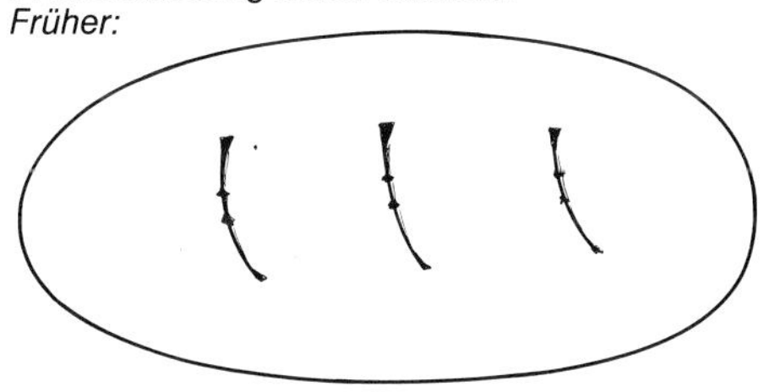 Früher verkaufte der Bauer sein Brot selbst an den Verbraucher. Wenn der Verbraucher z. B. 1,50 DM für ein Brot bezahlen mußte, so verdiente der Bauer den größten Teil davon. *Heute:* 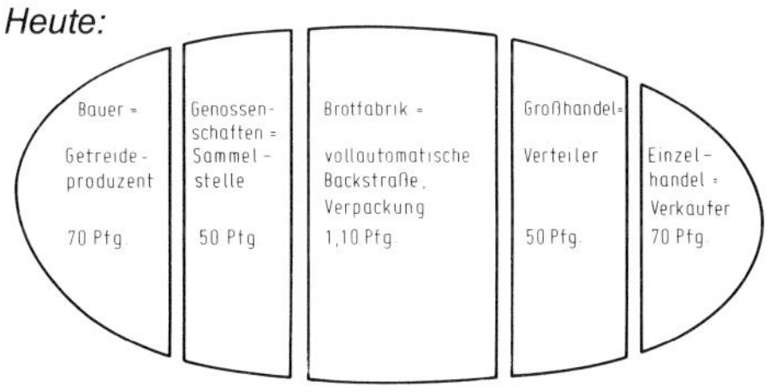 Heute verdient der Bauer an einem Brot — für das der Verbraucher 3,50 DM bezahlen muß — nur noch 70 Pfennig. Wie kommt es zu dem geringer werdenden Gewinn des Bauern? Was kann der Bauer tun, um trotz sinkenden Gewinnanteils seinen Lebensunterhalt zu sichern?	
4. Rückbesinnung auf die Fragen der vorigen Stunden (Rationalisierung, Spezialisierung), Schüler-Antworten werden gesammelt.	
5. Bearbeitung der Fragen von M 2.6 (Gruppenarbeit)	M 2.6 (2. Teil: Fragen)

D.3 Landwirtschaft in ausgewählten Klimazonen

Um zu verdeutlichen, daß Landwirtschaft vor allem auch in Abhängigkeit von den naturgeographischen und speziell klimatischen Gegebenheiten sehr unterschiedliche Formen annehmen kann, werden hier die subtropische, die gemäßigte sowie die kalte/subpolare Zone berücksichtigt, und zwar durch die folgenden Raumbeispiele:
— Der Bauer in der Marsch
— Der Bauer in der Börde
— Oasenbauern und Nomaden in der Sahara
— Weizenfarmer in Kanada

D.3.1 Der Bauer in der Marsch

1. Sachanalyse

In den Marschen Niedersachsens (Fluß- und Seemarschen) ist wegen des hohen Grundwasserstandes Ackerbau nicht möglich, Grünlandnutzung aber das Sinnvollste. Dazu kommen für Grünland günstige Klimawerte, die Graswuchs nur wenige Wochen im Jahr einschränken.

Die landwirtschaftlichen Betriebe dieser Landschaft sind daher von Grünlandnutzung durch Viehhaltung — hier Rinder — geprägt. Das schließt nicht aus, daß es hier auch Bauernhöfe gibt, die Ackerbau betreiben: Das betrifft Höfe, die am Rande der Marsch liegen und deren Betriebsflächen in die höhergelegene Geest hineinreichen.

Fallbeispiel I: Hof in der Marsch von Eiderstedt

Hofgröße: 50 ha
Viehbestand: Mastbullen 60 Stck., Mutterschafe und Lämmer 40 Stck.
Techn. Ausrüstung: Schlepper, Kreiselmäher, mehrere Anhänger, Silo für Grassilage, verschiedene Geräte für Pflegearbeiten der Weiden, Düngerstreuer, Jauchewagen.

Im Frühjahr werden Bullkälber aufgekauft, die bis zu einem Schlachtgewicht von 500—600 kg (ca. 2 1/2 Jahre) herangefüttert werden. Solange wie möglich werden diese Tiere im Weidegang gehalten, weil dabei ein hoher Fleischzuwachs erreicht werden kann und die Tiere durch die Bewegung auf der Weide nicht zu fett werden. Qualitätsfleisch bringt höhere Preise. Für die Winterzeit der Stallhaltung wird im Frühsommer Gras kurz vor der Blüte gemäht, gehäckselt (ein Arbeitsgang) und ins Silo eingefahren. Unter Luftabschluß vergärt das Gras zu Silage und bildet die Winterfuttergrundlage. Außerdem muß Kraftfutter zugefüttert werden. Die Schafe weiden vor allem die Deiche ab. Rinder dürfen die Deiche nicht betreten, weil sie mit ihren Klauen die Grasnarbe beschädigen und der Deich bei Hochwassergefahr zerstört werden könnte.

Vermarktung: Die Lämmer werden bei etwa 50 kg Gewicht, die Mastbullen mit 500—600 kg als Schlachtvieh verkauft. Der Bauer muß den Markt beobachten und versuchen, bei guten Preisen zu verkaufen (hier meistens an einen Großschlachthof) und Kälber einzukaufen, wenn viele angeboten werden.

Um das Risiko zu streuen, werden Kälber zu verschiedenen Zeitpunkten gekauft und so zu verschiedenen Zeitpunkten schlachtreif.

Bei der Betrachtung der Klimawerte ist der 5 °C-Temperaturlinie besondere Beachtung zu schenken. Hier liegt die Wachstumsgrenze der Gräser und Wildkräuter. Unterhalb dieser Isotherme hört das Wachstum dieser Pflanzen auf: Damit hat sie für den Weidegang besondere Bedeutung. In Jahren, die vom klimatischen Mittel abweichen, kann das bedeutsame Einwirkungen auf die Wirtschaftsführung der Weidegang betreibenden Höfe haben. Verzeichnen wir einen frühen Winter und ein spätes Frühjahr, verlängert sich die Stallhaltung, und es kann zu Futtermangel kommen, der entweder durch Zukauf von Futtermitteln oder durch frühzeitiges Vermarkten der Mastbullen ausgeglichen werden muß. Beides wirkt einkommensmindernd, denn in solchen Zeiten steigen die Futtermittelpreise (größere Nachfrage) und sinken die Fleischpreise (größeres Angebot). Bei verkürzter Stallhaltung in Jahren mit milden Wintern steigt der Ertrag beim Verkauf der Mastbullen aber nicht oder kaum, weil viele Viehhalter reichlich Angebote am Viehmarkt machen. Eine solche betriebswirtschaftliche Betrachtung sollte nicht fehlen, damit auch auf diesem Gebiet klare Vorstellungen vom ‚Betrieb Landwirtschaft‘ entstehen.

Fallbeispiel II: Hof in der alten Marsch an der unteren Weser

Hofgröße: 45 ha
Viehbestand: 35 Stck. Milchvieh, 10—20 Stck. Jungvieh (je nach Anfall beim Kalben, Bullkälber werden verkauft, Kuhkälber aufgezogen).
Techn. Ausrüstung: Schlepper, Kreiselmäher, mehrere Anhänger, Silo für Grassilage, verschiedene Geräte für Pflegearbeiten an Weiden, Jauchewagen, Düngerstreuer, Karussellmelkstand.
Jahresmilchleistung: 4500—5000 kg/pro Kuh.

Jedes Jahr muß die Kuh kalben, sonst gibt sie keine Milch. Die Besamung erfolgt heute durch Injektion: ein Spezialist, der von Hof zu Hof fährt, führt das durch. Der Samen kommt von Bullen aus Hochleistungszuchtlinien, die entweder auf Fleisch- oder auf Milchleistung ausgesucht werden.

Die Kühe bleiben so lange wie möglich auf den Weiden. Für die Stallhaltung im Winter wird Grassilage als Futterbasis im Silo eingelagert. Zusätzlich muß Kraftfutter (z. B. Sojaschrot) verabreicht werden. Die Kraftfutterzugabe muß auch im Sommer beim Weidegang erfolgen. Trotz Weidegang werden die Kühe zum Melken in den Stall getrieben, weil die Stallmelkanlagen eine größere Kapazität haben und der Melkvorgang (pro Kuh etwa 10 min.) bei 35 Kühen schneller vor sich geht. Hier im Stall erfolgt jetzt auch die Zufütterung von Kraftfutter, morgens und abends. Bauern mit geringerer Kuhzahl melken oft auf den Weiden. Dazu treibt der Ackerschlepper mit seiner Zapfwelle die Melkmaschine. Die Leistungsfähigkeit einer solchen Maschine ist begrenzt, die Arbeitsbedingungen sind schlechter als im Stall (Wetter!).

Die Rentabilität milcherzeugender Höfe ist nur schwer zu errechnen, weil es sich hier meist um Familienbetriebe handelt, in denen eine Berechnung der Arbeitszeit selten stattfindet. Ein Hof mit Milchvieh hat 365 Arbeitstage im Jahr! Da fremde Arbeitskräfte zu teuer sind, ist Rationalisierung notwendig. Das aber setzt Investitionsmittel voraus. Diese sind wiederum nur über höhere Milchleistung zu erlangen, da die Erzeugerpreise für Milch in den letzten zehn Jahren nur geringfügig gestiegen sind. Höhere Milchleistung war aber nur über die Zufütterung von Kraftfutter und Züchtung neuer Hochleistungslinien von Rindvieh zu erwarten. Auf diese Weise konnte die Milchleistung pro Kuh/Jahr von früher 3500 kg (1965) auf heute 4500 kg (1980) gesteigert werden. Die Spitzenleistung liegt heute bei etwa 8000 kg pro Kuh/Jahr.

Daß die kleinsten Milchviehbetriebe bei dieser Entwicklung nicht mithalten konnten, ist aus der Statistik im Arbeitsblatt M 3.2 abzulesen. Damit setzte vor Jahren schon ein Betriebsgrößenstrukturwandel in der deutschen Landwirtschaft ein, der noch lange nicht abgeschlossen ist.

2. Didaktisch-methodische Gestaltung

Der Einstieg sollte über den Film FWU 360624 oder ein/mehrere charakteristische Dia/Dias gesucht werden, wenn nicht eine Betriebserkundung (vgl. D. 1) absolviert wurde. Ging eine Betriebserkundung voraus, genügt eine kurze Rückbesinnung mit der Zielrichtung auf Milchkühe, um den Einstieg in dieses Thema zu finden. Der Begriff ‚Marsch' ist zu klären. Kartenarbeit ist notwendig, um die Fluß- und Seemarschen lokalisieren zu können.

Ist das Klimadiagramm bereits eingeführt, kann sofort die Beschreibung der klimatischen Bedingungen der Seemarsch erfolgen; sonst muß hier am Beispiel Heide/Holstein das Klimadiagramm erläutert werden (M 3.1).

Der Lehrer entwirft dann in einem kurzen Text oder Vortrag ein Lebensbild von einem Milchviehhof in der Marsch, wobei der Milchgewinnung als Mittelpunkt der Wertschöpfung auf diesem Hof besondere Bedeutung zukommt. Da Begriffe wie ‚Butterberg' und ‚Milchsee' als bekannte Schlagworte in der Öffentlichkeit bekannt sind, sollte durch das Problem ‚Überproduktion' mit Hilfe der Zahlenreihen der Beginn eines Verständnisses gelegt werden.

Zu den Aufgaben in M 3.2:
In der Aufgabe 1 soll festgestellt werden, daß die Zahl der Rinder wesentlich stärker sinkt als die Zahl der Milchkühe. Innerhalb der 30 Jahre ist die Zahl der Milchkühe um noch nicht einmal 10 % gesunken.
Aufgabe 2 soll zeigen, daß sich die Zahl der Milchkühe pro Hof vervierfacht hat, wobei der Lehrer ergänzen kann, daß die Zahl der Milchkühe insgesamt halbiert wurde.
Aufgabe 3 soll klarmachen, wie die Milchleistung der Milchkühe gesteigert worden ist. Die Ursache dafür liegt in der gehaltvollen Fütterung (z. B. Sojaschrot) und in der züchterischen Leistung.
Aus den Aufgaben 4 und 6 soll erkannt werden, daß der Preis der Milch nur langsam gestiegen ist, jedoch 1981 den ersten Einbruch erlitten hat. Um nun die Ertragslage des Hofes zu erhalten, mußte die Milchleistung der einzelnen Kuh gesteigert werden.
Aufgabe 5 bringt eine Verknüpfung von Milchleistung und Gesamtzahl der Kühe zustande.

3. Lernziele und Verlaufsplanung

Lernziele: Die Schüler sollen erkennen, daß
—die Marsch eine charakteristische Landschaft ist,
—die Marsch lokalisiert ist auf bestimmte Gebiete,
—die Marsch durch ihre Charakteristik für nur eine bestimmte Nutzung geeignet ist,
—auch in der Marsch die Landwirtschaft Probleme hat.

Unterrichtsverlauf	Medien
Filmbetrachtung	„Ostfriesische Marsch" (5 Min.), FWU 360624
Gespräch: Was ist anders als bei uns? Wo finden wir Marschen? Klimadiagramm Heide/Holstein: Aufgabenlösung zu M 3.1	Tafelbild: Charakteristik Marsch Atlasarbeit M 3.1
Lehrervortrag: Arbeitstag auf einem Hof in der Marsch (Probleme der Milchviehwirtschaft) Aufgabenlösung zu M 3.2 Ergebnissicherung: Gespräch	M 3.2 Tafelbild

4. Zusätzliche Medien

Film „Geestlandschaft in Niedersachen" (5 min), FWU 369105.

D.3.2 Der Bauer in der Börde

1. Sachanalyse

Die Qualität der Böden ist auch heute noch, trotz vieler technischer und chemischer Möglichkeiten, für die Erträge der Landwirtschaft von großer Bedeutung.

In der Lößbörde und den lößerfüllten Tälern des Berglandes sind in den Schwarzerden und Parabraunerden nicht nur die wertvollsten Böden Niedersachsens, sondern der ganzen BR Deutschland anzutreffen, die Bodenwerte bis zu 100 Punkten erreichen. Sie bleiben deshalb den anspruchsvollen Feldfrüchten Zuckerrüben, Weizen, Raps, Gerste und Gemüse vorbehalten.

Lößböden bestehen aus porösem und nährstoffreichem Material mit Korngrößen zwischen 0,05 und 0,01 mm (Mehlsand und Schluff). Der Löß wurde von späteiszeitlichen Winden abgesetzt. Der Lößgürtel erstreckt sich vor der Mittelgebirgsschwelle von der Kanalküste bis in die Ukraine und darüberhinaus bis nach Ostasien. Nach Norden ist er scharf gegen die Geest abgegrenzt und stimmt weitgehend mit dem Verlauf des Mittellandkanals überein. Die Mächtigkeit des Löß liegt etwa zwischen 0,5 und 3 m. Die guten Eigenschaften der aus dem Löß sich entwickelnden Schwarz- und Parabraunerden sind:

Steinfreiheit, leichte Bearbeitbarkeit, krümelige Bodenstruktur, hohe kapillare Leitfähigkeit sowie großes Sorptionsvermögen für Pflanzennährstoffe.

Lößböden — besonders Schwarz- und Parabraunerden — sind für den Anbau anspruchsvoller Feldfrüchte prädestiniert, für Grünland oder Waldnutzung zu wertvoll. Daher sind die Lößbörden reine Ackerbaulandschaften, teilweise ohne jeden Baum oder Strauch (Volksmund: ‚Die Zuckerrübe ist die einzige schattenspendende Pflanze'). Der Begriff ‚Kultursteppe' ist allerdings falsch, da Steppen Trockengebiete mit extensiver Nutzung sind, während es sich hier um eine intensiv bewirtschaftete Agrarlandschaft handelt, in der Getreidehöchsterträge von 50 dt/ha erzielt werden. Von den Rübenäckern der niedersächsischen Lößbörden stammen 40 % der westdeutschen Zuckerproduktion. Die Böden

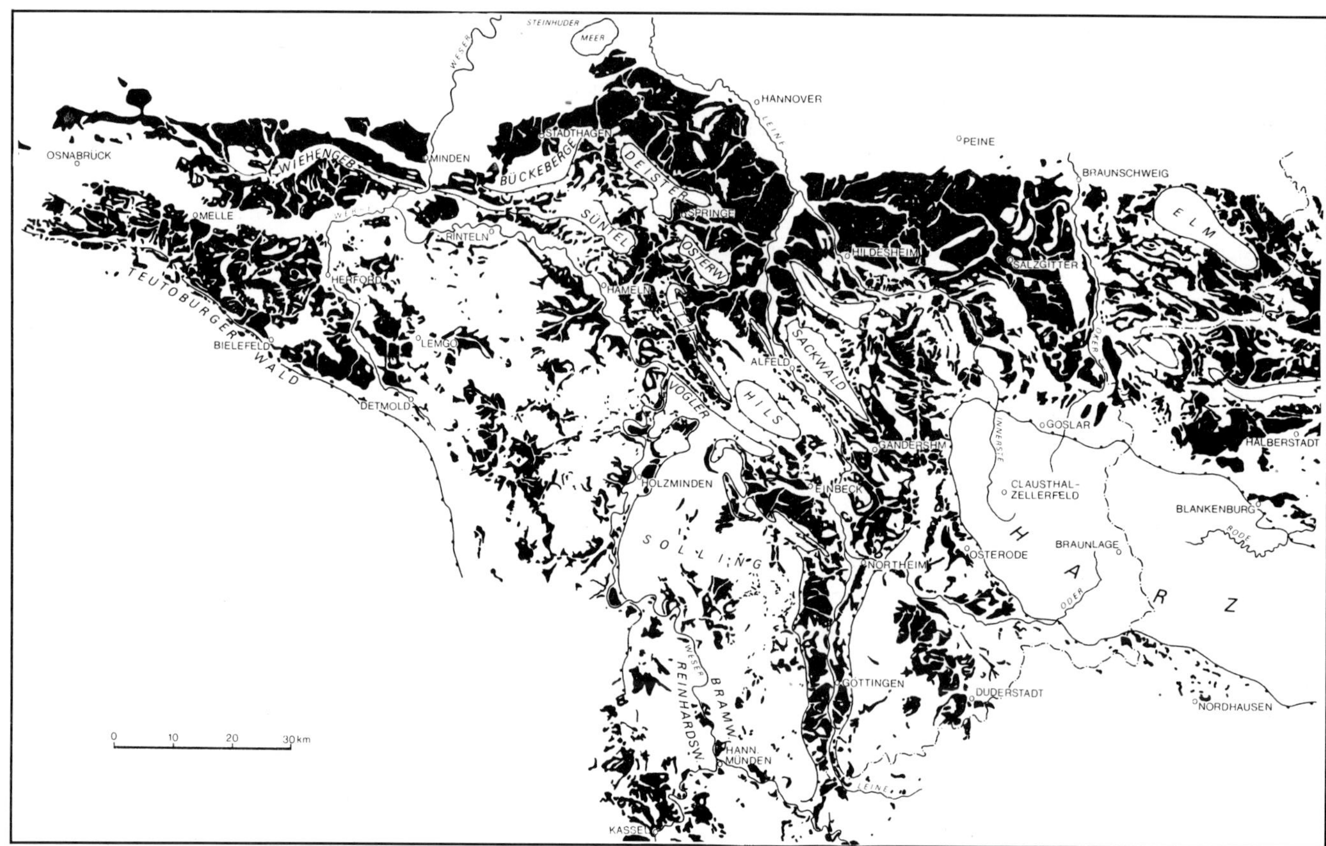

Abb. 5: Lößverbreitung in Niedersachsen (nach *Merkt* 1968)

besitzen eine hohe Anbauvariabilität, so daß je nach Wirtschaftslage und dem Preis-Kosten-Gefüge die Fruchtarten wechseln können.

In keiner anderen Ackerlandschaft ist die marktorientierte Anbauintensivierung soweit fortgeschritten wie in den Lößbörden Niedersachsens.

Die Umstellung auf den Anbau von Marktfrüchten wie Weizen und Zuckerrüben (seit 1860) hat das Grünland immer mehr verdrängt. 1830 war das Acker-Grünland-Verhältnis in Sarstedt in der Calenberger Börde/Landkreis Hannover noch bei ca. 6 : 1. 1970 hatte es sich auf 61 : 1 verschoben. Es hat in den letzten 30 Jahren weitere bedeutsame Veränderungen gegeben:

— erheblich gesteigerte Ernteerträge

Erträge in dt/ha	1950	1965	1969	1979	1986
Weizen	23,5	33,6	40,2	49,5	63,1
Zuckerrüben	318	431	438	466	518,8

— Reduzierung der Zahl der Betriebe
— Vergrößerung des landwirtschaftlichen Nutzflächenumfanges der übriggebliebenen Betriebe
— vollständige Mechanisierung der verbliebenen Betriebe
— starker Rückgang an Arbeitskräften.

2. Didaktisch-methodische Gestaltung

Die Ausgangssituation — zwei Abbildungen von Bodenprofilen — wäre natürlich besser durch Realbegegnungen zu ersetzen. In den meisten Fällen läßt sich das nicht realisieren: So bleibt zwangsläufig das Abbild übrig. Möglich wäre allerdings eine Versuchsanordnung zur Darstellung der Wasserdurchlässigkeit beider Bodentypen. Diese Eigenschaft ist zwar nicht die einzige, aber die am besten darzustellende, während die anderen Eigenschaften nur abgeleitet oder sogar nur als Information gegeben werden können.

Auf die Atlasarbeit sollte nicht verzichtet werden, vor allem deswegen nicht, weil die Ballung der Börden in Niedersachsen ein bedeutender Faktor für die niedersächsische landwirtschaftliche Produktion darstellt.

Bei den Erkenntnissen über Ansprüche von Pflanzen an Böden sollten soweit wie möglich Erfahrungen der Schüler aus eigenen Gärten mit herangezogen werden.

Die Heranziehung der möglichen Erfahrungen der Schüler gilt ebenso für die Erarbeitung der Fruchtfolge.

Die Ergebnissicherung in Form eines Fruchtfolgeplanes für den Hof Ostmeier kann auch als Hausaufgabe erfolgen. Es wäre sinnvoll, jedem Schüler drei Hofpläne zu stellen und auf jeden Plan die entsprechende Jahreszahl zu schreiben.

3. Lernziele und Verlaufsplanung

Lernziele: Die Schüler sollen
— Bodenprofile der Heide und Börde gegenüberstellen und beschreiben können,

— Pflanzenansprüche an Böden erkennen und beschreiben können,
— die Fruchtfolge im Arbeitsblatt erkennen, ihre Bedeutung erklären,
— einen Fruchtfolgeplan aufstellen können.

Unterrichtsverlauf	Medien
1. Hinführung: Bodenprofile Heide — Börde, Schüler beschreiben die Profile; Tafelbild ist so zu ordnen, daß die Eigenschaften der Böden gegenübergestellt sind	M 3.3
2. Kartenarbeit: Schüler suchen die Bördenlandschaften auf Kartenblatt von Norddeutschland die Hildesheimer, Calenberger, Braunschweiger Börde, Münsterland, Leipziger Bucht usw.	Atlas
3. Erarbeitung: — Pflanzenansprüche an Böden: Erkennen, welche Nutzpflanzen vor allem in Börden angebaut werden; — Problem Fruchtfolge: Fruchtfolge auf Bördeböden	M 3.4 M 3.5
4. Ergebnissicherung: Fruchtfolgeplan für den Hof Ostmeier	M 3.6

D.3.3 Oasenbauern und Nomaden in der Sahara

1. Sachanalyse

In Trockengebieten und Wüsten sind Ackerbau und Viehzucht auch heute noch wichtige Wirtschaftsformen. Dabei sind die Begriffe ‚Trockenraum‘ und ‚Wüste‘ nicht synonym zu verwenden. Im Gegensatz zur Ausdehnung der Trockenräume nehmen die echten Wüsten nach Angaben der UNESCO und FAO ca. 23 % der Erdoberfläche ein (*Petrov* 1976, S. 1). Ein Drittel der Erdoberfläche des festen Landes hingegen wird von Trockengebieten eingenommen: von Wüsten, Steppen und trockenen Savannen. Hinsichtlich einer detaillierten Gliederung zum Thema ‚Trockengebiete‘ und ‚Wüsten‘ mit entsprechenden weitergehenden Informationen sei hier auf die Arbeit von *Schiffers* (1971, S. 37 ff.) verwiesen.

Bei der vorliegenden Themenstellung wird beispielhaft der Wüstentyp der subtropisch-heißen Wüste dargestellt, nicht aber eine landwirtschaftliche Nutzung der gemäßigt-winterkalten Wüsten (z. B. Mittel- und Zentralasien) oder der tibetanischen Hochgebirgswüsten (Kältewüsten).

Weite Teile der Sahara sind gekennzeichnet durch ein voll- bis hyperarides Klima mit einem jährlichen Niederschlagsdefizit, d. h. die potentielle Verdunstung liegt höher als die zur Verfügung stehende Niederschlagsmenge. Erst an der klimatischen Trockengrenze und damit an der Grenze der Trockenzone zu den feuchteren Landschaftszonen entspricht die Verdunstungshöhe etwa den Niederschlägen. Ein weiteres Kennzeichen des Wüstenklimas ist hohe Variabilität und damit Unsicherheit der wirklich eintretenden Niederschläge. Folgen eines defizitären Wasserhaushalts ist starke Verdunstung des wenigen Oberflächenwassers; damit verbunden ist eine geringe Infiltrationsmöglichkeit des Oberflächenwassers zum Grundwasser, und das wichtige Bodenwasser für das Wachstum der Pflanzen fehlt weitgehend. Daraus folgt, daß „die Ergänzung auch der Grundwasservorräte zu gering ist, um die heute immer mit Hilfe der Technik gesteigerte Grundwasserentnahme durch den Menschen durch Motorpumpstationen in den Wüsten voll zu ersetzen" (*Mensching* 1977, S. 1).

Eine maßvolle Nutzung des Grundwassers in den heißen Wüsten ist seit alters her lebenswichtig für die Bewohner dieser Gebiete. Wenn auch in den regenreicheren Randgebirgen (z. B. Atlas-Gebirge) ein Grundwasserstrom für die notwendige Auffüllung der fossilen Wasserreserven in weiten Teilen der Sahara sorgt, ist in den letzten Jahren durch neue Bewässerungsprojekte (z. B. kreisförmige Feldbewässerung in den Kufra-Oasen) dennoch ein erschreckendes Absinken des Grundwasserspiegels zu beobachten. Der hohe Verdunstungsgrad des Bodenwassers fördert zusätzlich die Versalzung. Durch aufsteigende Wasserbewegung gelangen Salze und andere mineralische Substanzen nach oben, die zu weit verbreiteten Krusten aus Salz und Kalk (Karbonatkrusten) führen.

Bei jeder landwirtschaftlichen Nutzung in einer Oase muß eine ausreichende Menge von Bewässerungswasser zur Verfügung stehen, um durch entsprechende Entwässerungsmaßnahmen eine Bodenversalzung zu vermeiden.

Art und Weise der Wasserbeschaffung ist in einzelnen Regionen sehr verschieden. Für den nordafrikanischen Raum können folgende Verfahren herausgestellt werden:

Stau eines Wadis: Wadis (Trockentäler) führen in der nördlichen Sahara ein- bis zweimal im Jahr Wasser, im Süden oft nur alle paar Jahre. Wasser wird durch Dämme gestaut und zur Bewässerung auf die Felder geleitet. Auf dem bewässerten Feld wird Getreide gesät, reift meist ohne weitere Wasserzufuhr.

Flachbrunnen: Nur bei hohem Grundwasserstand anzutreffen. Wasser kann hier mit einfachen Geräten auf das Land gebracht werden.

Tiefbrunnen: Können eine Tiefe bis zu 90 m erreichen. Das Wasser wird mit Hilfe von Tieren (z. B. Esel, Kamel) gehoben, die es in Ledersäcken/Lederschläuchen oder Eimern über Rollen emporziehen. Seit einigen Jahren werden auch Motorpumpen eingesetzt.

Foggaras: Unterirdische (in den Berg bzw. das Randgebirge gehauene) Tunnel, die Wasser aus der wasserführenden Schicht der Berge in die Oasen leiten. Zur Entlüftung und für Reparaturarbeiten werden in bestimmten Abständen (von der Erdoberfläche senkrecht) Schächte bis zum Tunnel gegraben: diese dienen ebenfalls der Wasserentnahme. Foggaras können bis zu 100 km lang sein. Vorteil des Systems ist eine regelmäßige Wasserversorgung. Nachteilig sind die hohen Unterhaltungskosten, so daß viele Foggaras verfallen.

Artesische Brunnen: In vielen Teilen der Sahara (vor allem im O) steigt Wasser oft unter Druck aus wasserführenden Schichten an die Oberfläche, wo es in Brunnen gesammelt wird. Normalerweise ist die Wasserzufuhr regelmäßig, da das Wasser aus regenreicheren Gebieten zwischen wasserundurchlässigen Schichten über weite Strecken transportiert wird und damit nicht verdunsten kann. Starke Wasserentnahme zur Ausweitung der Agrarflächen hat zu einem Absinken des Wasserspiegels geführt, so daß heute auch artesisches Wasser aus großen Tiefen heraufgeholt werden muß.

In den Oasen unterscheidet man beim Anbau eine innere Anbauzone (z. B. Getreide, Mais, Gemüse, Obst, Hirse, Luzerne) und eine äußere Anbauzone (vorwiegend Dattelpalmen). Auf den relativ kleinen bewässerten Feldflächen ist Hackbau die typische Form der

Bodenkultur. Wenn eine ausreichende Wasserzufuhr geleistet ist, werden heute verstärkt unter jungen Dattelkulturen auch andere Feldfrüchte angebaut. Die Dattelpalme ist noch immer der wichtigste Baum in den Oasen. Bereits vor 5000 Jahren wurden Dattelpalmen in Mesopotamien als Kulturpflanzen angebaut. Von hier hat sich die Dattelkultur über Arabien nach Nordafrika und bis weit nach Asien hinein ausgebreitet. In trockenheißen Wüstengebieten schafft die Dattelpalme erst die Voraussetzung für die Existenz des Menschen. Ihre Anpassungsfähigkeit an extreme Standortbedingungen läßt sie Temperaturen über +50 °C und bis zu −15 °C, geringe Luftfeuchtigkeit und relative hohe Salzgehalte in Boden und Wasser ertragen. Allerdings ist der Wasserbedarf einer Dattelpalme mit 1800—3600 mm pro Jahr je nach Standort verhältnismäßig groß. ,,Grundlage der Dattelkultur im Oasenlandbau ist ein ausreichendes Wasservorkommen. Die Bodenansprüche sind gering. Der Boden soll bis etwa 1,2 m Tiefe gut durchlüftet und nicht staunaß sein. Mit ihrem weitverzweigten, dichten Wurzelsystem dringt die Palme bis 6 m tief in den Boden ein und findet dann meist Anschluß an das Grundwasser. Sie wird damit weniger abhängig von den der Bodenoberfläche zugeführten Wassergaben und täuscht einen geringeren Wasserverbrauch vor" (*Achtnich* 1980, S. 530).

In jüngster Zeit ist in den arabischen Ländern ein Palmensterben (vgl. Der Spiegel, Nr. 40/1983) ähnlich dem Waldsterben in Mitteleuropa festgestellt worden. Die Ursachen mögen unterschiedlich sein, die ökologischen Folgen sind hier wie dort verheerend. Die Gründe für das Palmensterben sind sicherlich vielschichtig: höhere Mobilität der jüngeren Oasenbewohner, Änderungen in der Sozialstruktur einiger Oasen, Rückgang der nomadischen Lebensform (Datteln waren Hauptnahrung für die Nomaden und deren Tiere), Wandel in den Eßgewohnheiten u. a.

Die Dattelpalmen werden krank, wenn nicht regelmäßig die trockenen Palmwedel in der Baumkrone entfernt werden, da sich dort vorzugsweise Schädlinge und Pilze festsetzen. Wenn ein Palmenhain verrottet, bricht jedesmal ein altes, sinnvoll aufeinander abgestimmtes Landwirtschaftssystem zusammen.

Im traditionellen Lebensraum der Sahara waren Oasenbauern und Nomaden aufeinander angewiesen. Ackerbau und Viehzucht (jeweils in Subsistenzwirtschaft) ergänzten einander, wenn auch häufig in früheren Zeiten durch kriegerische Auseinandersetzungen die nomadischen Gruppen eine gewisse Vormachtstellung dabei erreichten. Als Transportunternehmer hatten die Nomaden ohnehin fast den gesamten Handel unter Kontrolle. Datteln, Salz, Getreide u. a. waren wichtigste Handelsgüter. Die Kolonialzeit engte die Vormachtstellung der Nomaden überall in Nordafrika ein. Moderne Verkehrsmittel ersetzten die Kamelkarawanen. Das führte bei vielen Stammesgruppen bzw. Völkern zum Halbnomadismus (zeichnet sich durch Teilseßhaftigkeit, geringeren zeitlichen und räumlichen Umfang der Wanderungen und ein gewisses Maß der Bodenbearbeitung aus). Seßhaftmachung der Halb- oder Teilnomaden ist deshalb ein vordringliches Entwicklungsproblem (vgl. *Feige/Muth* 1978). Ob auch Vollnomaden zur Seßhaftigkeit gezwungen werden sollen, ist heute sehr umstrit-

ten. Ökologische, demographische, politische und ökonomische Gründe scheinen dem entgegenzustehen.

2. Didaktisch-methodische Gestaltung

Die vorliegenden Beispiele sollen dem Schüler verdeutlichen, daß es neben Gunsträumen der Landwirtschaft auch Räume gibt, die durch Wassermangel bzw. Kälte dem agrarisch wirtschaftenden Menschen bestimmte Grenzen setzen.

Leitfragen der unterrichtlichen Behandlung sollen sein: Wie beschafft sich der Mensch in Trockengebieten Wasser? Wie plant er seine Feldbestellung, den Anbau von Nahrungspflanzen gemäß den klimatischen Bedingungen? Welche Nutzpflanzen hat er ausgewählt? Welche Maßnahmen ergreift der Mensch zur Erleichterung seiner Arbeit? Für wen produziert er Nahrung?

Alle dargestellten Themen geben Möglichkeiten zur Ausweitung naturgeographischer (besonders klimatischer) Zusammenhänge. Je nach schulischer Situation und Lehrplanbedingungen sollte davon Gebrauch gemacht werden (aber diese Fragen würden den hier gegebenen Rahmen sprengen).

Die Oase als Ort des Wasservorkommens steht im Vordergrund des Unterrichts. Es muß deutlich werden, daß nur dort, wo Wasser in ausreichender Menge kontinuierlich zur Verfügung steht, ein Leben möglich ist. Aber auch dann bleiben Schwierigkeiten, um in großer Hitze und Trockenheit seine Arbeit zu verrichten. Auch die nomadisierenden Hirtenvölker mit ihren Herden sind entweder an einzelne Wasserstellen in der Wüste und den Randgebieten oder an die Oasen gebunden, so daß seit alters her beide Gruppen (seßhafte Ackerbauern und wandernde Viehzüchter) aufeinander angewiesen sind.

In der *1./2. Stunde* steht die Arbeit mit Bildern im Vordergrund, um für Schüler dieser Altersstufe geeignete Vorstellungen von Problemen zu schaffen, die ihnen vielleicht relativ ,fern' sind, die aber für einen bestimmten Teil der Menschheit große Bedeutung haben. Die unterrichtliche Auseinandersetzung mit den Dias und den Abbildungen auf M 3.14 soll unterschiedliche Wasservorkommen und Förderung des Wassers in einem geeignet erscheinenden Zusammenhang verdeutlichen. Allerdings muß angemerkt werden, daß sich der Oasentyp mit artesischen Brunnen zeichnerisch kaum darstellen läßt, weil die Stellen der Wasseraufnahme (z. B. in irgendeinem Randgebirge) und des artesischen Brunnens in der Oase oft einige hundert, manchmal sogar tausend Kilometer auseinanderliegen. Es sind hier andere Größenordnungen vorhanden, auf die der Lehrer hinweisen sollte, als bei den übrigen Oasentypen.

Die scheinbar gleichen Inhalte der Dias M 3.12 (t) und M 3.13 (t) machen einen in der heutigen Oasenkultur wichtigen Unterschied in der Methode des Anbaus deutlich: M 3.13 (t) mit Dattelpalmen, Orangenbäumen und Unterkulturen, M 3.12 (t) mit einer Trennung der Getreideflächen von den übrigen Kulturen.

In der *3. Stunde* wäre als Einstieg auch Verteilung und Verzehr von mitgebrachten Datteln möglich, um auf die noch heute wichtigste Pflanze in den Oasen hinzuleiten. Die Wiederholung von M 3.9 (t) (trockene Palmwedel am Stamm) und M 3.13 (t) (Fruchtstand am linken Bildrand) sollen zum exakten Hinsehen führen und zur Vertiefung der angesprochenen Thematik dienen. Das Tafelbild wird mit entsprechenden Hilfen des Lehrers entwickelt, während in der anschließenden Lernphase M 3.16 in Einzel- bzw. Partnerarbeit bearbeitet werden sollte.

Die *4. Stunde* (evtl. noch die 5. Stunde, wenn bei Punkt 7 im Unterrichtsverlauf großes Interesse entsteht) soll einige Grundzüge des Lebens der Nomaden und Gründe für ihr Wanderhirtentum verdeutlichen. In die Gesprächsphasen werden sicherlich Kenntnisse der Schüler einfließen, die sie unterschiedlichen Medien (z. B. Büchern, Fernsehen) entnommen haben. Hier ist wichtig, in Ansätzen deutlich zu machen, daß durch eine Seßhaftmachung der Vollnomaden jahrhundertealte Traditionen zerstört werden und die Existenz ganzer Bevölkerungsgruppen bedroht ist (vgl. Sachanalyse).

Auf eine Unterscheidung nach ‚Kamelnomaden‘ (= Tuareg in der Zentralsahara) und ‚Schafnomaden‘ (nördlicher Rand der Sahara) soll an dieser Stelle verzichtet werden.

M 3.18 ist als Additum zu verstehen: kann am Ende des Unterrichtsvorhabens als Hausaufgabe dienen oder in einer Wiederholungsstunde behandelt werden.

3. Lernziele und Verlaufsplanung

1./2. Stunde: Landwirtschaft in einer Oase
Lernziele: Die Schüler sollen
— die Bedeutung des Wassers für die landwirtschaftliche Nutzung in Oasen erkennen,

Unterrichtsverlauf	Medien
1. Einstieg: Präsentation eines Bildes (Dia: Oase in der nördl. Sahara)	M 3.7 (t)
2. Auswertung des Bildes (z. B. wüstenartiges Gebiet, vermutlich regenarm und lebensfeindlich, trotzdem Vegetation und Häuser) Begriff ‚Oase‘ (= Station) erläutern	
3. Erste Problemstellung: Warum können Menschen in der Wüste leben? Woher kommt das Wasser? Wie wird es gefördert? (Schüler stellen Hypothesen dazu auf)	
4. Präsentation und Auswertung von 3 Bildern, dazu Erarbeitung von Skizzen zum Vorkommen und zur Förderung von Wasser	M 3.8 (t) — M 3.10 (t) M 3.14
5. Formulierung von Merksätzen (z. B.: Menschen, Tiere und Pflanzen können in der Wüste nur leben, wenn ausreichend Wasser vorhanden ist. Wo dauernd Wasser in Brunnen an die Erdoberfläche gefördert werden kann, entstanden Oasen)	Tafelanschrieb
6. Zweite Problemstellung: Wie verteilen die Oasenbauern das Wasser? Was bauen sie an? — Interpretation der Dias, — Stillarbeit (M 3.15)	M 3.11 (t) — M 3.13 (t) M 3.15
7. Zusammenfassung (Bedeutung des Wassers, Gewinnung und Nutzung des Wassers in einer Oase).	

— unterschiedliche Arten von Wasservorkommen und -förderung kennenlernen,
— die Wasserverteilung in einer Oase erklären,
— die Arbeit eines Oasenbauern während eines Jahres beschreiben.

3. Stunde: Die Bedeutung der Dattelpalme
Lernziele: Die Schüler sollen
— erkennen, daß die Dattelpalme sich dem Wüstenklima angepaßt hat,
— die Bestandteile einer Dattelpalme beschreiben,
— die vielseitige Verwendung der Dattelpalme erklären,
— begründen, warum die Dattelpalme die wichtigste Pflanze für die Oasenbewohner ist.

Unterrichtsverlauf	Medien
1. Wiederholung der Erkenntnisse der 1./2. Stunde; dazu *Impuls:* Man nennt die Oasen die ‚Gärten Allahs‘ oder auch ‚Inseln im Meer der Wüste‘!	
2. Schüler versuchen, Erklärungen zu finden.	
3. Präsentation der Dias M 3.9 (t) und M 3.13 (t). *Leitfragen:* Warum gibt es dort so viele Dattelpalmen? Welche Teile der Dattelpalme sind für die Oasenbewohner wichtig?	M 3.9 (t), M 3.13 (t)
4. Unterrichtsgespräch mit der Entwicklung eines Tafelbildes.	Tafelbild

Bestandteile der Dattelpalme	Verwendung der Bestandteile
junge Blätter, Knospen	Gemüse, Salat
alte Blätter (Palmwedel)	Matten, Körbe
Früchte, Dattelkerne	Nahrung, Tierfutter, früher Mehl für Dattelbrot
Bast des Stammes	Schnüre, Seile
Stamm	Brennholz, Möbel, Hausbau
Saft	Palmwein

Unterrichtsverlauf	Medien
5. Bearbeitung von M 3.16, anschließend Kontrolle	M 3.16

4. Stunde: Nomaden in der Wüste
Lernziele: Die Schüler sollen
— einige charakteristische Einzelheiten der Wirtschafts- und Lebensweise der Nomaden nennen können,
— begründen, warum Nomaden wandern müssen,
— die gegensätzliche Wirtschaftsweise der seßhaften Oasenbauern und der wandernden Viehzüchter erklären können,
— einige Gründe für oder gegen die Seßhaftmachung der Nomaden nennen können.

Unterrichtsverlauf	Medien
1. Informierender Einstieg: z. B. Neben den Oasenbewohnern gibt es noch eine zweite wichtige Bevölkerungsgruppe in der Wüste, die Nomaden.	Tafelanschrieb: „Nomaden"
2. Sondierung des Vorwissens der Schüler zum Begriff ‚Nomaden‘	

Unterrichtsverlauf	Medien
3. Formulierung von Merksätzen an der Tafel (z. B. Nomaden sind wandernde Viehzüchter, auch Wanderhirten genannt. Sie besitzen Kamel-, Schaf- und Ziegenherden).	Tafelanschrieb
4. Problemstellung: Warum müssen Nomaden wandern?	
5. Erarbeitung folgender Leitgedanken: z. B. Dürre und Wasserarmut, kümmerliche Weidegründe, Fehlen von brennbarem Material für die kalten Nächte und zum Essenkochen, Wasserstellen in der Wüste reichen nicht aus; sie müssen Getreide gegen Tierprodukte in den Oasen tauschen oder verkaufen/kaufen; Nomaden haben oft Besitz in den Oasen (Felder).	
6. Sicherung der Teilergebnisse (Stillarbeit: Aufgaben 1—3, anschließend Kontrolle)	M 3.17
7. Unterrichtsgespräche über die ‚neue Zeit‘ (Abwanderung in die Erdölfelder und die großen Städte), über Probleme der Seßhaftmachung der Nomaden (Herausarbeitung von Vor- und Nachteilen), u. a.	
8. Evtl. Hausaufgabe: Fragen 4 und 5	M 3.17

4. Zusätzliche Medien

Dias: Leben in der Oase (12 Dias), Klett Nr. 996699. — Traditionelle Landwirtschaft in Nordafrika (9 Dias), Klett Nr. 996859. — Das Kufra-Projekt: Moderne Landnutzung in der Sahara (12 Dias), Klett Nr. 44507. — Die Dattelpalme und ihre Verwertung (12 Dias), Klett Nr. 997329. — Nomaden in der Wüste (9 Dias), Klett Nr. 996689. — Modernes Be- und Entwässerungssystem in einer Großoase (12 Dias), Klett Nr. 997089.

Filme: In einer Oase, 16 mm (18 Min.), FWU 320551 (Als Einstieg in den Themenkreis geeignet!) — Nomaden der nördlichen Sahara, 16 mm (19 Min.), FWU 320742.

Folien (Arbeitstransparente): Bewässerung (4 Folien), Westermann Nr. 358683.

D.3.4 Weizenfarmer in Kanada

1. Sachanalyse

Die südlichen Teile der kanadischen Prärieprovinzen Alberta, Saskatchewan und Manitoba gehören zu den bedeutendsten Weizenanbaugebieten der Erde. Das ursprüngliche Grasland der Prärien ist weitgehend in Ackerland umgewandelt. Dabei ist die sogenannte ‚Weizengrenze‘ immer weiter nach Norden vorgerückt. Neben den Niederschlägen (im Durchschnitt weniger als 500 mm pro Jahr, lediglich 5—10 % Kanadas erhalten mehr als 1000 mm) bestimmen vor allem die Temperaturen in diesen Prärieprovinzen den Ackerbau. Mittlere Jahrestemperaturen von 0 °C bis 5 °C, mittlere Januartemperaturen von −10 °C bis −25 °C und mittlere Julitemperaturen von +15 °C bis +20 °C (*Müller* 1980, S. 201—210) lassen für Getreideanbau nur eine Vegetationszeit von 100—120 Tagen zu.

Die Erschließung der o. g. Prärieprovinzen erfolgte nach 1880. Entscheidender Impuls war dabei der Bau einer Eisenbahnlinie, die den östlichen Landesteil mit diesen Provinzen verband. In den winterkalten Prärien wird nur Sommerweizen (Aussaat im Frühjahr) angebaut, da im Herbst ausgetriebener und bestockter Winterweizen die extreme Winterkälte nicht übersteht. (Die Gebiete mit Winterweizen liegen südlich 40° N im mittleren Westen der USA.) Da Sommerweizen sehr frostempfindlich ist, muß im Frühjahr mit der Aussaat gewartet werden, bis längere Frostperioden weitgehend ausgeschlossen und vereinzelte Nachtfröste kein Risikofaktor mehr sind. Die Erfahrung hat gezeigt, daß ein Tagesmittel von 10 °C für die Aussaat dann kein Risiko mehr birgt. Ebenso wichtig für den Anbau ist die Kenntnis der frühen Nachtfröste im Spätsommer bzw. Frühherbst, wenn der Sommerweizen kurz vor der Ernte steht.

Bis zum Jahr 1907 wurde die Sorte ‚Red Fife‘ mit einer Wachstumszeit von 115—120 Tagen angebaut. Der Anbau dieser Sorte war demgemäß immer risikoreich. Erst nachdem der kanadische ‚Marquis-Weizen‘ den ‚Red Fife‘ 1907 ablöste, der nur eine Vegetationszeit von 100 Tagen (sog. ‚100-Tage-Weizen‘) benötigte, konnte die Weizengrenze nach Norden verschoben werden. Da mit einer kürzeren Anbauzeit des Sommerweizens auch Qualitäts- und Quantitätsverluste (z. B. geringerer ha-Ertrag, Reifegrad unzureichend, verminderter Klebergehalt) einhergehen, scheint zumindest in Kanada das nördliche Vorrücken der Getreidegrenze durch noch mehr kälteangepaßte Sorten zum Stillstand gekommen zu sein. Ähnlich wie es bei der Trockengrenze des Ackerbaus eine ‚agronomische‘ und eine ‚ökonomische‘ (*Andreae* 1977, S. 72) gibt, so sollten auch diese beiden Begriffe auf die Polargrenze des Acker- bzw. Getreideanbaus ausgedehnt werden. Nach *Rostankowski* (1981, S. 151) ist bereits „eine Südwanderung des ökonomischen Getreidebaus in den borealen Nadelwäldern (z. B. Skandinavien) festzustellen, so daß er nirgendwo den Polarkreis berührt", und für Kanada scheint mit dem extensiv angebauten 100-Tage-Weizen auch klimatisch die vertretbare Grenze erreicht zu sein.

Die Landwirtschaft ist noch heute in großen Teilen Kanadas die Grundlage der Landeserschließung, obwohl in den letzten Jahrzehnten eine fortschreitende Industrialisierung die mineralischen Reichtümer des Landes erschloß. Die extensive Getreidewirtschaft in den drei Prärieprovinzen Alberta, Saskatchewan und Manitoba, die einen bedeutenden Weizenüberschuß für den Export produziert, ist auch heute noch auf dem Agrarsektor dominierend. Allerdings hat sich im letzten Jahrzehnt eine starke und vielfältige Veredelungswirtschaft entwickelt (Rinder-, Schaf-, Schweinezucht, Milchviehhaltung, Obst-, Gemüse-, Zuckerrübenanbau u. a.), die in engem Zusammenhang mit verstärkter Mechanisierung und Betriebsvergrößerungen innerhalb der Agrarwirtschaft steht. Am stärksten wirkte sich die Mechanisierung in den Prärieprovinzen aus, wo eine deutliche Aufstockung einzelner Betriebe und damit der Trend zu Großfarmen anhält; in den östlichen und westlichen küstennahen Regionen sind weiterhin — im Gegensatz zu den Prärieprovinzen — kleinere Spezialbetriebe vorherrschend.

2. Didaktisch-methodische Gestaltung

Ähnlich wie bei der Überwindung der Trockengrenze, versucht der Mensch, sich landwirtschaftlich auch der Kältegrenze zu nähern bzw. sie teilweise zu überwinden. Die Kältegrenze ist dabei in ihrer Beschaffenheit ‚endgültiger' als die Trockengrenze und auch mit moderner und rentabler Technik sowie großen pflanzenzüchterischen Erfolgen nur schwer zu verändern. In Kanada, Skandinavien und der Sowjetunion vollzieht sich ein dauernder Kampf gegen die Kältegrenze, wobei in den letzten Jahren lediglich die Sowjetunion weiterhin entscheidende Versuche unternimmt, die Getreidegrenze über 60° N zu verschieben (*Rostankowski* 1981).

Für die unterrichtliche Behandlung der Kältegrenze am Beispiel Kanadas sind folgende Leitlinien vorgesehen:
— Grundriß und Funktion einer Weizenfarm (im Unterschied zu einem deutschen Bauernhof) sollen erkannt werden,
— Landwirtschaft an der Kältegrenze ist ohne klimatische Kenntnisse nicht zu verstehen (Bedeutung der +10 °C-Durchschnittstemperatur für den Anbau von Kulturpflanzen; +5 °C-Durchschnittstemperatur für Wildpflanzen),
— Die unterschiedliche Arbeit eines kanadischen Farmers und eines deutschen Bauern sollte erste Einblicke in unterschiedliche Wirtschaftsformen und Anbaumethoden geben.

Voraussetzung für die Bearbeitung dieses Kapitels ist, daß die Schüler bereits mit Klimadiagrammen gearbeitet haben, die Werte analysieren und mit heimatlichen Stationen vergleichen können.

In der *1. Stunde* wird den Schülern ein Großbetrieb für den Weizenanbau vorgestellt. Ein anderer geeigneter Einstieg — anstelle des Textes — ist der in den Medien genannte Super 8-Film (5 Min.) über die Weizenernte in Kanada. Im Mittelpunkt der Stunde steht die unterrichtliche Auseinandersetzung mit Grundriß, Aufbau und Funktion einer Weizenfarm, die mit einem deutschen Bauernhof verglichen werden soll.

In der *2./3. Stunde* werden zunächst unterschiedliche Klimadiagramme gezeichnet und analysiert, die wichtige Hinweise auf die Nordgrenze des Anbaus von Sommerweizen in Kanada geben. Die Bedeutung der Tage mit einer Durchschnittstemperatur von mindestens +10 °C muß unbedingt begriffen werden, denn dieser Temperaturwert begrenzt die Anbauzeit an der Kältegrenze auf nur wenige Monate. Nur auf diesem Wege ist der Begriff ‚100-Tage-Weizen' den Schülern angemessen zu erklären. Die Kürze der Vegetationszeit und die Großflächigkeit des Anbaus bedingen weitgehend eine Monokultur. Einige Vor- und Nachteile der Monokultur sollen gemeinsam entwickelt und in einem Tafelbild festgehalten werden (Informationen dazu im Kap. Basiswissen bzw. Glossar).

Die Tätigkeiten eines kanadischen Farmers in ihren Unterschieden zu einem deutschen Bauern werden in der *4. Stunde* behandelt. Im 1. Teil der Stunde ist die

Selbsttätigkeit der Schüler verstärkt angesprochen. Die einzelnen Aufgaben von M 3.19 sind so gehalten, daß sie mit Hilfe des Einstiegstextes und bereits vorhandenen Wissens aus vorangegangenen Stunden gelöst werden können. Die Entwicklung des Tafelbildes (2. Teil der Stunde) sollte gemeinsam erfolgen.

Die *5. Stunde* ist im Sinne eines Additums zu verstehen. Der kanadische Farmer ist mit seiner Weizenproduktion in die Weltproduktion eingebunden. Mit Hilfe von Statistik, Schaubild und Tabelle (Nord- bzw. Südhalbkugel) sollen die Schüler in ersten Ansätzen die Bedeutung von Weizen als Brotgetreide kennenlernen und erste Überlegungen zum Zusammenhang zwischen Produktion und Export anstellen. Dabei muß darauf hingewiesen werden, daß die Statistik der Erzeugerländer von Weizen vereinfacht wurde und daß wichtige Produzenten fehlen (z. B. UdSSR, VR China, Indien; diese Staaten sind regelmäßig Importeure für Weizen).

Als Zusatzinformationen können die relativ hohen ha-Erträge (z. B. BR Deutschland ca. 50 dt/ha) bei intensivem Anbau gegenüber Kanada (ca. 20 dt/ha; Stand jeweils 1982) unterrichtlich ausgewertet werden. Allerdings nützen diese Zahlenangaben wenig, wenn nicht entsprechende Vorstellungen von Mengen damit verbunden sind.

Die nachfolgenden Filme und Bildreihen können zusätzlich eingeplant werden:

Filme: Weizenernte in Kanada (ca. 5 Min.) Super 8, Klett Nr. 991449. — Weizen in Kanada (16 Min.), 16 mm, FWU 322983.

Dias: Weizenernte in der kanadischen Prärie (9 Dias), Klett Nr. 997049. — Kanadische Prärie (19 Dias), FWU 10 0758.

3. Lernziele und Verlaufsplanung

1. Stunde: Die Weizenfarm von Mr. Johnson
Lernziele: Die Schüler sollen
— Aufbau und Größe einer kanadischen Weizenfarm kennenlernen,
— eine kanadische Weizenfarm mit einem deutschen Bauernhof vergleichen und einige Unterschiede nennen.

Unterrichtsverlauf	Medien
1. Einstieg: Einführungstext des Arbeitsblattes wird vorgelesen.	M 3.19
2. Atlasarbeit (Kanada, Regina, Messen von Entfernungen, Lokalisation der Farm usw.)	Atlas
3. Interpretation des Plans (Arbeitsblatt: farbiges Ausmalen der Anbauflächen, Funktion der Gebäude, Bedeutung der Eisenbahn, Erklärung des Wegenetzes, Vergleiche von Distanzen und Flächen in bekannten Räumen.	M 3.19
4. Stillarbeit: Aufgabe 4 des Arbeitsblattes M 3.19	
5. Ergebnissicherung: Charakteristische Merkmale einer Weizenfarm zusammenstellen.	

2./3. Stunde: Begründung für den Weizenanbau in den kanadischen Prärieprovinzen
Lernziele: Die Schüler sollen
— unterschiedliche Klimastationen zeichnen und auswerten,

—die Bedeutung von Klimawerten (hier: +10 °C-Monatsmittel) für das Wachstum von Kulturpflanzen erkennen,

—die Anbaugrenze für Weizen in Kanada begründen und Vor- und Nachteile einer Monokultur nennen.

Unterrichtsverlauf	Medien
1. Einstieg: kurze Wiederholung der 1. Stunde und Hinweis, daß nur in einem kleinen Gebiet (bezogen auf die Gesamtfläche Kanadas) große Mengen von Weizen angebaut werden.	
2. Problemstellung: Warum wird Weizen nur in einem bestimmten größeren Gebiet angebaut?	
3. Sondierung des Vorwissens der Schüler.	
4. Atlasarbeit: Aufsuchen der Weizenanbaugebiete in Kanada sowie der Klimastationen (Aufgabe 1 des Arbeitsblattes).	Atlas
5. Besprechung der Klimadaten und Zeichnen der einzelnen Klimastationen (Lösung der 2. Aufgabe des Arbeitsblattes).	M 3.20
6. Auswertung der Daten zu den Klimastationen und Einzeichnen der Monate mit +10 °C Monatsmitteltemperatur, Hinweis auf Wachstumsperiode, Lösung der 3. Aufgabe.	M 3.20
7. Erarbeitung des Begriffs ‚Monokultur' (vgl. Kap. Basiswissen!)	
8. Entwicklung eines Tafelbildes (Vor- und Nachteile der Monokultur)	Tafelbild
9. Zusammenfassung: Problemkreis Klima — Anbauzone — Weizen — Monokultur!	

4. Stunde: Die Arbeit des Farmers

Lernziele: Die Schüler sollen

—die Arbeit eines Weizenfarmers beschreiben,

—Unterschiede in den Tätigkeiten eines kanadischen Farmers und deutschen Bauern erarbeiten.

Unterrichtsverlauf	Medien
1. Einstieg: Vorlesen des Textes „Die Arbeit eines Farmers" (dazu Atlas: Große Seen, Vancouver, Hudsonbay, Churchill)	M 3.21 Atlas
2. Besprechung des Textes M 3.21	M 3.21
3. Stillarbeit: Beantwortung der Aufgaben 1—6.	M 3.21
4. Kontrolle der Ergebnisse.	
5. Entwicklung eines Tafelbildes „Unterschied zwischen kanadischem Farmer und deutschem Bauern", z. B.	Tafelbild

Farmer	Bauer
Einzelfarm	Dorf (selten Einzelhof)
häufig Stadtwohnung im Winter	bodenverwurzelt
große Felder	kleine Felder
Felder liegen um die Farm herum	Felder liegen meistens verstreut
wenige große Maschinen	viele Maschinen
Monokultur	gemischter Anbau (Fruchtwechsel)
extensiver Anbau	intensiver Anbau

6. Ergebnissicherung: Abschreiben des Tafelbildes	

5. Stunde: Produktion und Export von Weizen

Lernziele: Die Schüler sollen

—wichtige Produktionsländer von Weizen nennen,

—ein Schaubild zur Produktion und zum Export von Weizen in ausgewählten Ländern zeichnen und erklären.

Unterrichtsverlauf	Medien
1. Einstieg: Präsentation von M 3.22	M 3.22
2. Atlasarbeit: Lage der Länder, Unterscheidung nach Nord- und Südhalbkugel.	
3. Besprechung des Beispiels auf dem Arbeitsblatt	M 3.22
4. Stillarbeit: Bearbeitung der Aufgaben 1 und 2 mit anschließender Diskussion.	M 3.22
5. Impuls: Vorlesen von Aufgabe 4	M 3.22
6. Gemeinsame Lösung dieser Frage. Hausaufgabe: Aufgabe 3	M 3.22

D.4 Höhenstufen und Landnutzung (Almwirtschaft in den Alpen und Landnutzung in den tropischen Anden)

Die Höhenstufung der Landnutzung am Beispiel der Alpen und Anden soll im Gegensatz zu einer horizontalen (vgl. Kap. D.3) nun die vertikale Gliederung der Landnutzung darstellen. Da die Höhenstufung der Landnutzung in Abhängigkeit von der Klimazone variiert, wird hier den Alpen als Beispiel aus der gemäßigten Zone ein Beispiel aus einer anderen Klimazone, und zwar aus der Tropenzone, gegenübergestellt.

1. Sachanalyse

Die Temperaturänderung mit der Höhe wird durch den feuchtadiabatischen Temperaturgradienten ausgedrückt: Temperaturabnahme mit der Höhe um 0,5 °C/100 m (*Glauert* 1975, S. 22). Damit erhöht sich mit zunehmender Höhe die Frosthäufigkeit, zudem besteht für die Vegetation die Gefahr der Frosttrocknis. Entsprechend nimmt mit zunehmender Höhe die Vegetationsdauer ab.

Ebenso ist die Lage der temporären Schneegrenze im Verlauf eines Jahres für die Vegetationszeit von grundlegender Bedeutung. Für die Dauer der Schneebedeckung rechnet man durchschittlich mit 10 Tagen/100 m Höhe. Im Durchschnitt gelten für die Alpen die folgenden Faustwerte:

500 m N. N. — 74 Tage Schneebedeckung
1000 m N. N. — 129 Tage Schneebedeckung
1500 m N. N. — 170 Tage Schneebedeckung
2000 m N. N. — 216 Tage Schneebedeckung

Für die Dauer der Schneebedeckung sind außer der Höhe allerdings auch die Exposition, die Reliefstruktur und die Niederschlagsmenge ausschlaggebend (*Glauert* 1975, S. 27).

Ein weiterer Faktor, der die Höhenstufung beeinflußt, ist der Boden. Flächenspülung, Schlagregen, Rutschungen und Erosion gefährden die Böden. Aber nicht nur mechanische Einwirkungen sind bestimmend, sondern auch die chemische Wirkung des Wassers, die vor allem zur allmählichen Entkalkung führt. In den Hochlagen findet man daher häufig steinige, nährstoffarme Böden (*Löhr* 1971, S. 24).

Schließlich wirken sich auch Exposition und Hangneigung auf die Höhenstufung aus. So sind die Südhänge der Alpen einer stärkeren und längeren Bestrahlung ausgesetzt und weisen dementsprechend eine kürzere Dauer der Schneebedeckung auf, was zu einer längeren Vegetationsperiode führt. Daraus folgt, daß der Südhang höher hinauf besiedelt und genutzt wird als der Nordhang (vgl. *Löhr* 1971, S. 30; *Dietl* 1979, S. 7).

Letztlich wird die Höhenstufung auch durch anthropogeographische Faktoren beeinflußt. Durch eine Erweiterung der Kulturlandschaftsfläche erfolgte eine Verschiebung der Grenzen nach oben, bei der Almbewirtschaftung eine Verschiebung nach unten: Der Mensch hat durch Viehhaltung und Holzabtrieb die Senkung der Baumgrenze bewirkt. Mußten die Menschen früher aus Autarkiegründen bis in größtmögliche Höhen Getreide anbauen, ist dieses heute aufgrund der zunehmenden Verkehrserschließung und des damit verbundenen Zugangs zum Tieflandgetreide nicht mehr notwendig.

Im einzelnen stellt sich die Höhenstufung in den Alpen nun wie folgt dar:

Tab. 6: Die Höhenstufen in den Alpen (nach *Glauert* 1975, S. 43 ff. und *Löhr* 1971, S. 34 ff.)

Höhenstufen	Vegetation/Nutzung
nivale Stufe (über 3200 m)	meist ständig mit Schnee bedeckt, sehr vereinzelt Vegetation an günstigen Standorten; Polsterpflanzen oder Pflanzen mit Zwergwuchs
——————— Schneegrenze ———————	
subnivale (hochalpine) Stufe	kahler Boden (Frostschutt); krautige Pflanzen in Form flacher, dichter Polster
——————— Obergrenze des alpinen Rasens ———————	
(Obergrenze etwa 3200 m) alpine Stufe	Latschen, Krummholz oder Zwergsträucher; nach oben anschließende Matten durch Beweidung genutzt, schließlich erfolgt Auflösung in Rasenflecken
——————— Baumgrenze ———————	
(Obergrenze etwa 2200 m) subalpine Stufe	
——————— Waldgrenze ———————	
	vorkommende Baumarten: Fichte, Weißtanne, mit zunehmender Höhe auch Lärchen und in der obersten Baumregion Arven (= als höchststeigende Einzelbäume)
——————— Untergrenze der reinen Nadelwälder ———————	
(Obergrenze etwa 1800 m) montane Stufe	Mischwälder mit Rotbuchen und Eichen Nutzung: im Norden Kartoffeln, im Süden und in Zentralalpen Getreide; überall Viehwirtschaft
——————— Weinbaugrenze ———————	
(Obergrenze etwa 800 m) kolline Stufe	Laubmischwald: Eichen, Hainbuchen, im Süden auch Kastanien; Hauptbereich der landwirtschaftlichen Nutzung mit Anbau von Getreide, Wein, Obst, Mais, Tabak, ...

Am nördlichen Alpenrand liegt die Körnermaisgrenze bei 600—1000 m, ebenso die Winterweizengrenze, die Winterroggengrenze bei 1200—1400 m; in den Zentralalpen befinden sich die genannten Pflanzen bei 700—1200 m, 1200—1600 m und 1700—1900 m, am südlichen Alpenrand bei 400—700 m, 700—900 m und 1000—1800 m. Somit reichen die Höhengrenzen in den Zentralalpen höher hinaus als an den Alpenrändern. Ursache hierfür ist wohl der Massenerhebungseffekt, wobei die hochaufragenden, zusammenhängenden Teile der Zentralalpen von der kurzwelligen Strahlung (die nur zum geringen Teil von der wasserdampfarmen Atmosphäre absorbiert wird) stärker erwärmt werden.

Im Rahmen dieser Höhenstufung der Alpen spielen die Bergbauernwirtschaft und verbunden damit die Almwirtschaft eine wichtige Rolle. Die Alm wird im Sommer für die Viehhaltung genutzt und befindet sich oberhalb der bergbäuerlichen Dauersiedlung. Sie liegt entweder im Bergwald oder über der Waldgrenze. Die Alm ist reines Weideareal und bildet mit dem Haupthof eine Wirtschaftseinheit. Man kann Almen nach verschiedenen Kriterien unterscheiden:

— nach der Höhenlage (Nieder-, Mittel-, Hochalm)
— nach der Art des Weidebetriebes (Kuh-, Jungvieh-, Schafalm)
— nach den Besitzverhältnissen (Eigentum, Pacht, Genossenschaft).

Der Almbetrieb läuft etwa folgendermaßen ab: Während

der Winterfütterung erfolgt die Kuh-/Jungviehhaltung am Haupthof. Im Frühjahr kommen die Tiere vom Haupthof auf die Talwiesen. Im Juni erfolgt der Almauftrieb zur Niederalm und im Juli dann zur Mittelalm. Im August wird dann das Jungvieh auf die Hochalm getrieben, und die Kühe gehen zurück auf die Niederalm. Der stufenweise Abtrieb des Jungviehs beginnt im September, wobei die Kühe dem Jungvieh beim Abtrieb immer um eine Stufe voraus sind (*Löhr* 1971, S. 116 ff.).

Die Bergbauernwirtschaft hat viele Probleme zu bewältigen. Nicht nur das weit unter dem Existenzminimum liegende Einkommen aus der Landwirtschaft, sondern auch die Abwanderung jüngerer Bewohner und der daraus resultierende Arbeitskräftemangel erschweren diese Wirtschaftsform. Außerdem muß auf zunehmenden Maschineneinsatz wegen der orographischen Verhältnisse verzichtet werden, was die landwirtschaftliche Produktion verteuert (vgl. *Glauert* 1975; *Löhr* 1971).

Wo die Almwirtschaft aufgegeben wird, weil der Almbauer eine Tätigkeit als Skilehrer, Bergführer o. ä. vorzieht oder seinen Almhof für den Fremdenverkehr zur Verfügung stellt (Ferien auf dem Bauernhof, zusätzl. Vermietung der Almhütten), verwildern die Almflächen; das Gras wird nicht mehr abgeweidet: Unkraut, Büsche und Bäume wachsen willkürlich hoch, Kies- und Felsbrocken werden nicht mehr abgesammelt. Das Abweiden des Grases im Sommer auf den Almen ist jedoch wichtig, weil so im Winter ein Festfrieren der langen Grasbüschel im Schnee bzw. Eis verhindert, weiterhin

beim Abtauen z. Zt. der Schneeschmelze Hangrutschungen vermieden und die Lawinengefahr vermindert werden. Der Weidegang auf den Almen ist somit ein wichtiges Regulativ im Ökosystem der Bergflächen.

Die Regel der Temperaturabnahme mit der Höhe gilt weltweit, auch für die tropischen Hochgebirge. Für die Bewohner tropischer Gebirge, die Ackerbau betreiben, ist die Höhengrenze im wesentlichen eine Kältegrenze und somit in ihrer Struktur der Polargrenze ähnlich, in die sie auch in höheren Breiten allmählich übergeht (vgl. *Otremba* 1976, S. 101 ff.). Dabei gibt es Kulturpflanzen, die sowohl polwärts als auch höhenmäßig extrem weit vordringen (z. B. Sommergerste, Kartoffeln, Weizen); es gibt aber auch solche, deren Polar- und Höhengrenzen gleichermaßen eng gesteckt sind (z. B. Kokospalmen, Ölpalme, Kakao). Anders sieht es bei wichtigen Nutzpflanzen wie Sisal, Tee und Passionsfrucht aus, deren Polargrenze eng, und deren Höhengrenze relativ weit gezogen ist. Sojabohnen, Beta-Rüben und Erdnüsse meiden die Höhenlagen, stoßen aber polwärts weit vor. Somit ergeben sich bestimmte ökologische Grenzen des Ackerbaus, die besonders für den wirtschaftenden Menschen der Tropen bzw. tropischer Hochgebirge von existentieller Bedeutung sind (vgl. *Andreae* 1977, S. 52 ff.).

In der folgenden tabellarischen Übersicht werden die tropischen Höhenstufen und die entsprechende Nutzung in knapper Form zusammengestellt.

Tab. 7: Höhenstufen und Landnutzung in den tropischen Anden (Ecuador)

Stufe	Obergrenze (etwa)	Vegetation/Nutzung
Tierra nevada (Schneeland) 0 °C und weniger	über 4700 m	ewiger Schnee, Gletscher
Tierra helada (Frostland) etwa 6 °C	4700 m	Paramos (Schopfpflanzen), Strauch- und Grasland; Hochweiden für Schafe …
Tierra fria (kaltes Land) 12—18 °C	3400 m	Nebelwald, Nadelbäume, Eichen; Obst, Mais, Weizen, Gerste, Kartoffeln
Tierra templada (gemäßigt warmes Land) 18—22 °C	2000 m	Tropischer Bergwald; niedrige Bäume; Bambus, Kaffee, Mais, z. T. Zuckerrohr, Tabak, Bananen
Tierra caliente (heißes Land) 22—26 °C	1000 m	Tropischer Regenwald; Kakao, Reis, Bananen, Zuckerrohr, Tabak, Mais …

2. Didaktisch-methodische Gestaltung

Als Einstieg in die unterrichtliche Thematik wird die Interpretation des Dias M 4.4 (t) (Schweiz, Wallis) gewählt, weil hier in den Zentralalpen durch die extremen Höhenunterschiede alle Höhenstufen vertreten und besonders deutlich ausgeprägt sind. Bei der Herausarbeitung der Höhenstufen (*1./2. Stunde*) sollte der Lehrer die entsprechenden Hilfen geben und das Tafelbild gemeinsam mit den Schülern entwickeln. Als wichtiges Teilergebnis muß die Temperaturabnahme mit zunehmender Höhe (je 100 m Höhenanstieg verringert sich die Temperatur um 0,5 °C) erkannt werden. Zur Festigung des Wissens dient dabei M 4.1. — Tradition und Wandel in der Almwirtschaft, beides ist durchaus

auf engem Raum zu finden, ist Gegenstand der *3. Stunde* (M 4.2). Bei der Behandlung dieser Aspekte sollten im Gespräch Erfahrungen der Schüler (z. B. Urlaub in den Bergen, Winter—Sommer) berücksichtigt werden, um die vielfältigen Schwierigkeiten, mit denen die Almwirtschaft zu kämpfen hat, angemessen darzustellen.

Voraussetzung für die Behandlung der tropischen Höhenstufen und Landnutzung (*4./5. Stunde*) sind Kenntnisse über die wichtigsten Klimazonen der Erde und die Temperaturabnahme vom Äquator zu den Polen.

Die vergleichende Betrachtung der Temperaturwerte von Manaus und Quito (beide Orte liegen äquatornah) zeigt bestimmte Gesetzmäßigkeiten (u. a. jeweils gleichmäßige Monatsmittel, Unterschiede durch die Höhenlage). Als Teilergebnis könnte (wie bereits aus den Alpen bekannt) die Temperaturabnahme mit zunehmender Höhe festgehalten werden. Zum Vergleich sollte eine ‚heimatliche' Station herangezogen werden, um zu verdeutlichen, daß tropische Höhenlagen z. B. keine Jahreszeiten aufweisen; die Monatsmittel bleiben in den jeweiligen Höhenregionen fast das ganze Jahr konstant.

Die Analyse eines Tages-Temperaturgangs (Beispiel Quito) macht den Schülern deutlich, daß erst durch die unterschiedlichen Tagestemperaturen die Grundlage für Wachstum bzw. Anbau von Kulturpflanzen vorhanden ist.

Mit Hilfe von M 4.3 sollen die einzelnen tropischen Höhenstufen erkannt, entsprechende klimatische Unterschiede deutlich und die aufgeführten Kulturpflanzen in ihrem Vorkommen erklärt werden. Besonderer Wert wird auf den Vergleich mit bekannten heimatlichen Nutzpflanzen gelegt; hier muß den Schülern verdeutlicht werden, daß geeignete klimatische Werte die Grundvoraussetzung für den Anbau sind.

3. Lernziele und Verlaufsplanung

1./2. Stunde: Höhenstufung und Almwirtschaft in den Alpen

Lernziele: Die Schüler sollen
— wichtige Höhenstufen der Vegetation in den Alpen beschreiben,
— den Zusammenhang zwischen Temperaturabnahme und Höhenstufung erkennen,
— erkennen, daß die Almwirtschaft eine wichtige Form der Viehwirtschaft ist, die den natürlichen Verhältnissen des Hochgebirges entspricht.

Unterrichtsverlauf	Medien
1. Einstieg: Präsentation des Dias M 4.4 (t) (Höhenstufen der Alpen, Wallis)	M 4.4 (t)
2. Herausarbeitung der Höhenstufen, z. B. Stufe des Obst- und Weinbaus, Felder, Talwiesen; Stufe des Laub- und Mischwaldes, Felder, Vieh; Stufe des Nadelwaldes, Vieh; Stufe der Almen, Vieh; Dazu Entwicklung eines Tafelbildes	
<table><tr><td>Höhenstufe</td><td>natürl. Vegetat.</td><td>Nutzung/Anbau</td></tr><tr><td>. . . .</td><td>. . . .</td><td>. . . .</td></tr></table>	Tafelbild
3. Begründung für die Höhenstufung, dazu Impuls: ,,Je 100 m Höhenanstieg wird es um 0,5 °C kälter!" (Beispiel: Tallage eines Ortes 10 °C, wie kalt in 2900 m Höhe?)	
4. Stillarbeit: Einzeichnen der Höhenstufen (Aufgabe 1)	M 4.1
5. Vorlesen des Textes, Klärung unbekannter Begriffe	M 4.1
6. Stillarbeit: Beantwortung der Fragen 2—4	M 4.1
7. Kontrolle der Ergebnisse	

3. Stunde: Die Almwirtschaft wandelt sich

Lernziele: Die Schüler sollen
— die Almwirtschaft als saisonale Nutzung hochgelegener Weiden erkennen,
— jüngste Veränderungen im Leben und in den Verdienstmöglichkeiten der Bergbauern aufzeigen.

Unterrichtsverlauf	Medien
1. Kurze Wiederholung aus der 1./2. Stunde, dazu Lückentext vom Arbeitsblatt	M 4.2
2. Impuls: Vorlesen von Aufgabe 2	M 4.2
3. Unterrichtsgespräch zur dargestellten Situation	
4. Stillarbeit: Beantwortung der Fragen 2 und 3	M 4.2
5. evtl. gemeinsame Diskussion der Frage 4	M 4.2

4./5. Stunde: Landnutzung in den tropischen Anden

Lernziele: Die Schüler sollen
— die vertikale Gliederung des Klimas (Höhenstufen) in tropischen Gebirgen erkennen,
— den Zusammenhang zwischen klimatischen Bedingungen und dem Anbau von Kulturpflanzen erklären,
— bestimmten Höhenstufen entsprechende Kulturpflanzen zuordnen und dieses begründen.

Unterrichtsverlauf	Medien
1. Einstieg: Interpretation der Klimadiagramme von Manaus, Quito und Berlin: Jahresgang der Temperatur (in °C)	Tafel, Atlas

	J	F	M	A	M	J	J	A	S	O	N	D
Manaus	26	26	26	26	26	26	27	27	28	28	27	27
Quito	13	13	13	13	13	13	13	13	13	13	13	13
Berlin	1	0	3	8	13	16	18	17	14	8	4	1

Temperaturgang im Ablauf eines Septembertages in Quito:

Uhrzeit	0	3	6	9	12	15	18	21	24
°C	9	8	7	16	21	18	13	10	9

Unterrichtsverlauf	Medien
2. Gemeinsame Herausarbeitung: Tageszeitenklima der Tropen, Jahreszeitenklima der Außertropen	Klimawerte des Tafelbildes
3. Feststellung der Bedeutung für den landwirtschaftlichen Anbau (Unterrichtsgespräch)	
4. Bearbeitung von M 4.3 — Erkennen der Höhenstufen — Feststellung der Klimawerte — Ausfüllen der Tabelle	M 4.3
5. Kontrolle der Ergebnisse von Aufg. 1 (Tabelle)	
6. Bearbeitung von Aufg. 2 in M 4.3, dann gemeinsame Auswertung (evtl. Hinweis auf bekannte ‚heimatliche' Station)	M 4.3
7. Zusammenfassung der Ergebnisse (evtl. Hausaufgabe: Frage 3 in M 4.3)	M 4.3

4. Zusätzliche Medien

Dias: Höhenstufen in den Anden (12 Dias), Jünger Nr. 2651. — Höhenstufen in den Alpen (12 Dias), Klett Nr. 996599.

Film: Über die Anden: Ecuador (21 Min,; 16 mm), FWU 320759.
Arbeitstransparente: Höhenstufen in den tropischen Anden, 3 Folien, Klett Nr. 997789. — Almwirtschaft, 4 Folien, Klett Nr. 99720. — Almwirtschaft, 3 Folien, Westermann Nr. 358684.

D.5 Bewässerungslandwirtschaft (Wüste wird Kulturland: Beispiel Negev.)

1. Sachanalyse

Feldbewässerung gehört zu den ältesten Kulturmaßnahmen des Menschen: sie dürfte fast ebenso alt wie der Ackerbau selbst sein. Infolge starken Bevölkerungszuwachses und erhöhten Nahrungsmittelbedarfes seit den letzten hundert Jahren sind die Probleme der Bewässerung besonders in ariden und semiariden Räumen aktuell. Die Bewässerung bildet hier größtenteils das Rückgrat der Landwirtschaft, und ohne ihre umfangreichen Anlagen wäre in manchen Gebieten keine auch nur annähernde Nahrungsversorgung der Bevölkerung möglich. Nach *Andreae* (1977) hat Bewässerungsfeldbau grundsätzlich folgende wichtige Funktionen:

— Steigerung der ha-Erträge durch mehrere Kulturen pro Jahr und durch leistungstärkere Kulturen,
— Ermöglichung einer dauerhaften Bodennutzung ohne Einschub von Wald-, Gras- oder Schwarzbrache,
— Ausgleich der Ernteschwankungen und damit gleichmäßigere Nahrungsversorgung von Mensch zu Tier,
— höhere Elastizität der Produktionsintensität bzw. der Produktionsrichtung als beim Regenfeldbau,
— Erhöhung der ernährungswirtschaftlichen Tragfähigkeit, d. h. auch kleinere Betriebsgrößen können die Ernährung einer Familie durchaus sicherstellen,
— Ausweitung des Anbaues auf sonst nicht kulturfähige Trockenlagen.

Die Probleme der Feldbewässerung sind weltweit gesehen aufgrund der natürlichen Ausstattung der Räume sehr unterschiedlich. Am Beispiel des Staates Israel wird deutlich, daß mit großem technologischem und materiellem Aufwand Bewässerungsmaßnahmen auch über die agronomische Trockengrenze hinausgehend durchaus wirksam sein können. Moderne Bewässerungswirtschaft auf größeren Flächen gibt es in Israel erst seit etwa 40 Jahren. Bis dahin beschränkte sich der Anbau auf lokale, aus Quellen oder Brunnen mit Wasser versorgte, kleine Anlagen im Gemüse- und Obstbau. Mit der Staatsgründung im Jahre 1948 setzte eine Einwanderungswelle nach Israel ein: Bis 1990 ist mit einer Vervierfachung der Bevölkerungszahl von 1948 zu rechnen. Das den Juden zugesprochene Territorium stellt ein kleines Land dar, das mit einer Fläche von ca. 21 000 km² beispielsweise nur halb so groß wie die Schweiz ist. Die ständig wachsende Bevölkerung sucht sich ihren Lebensraum in den Teilen des Landes, die günstige Lebens- und Erwerbsmöglichkeiten bieten. Solche Gebiete sind in Israel der Norden, die Mitte sowie der besonders bevorzugte Küstenstreifen, deren gemeinsame Kennzeichen feuchtes oder (je weiter die Ausdehnung nach Süden fortschreitet) halbfeuchtes Mittelmeerklima sind. Diese klimatisch begünstigten Gebiete Israels, die zusammen noch nicht die Hälfte des Landes ausmachen, sind bei weiter anhaltendem Bevölkerungswachstum von einer untragbaren Überbevölkerung bedroht, die sich besonders im Ballungsgebiet des Küstenstreifens zwischen Haifa und Tel Aviv schon heute deutlich abzeichnet. Als einziger Ausweg bleibt, den Lebensraum im Süden (d. h. die Wüste Negev) bewohnbar zu machen. Dieser südliche Teil Israels, mehr als die Hälfte des Landes einnehmend, liegt wie ein Keil zwischen den Wüstengebieten der Sinai-Halbinsel im Westen und denen des Ost-Jordan-Landes.

Bis auf Ausnahmen im nördlichen Teil des Negev erhält das gesamte Gebiet Niederschläge unter 100 mm und liegt somit weit unter der Ariditätsgrenze, die man mit der Grenze des Wintergetreideanbaus bei 300 mm Niederschlag gleichsetzen kann. Im Westen, zum Mittelmeer hin, besteht der Negev aus weiten Sandflächen, nach Osten und Süden zu aus Kalk- und Gipswüste. Während in den Ebenen des Nordwestens Löß lagert, bedeckt die Hügel ein steiniger und versalzter Boden. Die ungünstigen Naturbedingungen des Negev stellen den Staat vor große Probleme. Im Hinblick auf die äußerst geringen Niederschlagsmengen war es ein Hauptproblem, die Bewässerung des Gebietes sicherzustellen, um Anbaumöglichkeiten zu schaffen. Bereits vor Jahrtausenden hat es im Negev eine blühende Landwirtschaft auf der Grundlage der Sturzwasserbewässerung gegeben. Auf mehreren aus der Nabatäerzeit vor etwa 2000 Jahren stammenden Sturzwasserbewässerungsfarmen wird inzwischen wieder erfolgreich Landbau betrieben. Zusätzlich wurden neue Projekte in Angriff genommen (vgl. *Vogtmeier* 1977):

— Ableitung des Yarkon, eines kleinen Flusses, der bei Tel Aviv in das Mittelmeer mündet. Hier wird seit 1955 in einer Leitung von über 100 km Länge der nördliche Negev mit Wasser versorgt. Der Yarkon liefert aber nicht genügend Wasser, so daß auch teilweise Grundwasser dieser Region angezapft werden muß; das führt aber bereits in der Umgebung von Tel Aviv zu einer zunehmenden Versalzung infolge Nachsickern von Meerwasser.
— Ableitung von Wasser aus dem See Genezareth versorgt einige Negev-Siedlungen mit Jordanwasser, das über eine Entfernung von ca. 250 km herangebracht wird (fast ausschließlich in Betonröhren, die vor Verdunstung schützen). Das Jordan-Negev-Projekt hat allerdings schwere außenpolitische Konsequenzen: Durch Entnahme von zwei Drittel des Jordanwassers durch Israel sehen sich Syrien und Jordanien in ihren ähnlich gelagerten Interessen schwer geschädigt. Israel war gezwungen, neue Projekte in Angriff zu nehmen.
— Auffinden von unterirdischen Wasserreserven durch Tiefbohrungen bis zu 500 Metern. Das in großen Tiefen gefundene Wasser hat einen äußerst hohen Salzgehalt, so daß es für Bewässerungszwecke bisher unbrauchbar ist. Neue Technologien müssen gefunden werden, um dieses Wasser nutzen zu können.
— Entwicklung von Methoden, das Regenwasser zu sammeln und für die Bewässerung nutzbar zu machen. Die im Negev zwar geringen, im Winter aber torrentiell auftretenden Regen versucht man zu nutzen, daß durch künstlich errichtete Dämme in den Tälern das Wasser aufgefangen und in sogenannten Sturzbächen auf die eingedämmten ebenen Flächen geleitet wird. Hier kann es langsam versickern und den Grundwasservorrat vermehren, auf den man gegebenenfalls später zurückgreifen kann. Diese Form der Bewässerung ist nicht unproblematisch, da durch die starken Regenfälle die Poren der oberen Erdschicht zugeschwemmt werden, so daß das Wasser nicht absickern kann.

— Wiedergewinnung von Nutzwasser aus Abwässern, um eine rentable Wiederaufarbeitung zu gewährleisten. Dieses Verfahren ist bisher relativ teuer und steckt erst in den Anfängen.

— Süßwassergewinnung durch Destillation von Meerwasser. Ein erstes Projekt wird in Eilat am Roten Meer, an der Südspitze des Negev, bereits erprobt. Ein Erfolg dieser Bemühungen zur wirtschaftlichen Gewinnung von Süßwasser würde nicht nur für Israel von großer Bedeutung sein, sondern für den gesamten Bereich des Nahen Ostens und Nordafrikas.

— Reaktivierung einer alten Bewässerungsmöglichkeit durch Nutzung des Taus. Messungen haben ergeben, daß der Negev als regenarmes Gebiet hohe Werte in der Taubildung erreicht: Der nordöstliche Negev weist mehr als 200 Taunächte auf. Die jährliche Menge der Taubildung der Pflanzen entspricht der jährlichen Niederschlagsmenge von 100—250 mm im nordwestlichen Negev. Während der heißen Monate, in denen der Unterschied zwischen hoher Tages- und verhältnismäßig niedriger Nachttemperatur besonders stark ist, ist die Zeit der Taubildung zugleich diejenige des höchsten Wasserverbrauchs. Um diese Feuchtigkeitsquelle optimal zu nutzen, werden manche Pflanzen mit einem Ring aufgeschichteter Steine umgeben, an denen sich, da sie rascher abkühlen als Luft, der Tau niederschlägt.

— Bau eines Kanals vom Mittelmeer zum Toten Meer, um dessen stetig sinkenden Wasserspiegel infolge Wasserentnahme aus dem Jordan aufzuhalten. Neben der Gewinnung elektrischer Energie soll vor allem Wasser für die Bewässerung des Negev bereitgestellt werden.

Von den gegenwärtig 433 000 ha landwirtschaftlicher Nutzfläche werden 200 000 ha künstlich bewässert, um das naturgegebene Wasserdefizit zu überbrücken. Hierzu bedient man sich mehrerer Verfahren, die in ihrer Bedeutung stark divergieren (vgl. *Scheuermann* 1981):

— Oberflächenbewässerung
Die älteste weltweit angewandte Methode ist die Oberflächenbewässerung. Außer einigen Verfeinerungen hat sie im Laufe der Zeit keine grundlegenden Änderungen erfahren. Das Wasser stammt aus Brunnen oder Quellen und wird über Zuleitungsrinnen mit einfachen Steuerorganen nach einem festgelegten Zeitplan auf die Felder verteilt. Eine spezielle Form ist die Furchenrieselung, bei der das zugeführte Wasser, der Schwerkraft folgend, zu den Kulturpflanzen geleitet wird. Der Wirkungsgrad (= Verhältnis der in der Wurzelzone gespeicherten Wassermenge zu der insgesamt abgeleiteten Menge) der Oberflächenbewässerung bewegt sich zwischen 34—70 %. Es liegt auf der Hand, daß die Oberflächenbewässerung angesichts der Wasserknappheit in Israel im wesentlichen nur geschichtliche Bedeutung haben kann.

— Beregnung
Dank Entwicklung leistungsfähiger Pumpanlagen und Verwendung von Kunststoffrohren hat die Beregnung die Oberflächenbewässerung fast ganz verdrängt. Zur Zeit werden über 90 % der bewässerten Flächen beregnet. Der Wirkungsgrad liegt in der Regel über 75 %. Die Beregnung ermöglicht es, die Wassergaben dem Bedarf der Pflanzen gut anzupassen, so daß Sickerverluste in engen Grenzen gehalten werden können. Um Verdunstungsverluste herabzusetzen, wird Beregnung während der Nacht bevorzugt. Durch Einsatz moderner Anlagen ist es möglich, den Betrieb automatisch zu steuern.

— Tropfbewässerung
Ungeachtet der beachtlichen Erfolge, die mittels Beregnung erzielt wurden, fand in den letzten Jahren ein neues Verfahren, die Tropfbewässerung, verstärkt Eingang in die Landwirtschaft, besonders in den ariden Regionen des Landes. Der grundlegende Unterschied zur Beregnung besteht darin, daß nur ein Teil der Bodenfläche befeuchtet wird, ohne die Pflanzen selbst zu benetzen. Während bei anderen Bewässerungsverfahren die Bodenfeuchte zwischen voller Sättigung und einem Wert weit unter der Feldkapazität schwankt, ermöglicht es die Tropfbewässerung, durch kurze Intervalle der Wassergaben eine optimale Feuchte

und somit ständig günstige Wachstumsbedingungen sicherzustellen. Die Speicherfähigkeit des Bodens hat bei dieser Art der Bewässerung nur untergeordnete Bedeutung, weil ja regelmäßig Wasser nachgeliefert wird. Zu den großen Vorteilen der Methode gehört es weiter, daß erforderliche Pflanzennährstoffe dem Wasser in optimaler Konzentration beigemischt werden können.

— Minisprinkler
Es handelt sich hierbei um Kleinregner aus Plastik, die knapp 0,5 m über dem Boden aufgestellt werden. Das Wasser gelangt von der Verteilungsleitung über dünne Plastikschläuche zu den Regnerdüsen, von denen es in feinen Strahlen schräg-abwärts versprüht wird. Je nach Betriebsdruck werden bei Wurfweiten zwischen 3—9 m, rund 20—100 l Wasser pro Stunde verbraucht. Bevorzugte Anwendungsgebiete sind Pflanz-, Gemüse- und Blumengärten sowie Obstbaumkulturen. Gegenüber Tropfbewässerung bieten Minisprinkler den Vorteil, daß bei Kulturpflanzen mit weiter verzweigtem Wurzelwerk der ganze Wurzelbereich angefeuchtet wird.

Obwohl für Israel die Pionierzeit noch nicht zu Ende ist, haben alle Projekte der künstlichen Bewässerung sowie der optimalen Ausbeutung natürlicher Bewässerung bis heute schon eindeutige Erfolge erzielt. Gegenüber einer landwirtschaftlichen Nutzung von 7,1 % der Gesamtfläche ist nach der Teilerschließung der Wüste Negev dieser Anteil bereits auf 21 % gestiegen. Im Zusammenhang mit der landwirtschaftlichen Erschließung des Negev ist auch die Siedlungstätigkeit zu sehen: Vorwiegend im nördlichen Negev entstanden die für Israel typischen Siedlungsformen des Kibbuz und Moshaw (vgl. Glossar).

Die vielfältigen staatlichen Maßnahmen zur Bewässerung, die seit Mitte der 50er Jahre im Negev durchgeführt wurden, haben Physiognomie und Struktur dieser Region nachhaltig verändert. In wenigen Jahrzehnten vollzog sich hier ein in mehrere Phasen und Intensitätsstufen gegliederter Entwicklungsprozeß von einer wüstennahen Pionierzone zu einer (vor allem im nördlichen Teil) hochentwickelten Kulturlandschaft. Mit den Bewässerungsmaßnahmen im Negev gelang es, die agronomische Trockengrenze an einigen Stellen zu überschreiten, so daß der bewässerte Anteil der ca. 200 000 ha LN bereits heute über 20 % beträgt.

Mit den erfolgreichen Bewässerungsverfahren im Negev ist Israel heute in der Lage, drei Viertel der im Lande benötigten Nahrungsmittel selbst zu erzeugen und darüber hinaus einen wesentlichen Exportbeitrag zu leisten.

2. Didaktisch-methodische Gestaltung

Das Thema ,,Bewässerung im Negev'' kann einerseits im Rahmen der Behandlung landwirtschaftlicher Aktivitäten in Trockenräumen, andererseits als Ergänzung bzw. Weiterführung der Themenbereiche ,Landerschließung', ,Kollektive Siedlungen' (Kibbuz-Gedanke), ,Gesellschaftspolitische und strategische Einflüsse auf den Wandel einer Wüstenlandschaft' gesehen werden.
Wenn das Thema hier mehr unter dem Zugriff der landwirtschaftlichen Erschließung eines Trockenraumes behandelt wird, sind dafür folgende Überlegungen maßgebend:

— Die Bevölkerungsentwicklung zwingt ein an Rohstoffen relativ armes Land zur Inwertsetzung bisher kaum genutzter Gebiete (Negev).

— In Israel werden aufgrund geringer Wasserressourcen die Zwänge für eine rationelle Wassernutzung in Neulandgebieten besonders drängend und führen zu neuen technologischen Entwicklungen, die auch für andere Trockenräume wichtig werden könnten.

— Der hohe Entwicklungsstand von Agrartechnik und Bodenbewirtschaftung im Bewässerungsfeldbau spiegelt sich in ha-Erträgen, Grad der Selbstversorgung und Überschüssen landwirtschaftlicher Produkte im Exportgeschäft wider.

In der *1./2. Stunde* geht es um die Erkenntnis des Zusammenhangs zwischen einer wachsenden Bevölkerungszahl, einem relativ kleinen Gunstraum (Küstenregion) und dem Zwang einer weiteren Inwertsetzung der Wüste. Dabei hat die Landwirtschaft nach wie vor große Bedeutung. Ausgehend von einer Analyse des gegenwärtigen Lebens- und Wirtschaftsraumes der Israelis, soll die Notwendigkeit der Erweiterung der landwirtschaftlichen Nutzfläche problematisiert werden. Die sachliche Vertiefung kann in Gruppen- bzw. Partnerarbeit erfolgen. Dazu ist es erforderlich, entsprechende Spezialkarten in den zur Verfügung stehenden Schulatlanten auszuwerten und die einzelnen Aufgaben von M 5.1 zu bearbeiten. Dabei zeigt der Vergleich der Klimawerte deutlich die besonders ungünstigen klimatischen Bedingungen des Negev und die eingeschränkten Möglichkeiten einer südwärts orientierten Inwertsetzung. Im Unterrichtsgespräch sollte deutlich werden, daß Menschen auch unter schwierigen klimatischen Bedingungen ihren Lebensraum z. B. agrarwirtschaftlich sichern bzw. erweitern können, wenn die notwendigen technischen Voraussetzungen für Bewässerung gegeben sind.

Aus dem Gesetz von Bevölkerungszunahme einerseits und natürlicher Begrenzung landwirtschaftlicher Nutzflächen andererseits sollen die Schüler zu einem Problembewußtsein gelangen, das sie veranlaßt, sich dem anfangs skizzierten Problem in fachgerechter Weise zu nähern und durch produktives Denken Lösungsstrategien zu entwickeln.

So werden in der *3./4. Stunde* die vielen Methoden der Wasserbeschaffung nicht erarbeitet, sondern nur die für Israel wichtigen Verfahren angesprochen. Aus vorangegangenen Schuljahren kennen die Schüler sicherlich einige Methoden der Bewässerung. In dieser Doppelstunde sollen zwar einige neue technische Verfahren angesprochen werden, viel wichtiger ist aber die Erkenntnis des geringeren Wasserverbrauchs bei gleichzeitig hohen bzw. steigenden Hektarerträgen. Im Zusammenhang mit der Bewässerung sollte auf dieser Altersstufe auch das Problem der Versalzung, das nicht nur in weiten Teilen des Negev (salzhaltige Böden), sondern auch in anderen Trockengebieten der Erde auftritt, angesprochen werden: Mit Hilfe von M 5.3 sollen (ausgehend von humiden Verhältnissen) die Unterschiede bzw. Mechanismen in ariden Gebieten erkannt werden. Die Entwicklung einiger landwirtschaftlicher Erzeugnisse (M 5.3 c) mit entsprechenden Zu- bzw. Abnahmen verdeutlicht den Schülern einerseits den Grad der Selbstversorgung, zum anderen auch den Wertwandel bestimmter Produkte, die besonders auf den Export ausgerichtet sind.

Die vorgeschlagenen Unterrichtsstunden können durch die Siedlungsaktivitäten der Israelis im nördlichen und mittleren Negev (vgl. dazu im Glossar: Kibbuz und Moshaw) je nach schulischer Situation ergänzt bzw. ausgeweitet werden.

3. Lernziele und Verlaufsplanung

Lernziele: Die Schüler sollen

— den Negev in Ausdehnung und physisch-geographischen Grundlagen kennenlernen,

— Gründe für die Erschließung nennen und die Notwendigkeit neuer Anbauflächen begründen,

— die Bedeutung einer rationellen Wassernutzung erkennen und moderne Möglichkeiten zur Wasserbeschaffung und Bewässerung beschreiben,

— ausgewählte landwirtschaftliche Produkte anhand einer Statistik erkennen und im Zusammenhang mit Ertragssteigerungen begründen, warum vorrangig Spezialkulturen angebaut werden.

1./2. Stunde: Naturraum — Bevölkerungsentwicklung — Notwendigkeit der Inwertsetzung von Wüstengebieten

Unterrichtsverlauf	Medien
1. Informierender Unterrichtseinstieg: z. B. Israel — Wüste Negev (ca. 60 % des gesamten Landes) — Bedeutung der Küstenregion — Entwicklung der Bevölkerung (Problem der Einwanderung) ...	M 5.1 (a)
2. Diskussion von Möglichkeiten zur Versorgung der wachsenden Bevölkerung mit Arbeitsplätzen und Nahrung	
3. Problembegegnung: Notwendigkeit der Erweiterung der landwirtschaftlichen Nutzfläche (Bestimmung des gegenwärtigen Lebens- und Wirtschaftsraumes in Israel)	Atlasarbeit
4. Sachliche Vertiefung: Beschreibung der Klimazonen, Auswertung der Klimadiagramme, Verbreitung und Bedeutung der Wasserleitungen, Begründung für unterschiedliche Arten des Wassertransports, ...	M 5.1 (c) Atlasarbeit M 5.1 (b)
5. Zusammenfassung der Ergebnisse	

3./4. Stunde: Bewässerungsmethoden und Probleme der Bewässerung

Unterrichtsverlauf	Medien
1. Tafelanschrieb: Bewässerung	Tafel
2. Sondierung des Vorwissens der Schüler (Unterrichtsgespräch)	
3. Präsentation von M 5.2 und *Impuls:* „Die besondere Situation Israels!"	
4. Gemeinsame Diskussion und anschließende Stillarbeit:	

Unterrichtsverlauf	Medien
— Bewässerungsmethoden — Analyse der ha-Erträge — Zusammenhang zwischen Wasserbedarf und ha-Erträgen	M 5.2 (a)—(e) M 5.2 (f)
5. Zusammenfassung der Teilergebnisse zu den Bewässerungsmethoden und Erträgen	
6. Gemeinsame Interpretation von M 5.3 (a) und M 5.3 (b): Gefahr der Versalzung und mögliche Gegenmaßnahmen	M 5.3 (a)—(b)
7. Besprechung von M 5.3 (c) (mögliche Hausaufgabe: Umsetzung der Statistik in eine Graphik)	M 5.3 (c)
8. Zusammenfassung der Ergebnisse	

4. Zusätzliche Medien

Filme: Regenfeldbau im Negev: Projekt Avdat (ca. 5 Min., Super-8-Film) Klett Nr. 44027. — ,,Die Erschließung des Negev'' (ca. 15 Min., Farbtonfilm). — ,,Es kommt auf jeden Tropfen an'' (ca. 15 Min., Farbtonfilm). Die beiden letztgenannten Filme können kostenlos ausgeliehen werden beim Landesfilmdienst für Jugend- und Erwachsenenbildung in NRW, Schirmerstr. 80, 4000 Düsseldorf)

Transparente: Maßnahmen gegen die Bodenversalzung in Bewässerungsgebieten (4 Folien), Klett Nr. 996439. — Genossenschaftliche Siedlungen in Israel: Kibbuz (3 Folien), Westermann Nr. 358548

D.6 Landwirtschaftliche Großbetriebe

Es bietet sich an, sowohl von den klimatischen als auch von den strukturellen Gesichtspunkten her unterschiedliche Typen von Großbetrieben zu behandeln. In diesem Sinne werden in dieser Unterrichtseinheit die Beispiele
— eine Estanzia in Argentinien
— eine Schaffarm in Australien
vorgestellt. Während Probleme und Merkmale des einen Beispiels (Argentinien) mehr aus der kolonialzeitlichen Vergangenheit und heutigen Struktur der Besitzverhältnisse resultieren, sind Probleme und Kennzeichen des anderen Beispiels (Australien) mehr durch extreme Klimaverhältnisse bedingt.

D.6.1 Eine Estanzia in Argentinien

1. Sachanalyse

Die Pampa ist die Kernlandschaft Argentiniens: Dort leben etwa $7/10$ der Bevölkerung. Aus dem in spanischer Kolonialzeit extensiv genutzten Weideland hat sich eines der bedeutendsten Viehzuchtgebiete und eine der wichtigsten Kornkammern (hauptsächlich Weizen und Mais) der Welt entwickelt.

Die Pampa ist klimatisch zu den feuchten außertropischen Grasländern zu zählen mit einer Jahrestemperatur von 16,1 °C und einem jährlichen Niederschlag von rund 960 mm (Buenos Aires). Das ursprüngliche Grasland dieser fast baumlosen Ebene wurde in den vergangenen zwei Jahrhunderten durch die Entfaltung von Viehzucht und Ackerbau zu einem der Hauptgebiete weltwirtschaftlicher Agrarproduktion. Feinkörnige und humusreiche Löß- und Feinsandböden bieten bei ausreichender natürlicher und künstlicher Bewässerung günstige Voraussetzungen für Anbau von Weizen, Mais, Roggen, Gerste, Sonnenblumen und Leinsaat. Ausgedehnte Weizenfelder breiten sich am südlichen und regenärmeren westlichen Rand der sog. ,feuchten Pampa' (Pampa humeda) aus. In der Nähe der großen Städte am La Plata überwiegen dagegen Intensivkulturen (Gemüse, Obst, Zitrusfrüchte).

Die Bewirtschaftung der Pampa unterlag im Laufe der Geschichte einem verschiedenartigen Wandel:
Die ersten Rinder, die im 16. Jahrhundert auf den Naturweiden grasten, wurden zunächst nur als Lieferanten für Häute gehalten. Die Erfindung der Fleischkonserven und des Gefrierverfahrens Anfang des 19. Jhdts. ließ die Bewohner auch an Fleischexport denken: In der 2. Hälfte des 19. Jhdts. wurde die Pampa so zu einer Fleischkammer, die für die europäischen Industrienationen und die USA immer größere Bedeutung erlangte.

Drei Erfindungen förderten die wirtschaftliche Entwicklung:
— Fleisch der Rinder wurde zu Extrakt verkocht und als ,,Liebigs Fleischextrakt'' auf den Markt gebracht;
— Fleisch wurde dann in Büchsen konserviert und nach Europa gebracht;
— schließlich gelang es, Kühlschiffe zu entwickeln, die die Gefrierfleisch durch die Tropen nach Europa brachten.

Hochwertiges Zuchtvieh aus England trug in Verbindung mit den einheimischen Rinderrassen zur Verbesserung der Fleischqualität bei. Um die Erträge noch zu steigern, wurden die Tiere schließlich auf umzäunten Luzerneweiden gehalten, womit man bei der Mastviehzucht angelangt war. Die Intensivierung der Rinderzucht, als deren Nebenprodukt Häute als Exportprodukte anfallen, machte die Anlage von Kunstweideflächen (Alfalfa-Anbau) erforderlich. Die großen Viehzuchtbetriebe in den weiten Ebenen der Pampa werden als Estanzien bezeichnet (,Estanzia': ein der Viehweide dienendes Stück Grasland). Der Eigentümer einer solchen Weidefläche ist der Estanziero, das ihm gehörende Vieh (Rinder, Schafe und Pferde) bezeichnet man als Hazienda. Die eigentliche Siedlungsanlage mit dem Herrenhaus, dem Haus des Verwalters, einigen Ranchos für die Peones und sonstige Wirtschaftsgebäude nennt man Casco (vgl. *Wilhelmy/Rohmeder* 1963, S. 177 ff.). Scheunen und größere Stallungen gibt es bei einem Casco nicht, da das Vieh während des ganzen Jahres auf der Weide bleibt. Jede größere Estanzia besitzt einige Puestos (Außenposten): das sind bescheidene Ranchos, in denen die Gauchos leben, denen die Aufsicht über die in den Außenbezirken der Estanzia weidenden Herden anvertraut ist.

Heute zeigen die Estanzias allerdings kein einheitliches Bild mehr, denn die Größe der Estanzia ist keinesfalls ein Maßstab für ihren wirtschaftlichen Wert. Riesenbetriebe von bis zu 100 000 ha werden vielfach noch in extensiver Weidewirtschaft genutzt; kleinere Estanzias dagegen betreiben intensive Mastviehzucht. Etwas vereinfacht lassen sich die großen Estanzias mehr den trockenen und peripheren Zonen mit dürren, futterarmen Weideflächen zuordnen, während die intensiven Mastviehbetriebe (auf der Basis des Luzerneanbaus) in die etwas feuchteren Gebiete der Pampa einzuordnen sind. Eine 500 ha große Luzernekoppel bietet 1000 Rindern eine wesentlich bessere Futterbasis als eine aus Trockengräsern bestehende 10 000 ha große Naturweide, denn zur Ernährung eines Stück Viehs rechnet man in den Gebieten extensiver Weidewirtschaft 8—10 ha.

Zur Bewirtschaftung seines Betriebes beschäftigt der Estanziero neben den Gauchos auch Wanderpächter (Colonos), die für einige Jahre auf unfruchtbar gewor-

den Weiden Getreide anbauen, im letzten Jahr aber verpflichtet sind, wieder Luzerne als Viehfutter einzusäen (was dann wiederum den Viehherden des Estanzieros zugute kommt). Die komplizierten Pachtsysteme zwischen Estanzieros und Colonos, die in ihrer konsequenten Durchführung zwangsläufig zu einseitigen Bewirtschaftungsmethoden und darüber hinaus zu einer teilweise ungerechten Belastung gewisser Pächtergruppen führen, prägen die typische Sozialstruktur der Pampa. Selbst das im Jahre 1957 geschaffene Gesetz zur Bodenreform mit der Möglichkeit, daß Wanderpächter das von ihnen bearbeitete Land kaufen können, führte nicht zu einer Verbesserung der Sozialstruktur, da das vom Staat ausgeliehene Geld von den Wanderpächtern nicht zurückgezahlt werden kann und die Verschuldung damit stieg.

Neben den Wanderpächtern gibt es auch landwirtschaftliche Unternehmer, die mit modernen Maschinen weite Teile der Estanzia großflächig mit Getreide anbauen. Diese Unternehmer sind abhängig vom Estanziero, wenn auch ihre Gewinne entsprechend hoch sind, da sie im Vergleich zu den Wanderpächtern mit entsprechend hohem Kapitaleinsatz arbeiten können.

Auch die zu Beginn der 80er Jahre konsequent verfolgten Ziele der Bodenreform haben die Diskrepanz zwischen den wenigen in der Hauptstadt lebenden Großgrundbesitzern als Herren des weiten Landes und der großen Masse der armen Arbeiter bzw. Landbevölkerung nicht verringern können.

Durch Umwandlung der Naturweiden in Luzerneweiden erfuhr das Landschaftsbild der Pampa eine grundlegende Wandlung. Der Ausbau des Schienennetzes und die Anlage neuer Industriebetriebe, vor allem im Raum Buenos Aires, ermöglichten eine enge wirtschaftliche Verzahnung der Viehzuchtbetriebe mit den Industrien (z. B. Verarbeitung, Häfen).

2. Didaktisch-methodische Gestaltung

Bei diesem Thema geht es — anders als bei den Unterrichtsbeispielen aus Kanada, Europa und Australien — darum, neben einer Analyse der Agrarstruktur der Pampa besonders die Besitzverhältnisse und sozialen Besonderheiten im Zusammenhang mit landwirtschaftlicher Produktion in einem bedeutenden Wirtschaftsraum zu verdeutlichen.

Am Beispiel der Latifundien in Argentinien soll gezeigt werden, wie eine kolonialzeitliche Wirtschaftsform bis in unsere Zeit hineinreicht und zu mancherlei sozialen Spannungen im agraren Bereich führt: So ist die Wirtschaftsweise einer Estanzia ohne Kenntnisse der Besitz- und Sozialstruktur in der relativ dünn besiedelten Pampa nur unvollständig zu erklären. Wichtig ist dabei, das komplizierte Pachtsystem in vereinfachter Form darzustellen und Konsequenzen für die Pächter zu verdeutlichen.

Die Unterrichtseinheit ist für ca. drei Stunden vorgesehen. Um dem Lehrer eine gewisse Flexibilität zu ermög-

lichen, können je nach Akzentuierung einzelne Teile herausgegriffen bzw. modifiziert werden.

In der *1./2. Stunde* soll zunächst die Größe einer Estanzia vorgestellt werden. Vergleiche mit bekannten Distanzen bzw. Flächen sind dabei besonders wichtig, um bereits an dieser Stelle erste Hinweise auf Großgrundbesitz und Besitzverteilung zu geben. Die für den Lehrervortrag (vgl. Verlaufsplanung) bedeutsamen Informationen können dem Kap. D. 6.1.1 entnommen werden.

Bei der Analyse des Plans einer Estanzia (M 6.1) sollte deutlich werden, daß es sich hier um eine ,Momentaufnahme' der Landnutzung handelt. Durch das Pachtsystem wird sich die Landnutzung (besonders bei Alfalfa-Weiden und Ackerbauflächen) immer wieder verändern, so daß eine Art ,Fruchtwechsel' — wenn auch in eingeschränkter Form — vorhanden ist. In jedem Fall muß die Wirtschaftsweise einer Estanzia deutlich werden, die im wesentlichen aus den beiden Bereichen Mastviehzucht (vorwiegend Rinder) auf Luzerneweiden und Getreideanbau (vor allem Weizen für den Export und Mais als Futter für die Herden) besteht. (Ausgedehnte Naturweiden gibt es nur noch in den klimatisch weniger günstigen Randbereichen der Pampa).

Vor Beginn der Stillarbeitsphase sollten die im Plan von M 6.1 genannten Begriffe unbedingt geklärt werden.

In der *2./3. Stunde* stehen Probleme der Besitz- und Sozialstruktur sowie des Pachtsystems im Vordergrund: Dafür ist die Arbeit mit Texten (M 6.2) Ausgangspunkt. Vor Beginn der Stillarbeit können, je nach Wissensstand der Schüler, in einer gemeinsamen Diskussion die für die Bearbeitung der Tabelle notwendigen Fakten zusammengestellt und an der Tafel strukturiert werden. Ähnliches gilt für die Beantwortung der Fragen 2 und 3, wo grundsätzliche Aspekte der Besitz- und Sozialordnung erkannt werden sollen und Überlegungen zum Mißverständnis zwischen vorhandenem Raum, ungleicher Besitzverteilung und Bedürfnissen der großen Masse landloser Pächter angestellt werden müssen.

Als Einstieg in die gesamte Unterrichtsproblematik ist der FWU-Film ,,Auf einer Estanzia in Argentinien" (17 Min, 16 mm, Best. Nr. 320798) besonders gut geeignet. Falls die Möglichkeit der Ausleihe besteht, sollte auch der Alternativvorschlag zum Unterrichtsverlauf (vgl. Kapitel D.6.1.4) herangezogen werden.

3. Lernziele und Verlaufsplanung

Lernziele: Die Schüler sollen

—die Pampa als wirtschaftlichen Kernraum Argentiniens kennenlernen,

—eine Estanzia in Aufbau und Funktion erkennen,

—die Besitzstruktur der Pampa und die damit verbundene Sozialstruktur erklären,

—Grundzüge des Pachtsystems erkennen und die Bedeutung von Agrarreformen (besonders: Bodenreform) einsehen.

1./2. Stunde: Eine Estanzia in der Pampa

Unterrichtsverlauf	Medien
1. Tafelanschrift „Pampa"	Tafel
2. Sondierung des Vorwissens der Schüler	
3. Lokalisierung der Pampa bzw. Argentiniens an der Wandkarte/im Atlas (dazu: Klima- bzw. Wirtschaftskarte aus dem Atlas)	Wandkarte/ Atlas
4. Lehrerinformation (z. B. Entwicklung der Viehzucht in der Pampa, Nutzung früher und heute, Bedeutung der Rinderzucht)	
5. Präsentation von M 6.1	M 6.1
6. Stillarbeit (Bearbeitung der Aufgaben)	
7. Kontrolle der Ergebnisse	

2./3. Stunde: Besitz- und Sozialstruktur einer Estanzia

Unterrichtsverlauf	Medien
1. Wiederholungsfragen zum Stoff der 1./2. Stunde	
2. Informierender Einstieg: Kennenlernen der Besitz- und Sozialstruktur und des Pachtsy- stems	
3. Vorlesen der Texte von M 6.2, Erläuterung unklarer Begriffe	M 6.2
4. Unterrichtsgespräch zur angesprochenen Problematik	
5. Stillarbeit: Bearbeitung der Aufgaben von M 6.2	M 6.2
6. Kontrolle, Auswertung und gemeinsame Diskussion der Ergebnisse	

4. Alternativvorschlag zum vorliegenden Unterrichtsentwurf

1. Kurze Erläuterungen über Argentinien bzw. über die Pampa durch den Lehrer.
2. Präsentation des Unterrichtsfilms „Auf einer Estanzia in Argentinien" (17 Min, 16 mm, FWU Nr. 320798).
3. Unterrichtsgespräch zum Inhalt des Films mit Atlas- bzw. Kartenarbeit u. a. zu Topographie, Klima, Verkehrswegen und zur Wirtschaft.
4. Bildung von 4—5 Arbeitsgruppen, Formulierung von gezielten Beobachtungsaufgaben zum Film:
   - Grundzüge der Sozialstruktur Argentiniens (am Beispiel der Pampa) Aufgaben und Lebensweise der Estanzieros und Verwalter (1. Gruppe).
   - Aufgaben und Lebensweise der Gauchos, Pächter landwirtschaftlicher Unternehmer (2. Gruppe),
   - Aufbau und Bewirtschaftung einer Estanzia (3. Gruppe),
   - Agrarstruktur der Pampa und mögliche Wirtschaftsformen (4. Gruppe),
   - Merkmale der Verbindung zwischen der Pampa und der Hauptstadt Buenos Aires (5. Gruppe).
5. Erneute Vorführung des Films
6. Gruppenarbeit (mit schriftlicher Beantwortung der Fragen von 4.)
7. Auswertung der Ergebnisse der Gruppenarbeit (Zusätzlich können die beiden Arbeitsblätter des Unterrichtsentwurfs bearbeitet werden).

D.6.2 Eine Schafstation in Australien

1. Sachanalyse

Bis in die 50er Jahre war die Landwirtschaft der bestimmende Faktor der australischen Wirtschaftsstruktur, was besonders in dem hohen Exportanteil landwirtschaftlicher Rohstoffe und Produkte zum Ausdruck kam. Eine fortschreitende Industrialisierung, vor allem aber der Boom im Bergbau, veränderte besonders in den 70er Jahren die Wirtschaftsstruktur nachhaltig. Der Anteil landwirtschaftlicher Produkte am Gesamtexport beträgt aber immer noch ca. 37 % (Stand 1985) und steht damit hinter der Ausfuhr von mineralischen Rohstoffen und Halbfertigprodukten (ca. 56 %).

Das Beispiel Australien zeigt bei den Möglichkeiten und Problemen der Inwertsetzung von Trockenräumen eine außerordentliche Vielfalt:
— viehwirtschaftliche und ackerwirtschaftliche Nutzung in unterschiedlichen Formen und Intensitätsstufen als Anpassung an die Raumbedingungen (Beispiel: Südwestaustralien),
— inselhafte Ausweitung landwirtschaftlicher Nutzung durch Bewässerungprojekte (Beispiele: Ord-River-Projekt, Carnarvon-Projekt),
— Bewässerungswirtschaft als Kern eines umfassenden und differenzierten Raumentwicklungskonzepts mit Ausbau von Intensivkulturen (Obst, Gemüse, Wein), Entwicklung der Trinkwasserversorgung, Ausbau der Energiegewinnung und Konzepte für neue Städte zur Förderung der Dezentralisation (Beispiel: Murray-Darling-Gebiet),
— Erschließung des Trockenraumes durch Bergbau, Bergbaustädte und Rohstoffabbau (Beispiele: Kohle in Queensland, Erz in der Pilbara-Region NW-Australiens).

Aus der Vielzahl möglicher Planungsaspekte soll im folgenden die Viehwirtschaft stärker analysiert werden:

Australiens Lage inmitten der Ozeane und das Fehlen ausgedehnter Gebirgsmassive bewirken, daß der Kontinent extremen Klimaschwankungen weniger ausgesetzt ist als vergleichbare Landmassen in anderen Teilen der Welt. Über 80 % Australiens sind als aride oder semiaride Gebiete zu klassifizieren. In diesen großen Trockenzonen liegen für intensive Landwirtschaft ungeeignete Böden. Die Region der ausreichenden bis relativ starken Niederschläge und das Gebiet der landwirtschaftlich geeigneten Böden fallen in etwa zusammen — allerdings nehmen gerade hier (subtropische bzw. tropische) Waldregionen einen großen Teil der guten Böden ein. Für intensiven Ackerbau bleiben nur ca. 5,5 % und für eine intensive Weidewirtschaft etwa 6,5 % der Fläche Australiens übrig.

Bei einer groben klimageographischen Kennzeichnung Australiens ist eine konzentrische Abstufung von außen nach innen bestimmend: Niederschlagsmenge und Konstanz der Niederschläge nehmen zum Innern des Landes hin ab: die Temperatur mit entsprechender Verdunstungshöhe steigt zum Landesinnern stark an. Das hat dazu geführt, von der ‚toten Mitte' bzw. dem ‚toten Herz' Australiens zu sprechen; dennoch besteht hier kein hyperarides Klima. Gründe für das Fehlen einer hyperariden Zone und für die weniger extreme Ausprägung arider Gebiete sind im wesentlichen wohl auf die relativ geringe Größe des Kontinents inmitten großer Wasserflächen zurückzuführen: So kann feuchte Meeresluft gelegentlich bis in das trockene Innere des Kontinents gelangen. Wenn auch Niederschläge dort sehr selten sind, so kann sich doch aufgrund der Temperaturunterschiede zwischen Tag und Nacht Tau bilden, was eine spärliche Vegetation aus Gräsern und Trockenbüschen in der ‚toten Mitte' Australiens zuläßt (*Lamping* 1982, S. 2 f.).

Die nahezu konzentrisch von außen nach innen sich verändernden Klimabedingungen spiegeln sich in der natürlichen Vegetation wider: um einen ariden Kern von Wüste und Halbwüste sind konzentrisch Gras-, Zwergstrauch- und Buschsteppen sowie an den Rändern lichte und dichtere Waldgürtel angeordnet.

Von besonderer Bedeutung sind die Wasserverhältnisse für Australien, denn die Wasserressourcen sind sehr begrenzt. Für alle australischen Trockenräume, die weniger als 250 mm Jahresniederschlag erhalten, ist für eine viehwirtschaftliche Nutzung die Wasserversorgung aus Quellen und Flüssen nicht ausreichend. Entscheidend für die Viehzucht ist das Wasser im Untergrund, das artesische Wasser, das bei Bohrungen entweder durch Eigendruck an die Oberfläche gelangt oder hochgepumpt wird.

Mehrere kleine, besonders aber das große artesische Becken (es reicht vom Osten weit in den Trockenraum hinein) liefern Wasser von unterschiedlicher Qualität, das meistens nur zum Viehtränken genutzt werden kann. ,,Die Bohrtiefen reichen von 4 m am Rande bis zu 2000 m im Zentrum des großen artesischen Beckens, wo das Wasser dann oft 60 °C—80 °C heiß ist" (*Lamping* 1982, S. 4). Der Grundwasservorrat ist jedoch nicht unbegrenzt, denn das entnommene Wasser wird durch Niederschläge bzw. Versickerung nicht voll ergänzt. Das zeigt sich bereits bei vielen Wasserstellen, wo der Wasserdruck aus der Tiefe nachläßt. Nur durch artesisches Wasser können die vielen Viehzuchtbetriebe, vor allem aber die Schaffarmen, weiter existieren. Auf allen Viehfarmen (austral. ‚stations') ragen Windmühlen in den Himmel, die Wasser in Tanks pumpen. Sie haben geholfen, harte Dürrejahre zu überstehen. Nur wenn der Regen zu lange ausbleibt, sind auch die Wassertanks und Tröge ohne Sinn. Das Vieh drängt sich um die Brunnen, und das umliegende Land wird kahlgefressen. Die Tiere verhungern neben dem Wasserloch.

Die 19 000 Brunnen, die allein im Gebiet des ‚Great Artesian Basin' registriert sind, beweisen, daß die Menschen große Teile des Trockenraumes vor allem viehwirtschaftlich nutzen. Die begrenzten Grundwasservorräte und die vielen Fremdstoffe im artesischen Wasser zwingen Australien, Wasser aus Flüssen so weit wie möglich zu nutzen, (z. B. Snowy-Mountains-Project, Ord-River-Irrigation-Project).

Die Viehhaltung in den Weidegebieten der ariden und semiariden Zone Australiens ist beträchtlich. 35 % der Fleischrinder und 30 % der Schafe werden in diesen Gebieten gehalten. Diese extensive Viehzucht ist nur durch flächenmäßige Großbetriebe zu bewirtschaften, die jedoch mit wenigen landwirtschaftlichen Arbeitskräften auskommen. Die Viehfarmen haben enorme Größenordnungen: die durchschnittliche Größe liegt bei 500 km² , aber ‚Schafstations' von 2500—3 000 km² sind durchaus keine Seltenheit.

Ungefähr 75 % aller Schafe Australiens sind Merinos, die für hervorragende Wollqualität bekannt sind. Sie liefern die reinste Wolle der Welt, und sie liefern davon

Tab. 8: Schafbestand und Wollerzeugung wichtiger Länder (1985) (Quelle: Fischer Weltalmanach 1987)

Land	Schafe (in Mill.)	Wollerzeugung (in 1000 t)
Australien	149	794
Sowjetunion	142	463
Neuseeland	69	375
VR China	95	200
Argentinien	29	160
Südafrika	30	105
Großbritannien	35	58
USA	11	39
BR Deutschland (zum Vergleich)	1,25	4

viel. Manche Schafböcke bringen es auf 20 kg pro Schur. In einem Jahr wächst das Fell rund 10 cm. Bei der Schur wird die Wolle von geübten Schafscherern als zusammenhängendes ‚Vlies' abgeschoren. Durch Züchtungen hat man 4 Grundtypen von Merino-Schafen erzielt, die sich durch Dicke der Wolle, Länge des Fells und erhebliche Größenunterschiede unterscheiden. Die Merinos werden vorwiegend in Trockengebieten, in Gebieten mit höherem Niederschlag (z. B. Südaustralien) und kultivierten Viehweiden hingegen werden mehr englische Schafrassen (Woll- und Fleischschafe) gehalten.

Bei allen australischen Schafzüchtern ergeben sich ständig zwei Grundprobleme:
— Die häufigen Dürrezeiten dezimieren immer wieder den Schafbestand und bedrohen die Existenz mancher ‚station'. Allein während der letzten 100 Jahre wurden 19 große Trockenzeiten mit riesigen Verlusten an Tieren gezählt. Dabei bleiben monatelange Dürreperioden unberücksichtigt.
— Sinkende Weltmarktpreise für Wolle können auch durch höhere Wollqualität nicht mehr aufgefangen werden. Der Kilopreis für Wolle sank in den letzten 20 Jahren auf 28 australische Cent, erst zu Beginn der 80er Jahre ist eine gewisse Stablität zu verzeichnen.

2. Didaktisch-methodische Gestaltung

Das Thema ‚Schafzucht in Australien' ist ein geeignetes Beispiel, Schülern einige Probleme extensiver Weidewirtschaft in einem ariden bzw. semiariden Raum (mit Schwierigkeiten in der Wasserversorgung und dem geringen Futterangebot) vorzustellen: In solchem Raum können lediglich flächenmäßig große Betriebe unter Beachtung entsprechender betriebswirtschaftlicher Überlegungen existieren.

In der *1. Stunde* könnte als Einstieg auch der Film ,,Wolle aus Australien" (FWU 320968) eingesetzt werden. Unter Beachtung der im Begleitheft angegebenen didaktischen Informationen ist dieser Film durchaus geeignet, einführend gute Vorstellungen über die Schafzucht Australiens zu vermitteln. Nach dem Filmeinsatz ist die Unterrichtsstunde mit Phase 3 fortzusetzen. Beim Einsatz des Films müßte die 1. Stunde zur Doppelstunde ausgeweitet werden. Der Stoff für die 1. Stunde ist ohnehin reichhaltig: Deshalb wird eine Übertragung einiger Punkte des Unterrichtsverlaufs in die 2. Stunde notwendig sein, da die Einführung in der 1. Stunde je nach Situation und Klasse u. U. mehr Zeit erfordert.

Im Mittelpunkt der *2. Stunde* stehen die unterschiedlichen Tätigkeiten zur Zeit der Schafschur: Es muß hier deutlich werden, daß zu dieser Zeit alle verfügbaren Arbeitskräfte einer Station konzentriert und fast ununterbrochen arbeiten. Besonders die Schafscherer haben harte Arbeitstage. Schafschur ist Saisonarbeit, daher auch die hohen Löhne.

In der *3. Stunde* wird dann mehr deduktiv gearbeitet, indem von klimatischen Gegebenheiten und Wasservorkommen auf die Landnutzung hingearbeitet wird. Die Entwicklung des Schafbestandes zeigt Tab. 8: Hier sind die ‚Unregelmäßigkeiten‘ zu erklären, die Anwachsen bzw. Beibehaltung eines Höchststands verhindern. Bei dem gesamten Unterrichtsbeispiel ist eine sorgfältige topographische Einordnung wichtig, evtl. empfiehlt es sich, die Thematik mit Überlegungen zur Bevölkerungspolitik, zur industriellen Inwertsetzung usw. fortzusetzen.

Die folgenden Filme bzw. Bildreihen könnten zur Veranschaulichung herangezogen werden:

Filme: Arzt im australischen Busch (15 Min.), FWU 322033. — Wolle aus Australien (19 Min.), FWU 320968.

Dias: Tierzucht im Innern Australiens (12 Dias) Jünger Nr. 2567. — Das Wasserproblem in Australien (16 Dias), FWU 100795.

3. Lernziele und Verlaufsplanung

1. Stunde: Eine australische Schafstation

Lernziele: Die Schüler sollen

—Aufbau und Größe einer australischen Schafstation kennenlernen und mit einem deutschen Bauernhof vergleichen,

—unterschiedliche Gebäude einer Station mit ihren Funktionen erklären,

—einige Probleme der Schafhaltung erkennen.

Unterrichtsverlauf	Medien
1. Tafelanschrift: Australien	Tafel
2. Sondierung des Vorwissens der Schüler	
3. Lokalisierung Australiens auf der Wandkarte bzw. im Atlas (Lage, Größenverhältnisse und Entfernungen, topographisches Grundgerüst usw.)	Wandkarte/ Atlas
4. Impuls: ,,Australien ritt auf dem Rücken der Schafe zum Wohlstand"	
5. Lehrer/Schüler diskutieren gemeinsam diesen Satz und suchen nach Erklärungsmöglichkeiten (vgl. Sachanalyse)	
6. Vorlesen eines Textes von M 6.3, Klärung unklarer Begriffe.	M 6.3
7. Stillarbeit (Partner- oder Gruppenarbeit), Beantwortung der Aufgaben	M 6.3
8. Kontrolle der Ergebnisse	

2. Stunde: Schafschur auf einer Station

Lernziele: Die Schüler sollen:

—über die Arbeit des Schafzüchters und der Schafscherer berichten,

—den Begriff ‚Saisonarbeit‘ erklären.

Unterrichtsverlauf	Medien
1. Kurze Wiederholung der Ergebnisse der 1. Stunde	
2. Impuls: ,,Auf einer Schafstation gibt es viel zu tun, besonders zur Zeit der Schafschur!"	
3. Präsentation des Arbeitsblattes M 6.4, dann Stillarbeit (Lesen des Textes, Interpretation der Abbildungen, Beantwortung der Aufgaben)	M 6.4
4. Strukturierung und Zusammenfassung der Arbeitsergebnisse.	

3. Stunde: Voraussetzungen und Bedeutung der Schafzucht

Lernziele: Die Schüler sollen

— den Zusammenhang zwischen beiden Karten in M 6.5 erkennen,

— eine graphische Darstellung (Entwicklung des Schafbestandes in Australien) erklären.

Unterrichtsverlauf	Medien
1. Einstieg: Wiederholung der Kenntnisse über eine Schafstation.	
2. Problemstellung: Warum muß eine australische Schafstation flächenmäßig so groß sein?	
3. Präsentation von M 6.5 (Erklärung unbekannter Begriffe: z. B. artesisches Wasser, evtl. Tafelbild). Partnerarbeit: Kartenvergleich (Aufgabe 1) (Erkennen der Zusammenhänge zwischen der Verteilung der Niederschläge, artesischem Waser und der speziellen Landnutzung)	M 6.5
4. Gemeinsame Interpretation der graphischen Darstellung (Aufgabe 2): — Festlegung der Zeiträume für den Rückgang der Entwicklung des Schafbestands, — Begründung für den Rückgang (lange Trockenperioden in weiten Gebieten Australiens; vorwiegend Futtermangel, weniger Wassermangel)	M 6.5
5. Zusammenfassung der Ergebnisse unter Beachtung der Problemstellung.	

D.7 Landwirtschaft der USA und der SU (Grundlagen der Landwirtschaft, Leistungsfähigkeit — Leistungsschwäche)

1. Sachanalyse

Land	USA	SU
Fläche	9 363 123 km² (ohne Alaska, Hawaii)	22 274 900 km²
Binnengewässer	360 000 km²	375 000 km²
agrarisch genutzte Fläche	44,5 % ca. 4 007 000 km²	10 % 2 190 000 km²

USA

Bei der Betrachtung der Landwirtschaften von USA und SU ist die globale Sicht nicht zu vernachlässigen. Die geographische Lage der USA innerhalb des Gradnetzes der Erde erweist sich in klimatischer Hinsicht als außerordentlich günstig im Vergleich zur SU, die so weit im Norden liegt, daß ihre geographische Breite etwa der von Kanada und Alaska entspricht, d. h. polaren und kontinentalen Einflüssen ausgesetzt ist. Die USA haben eine klimatisch wesentlich günstigere Position weiter im Süden. Grob verallgemeinert gliedern sich die USA in zwei Klimabereiche, und zwar eine humide Ost- und eine aride Westhälfte; diese beiden Hälften sind in sich jeweils etwas differenzierter, und zwar:

— südöstliches Viertel: ozeanisches Klima der sommergrünen Laubwälder, warmgemäßigt, ständig feucht, heiße bis warme Sommer und milde Winter,
— nordöstliches Viertel: kontinentales Klima der sommergrünen Laubwälder und Nadelwälder, sommerwarm, winterkalt, ständig feucht,
— westliche Hälfte: Nord-Süd-verlaufende Streifen mit:
Steppenklima östlich der Rocky Mountains, warme mäßig feuchte Sommer und kalte trockene Winter,
Becken- und Gebirgsregionen mit Steppenklima in trockeneren Gebieten,
Mischwaldklima in feuchteren Gebieten,
Pazifische Küstenregion mit subtropischem Klima der Hartlaubgewächse mit warmen, trockenen Sommern und feuchten, kühlen Wintern.

Diese Klimatpyen sind für Getreidebau, Viehzucht, Forstwirtschaft und Anbau subtropischer Produkte sehr günstig und bilden eine wichtige Voraussetzung für die relativ höchste landwirtschaftliche Produktion der Erde.

Landwirtschaftsregionen übereinstimmender Betriebsformen und Anbaukombinationen, die im östlichen Staatsgebiet nahezu breitenparallel angeordnet sind, wurden als ,Belts' bezeichnet. Von Norden nach Süden handelt es sich um folgende, nach der dominanten Produktionsausrichtung benannte Landschaftsgürtel:
— Milchwirtschaftsgürtel — Dairy Belt,
— Maisgürtel — Corn Belt,
— Mais- und Winterweizengürtel — Corn Belt,
— Baumwollgürtel — Cotton Belt,
— Gürtel subtropischer Kulturen — Subtropical Crops Belt
— Gemüsegürtel (an der atlantischen Küste) — Trucking Belt,
— Weizengürtel (im Übergangsgebiet zu den Trockenräumen) — Hard Winter Wheat Region sowie Spring Wheat Region.

Die in der östlichen Staatshälfte überwiegend breitenparallele Anordnung dieser Landschaftsgürtel erklärt sich durch die physisch-geographische Ausstattung Nordamerikas. So ist der Gürtel subtropischer Kulturen auf einem schmalen Saum entlang der Golfküste angesiedelt, der Baumwollgürtel endet dort, wo die Zahl der frostfreien Tage 200 unterschreitet. Der Maisgürtel nimmt den Gunstraum des zentralen Tieflandes ein. Der Weizengürtel gliedert sich in ein nördliches Sommer- und ein südliches Winterweizenanbaugebiet. Das kühlgemäßigte Klima des Nordostens führte zur Spezialisierung auf Grünfutteranbau als Grundlage der Milchviehhaltung.

Infolge der Erschöpfung der Böden durch Monokultur, vor allem aber durch die schnelle Anpassungsfähigkeit der amerikanischen Landwirtschaft an veränderte Marktsituationen, ist diese ,Belt'-Systematisierung als überholt zu betrachten.

Übereinstimmung zwischen diesen vor mehr als einem halben Jahrhundert erfaßten und beschriebenen Landwirtschaftsgürteln und den heute erkennbaren agrarwirtschaftlichen Regionen besteht nur noch in sehr geringem Maße. So gibt es heute keinen ,Cotton Belt' mehr. In den letzten 30 Jahren ging der Anbau von Baumwolle so stark zurück, daß man nicht mehr von einem Baumwollgürtel sprechen kann. In steigendem Maße tritt Grünland an die Stelle des einseitigen Baumwollanbaus. Die Farmer ziehen Rinder auf, zu deren Fütterung auch zahlreiche neue Futterpflanzen aufgebaut werden. Ähnlich verhält es sich mit dem ,Corn Belt': Hier werden seit 30 Jahren in zunehmendem Maße Sojabohnen statt Mais angebaut. Sojabohnen sind hochwertige Futterpflanzen, die bei der heutigen auf Hochleistung (Milch, Fleisch) angelegten Viehhaltung nicht mehr wegzudenken sind.

Die Abkehr von der Monokultur läßt sich auch im Gebiet des Zuckerrohranbaus im Mississippi-Delta beobachten.

Kein anderer großflächiger Staat der Erde kann sich solcher (wie oben beschrieben) günstiger klimatischer Bedingungen erfreuen. Günstig sind auch die morphologischen Strukturen, d. h. Relief und Bodenqualitäten der landwirtschaftlich genutzten Flächen. <u>Lage</u>, <u>Klima</u>, <u>Relief und Böden</u> sind die natürlichen Voraussetzungen der Landwirtschaft, die die Amerikaner so erfolgreich zu nutzen verstanden haben, daß sie heute auf fast allen Gebieten eine Vormachtstellung einnehmen.

Abb. 6: Die Landbauzonen des östlichen Feuchtlandes der USA

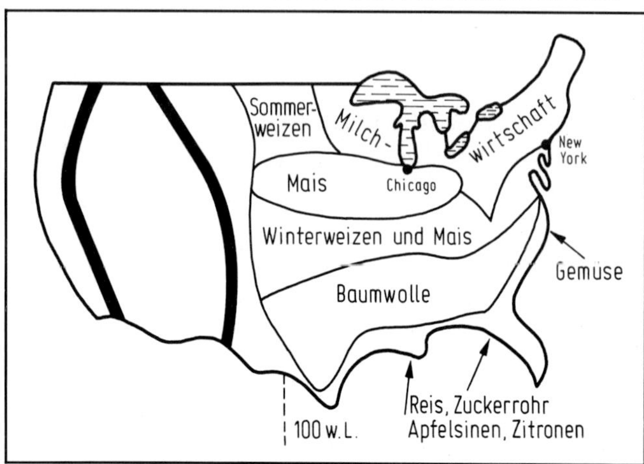

Tab. 9: **Strukturwandel in der Landwirtschaft der USA** (eigene Zusammenstellung nach versch. Quellen)

	Anzahl der Farmen	Landwirtsch. Bev.*)
1951	5,428 Mio	21,890 Mio
1967	3,162 Mio	10,875 Mio
1977	2,706 Mio	7,806 Mio
1985	2,401 Mio	6,140 Mio

*) Erwerbstätige in der Landwirtschaft und Familienangehörige.

Sowjetunion

Die Größe des Landes ist eines seiner wichtigsten Charakteristika: 22,4 Mill. km² (einschl. Oberfläche des Weißen und des Asowschen Meeres). Diese gewaltige Ausdehnung ist nur schwer vorstellbar und

erschließt sich am einfachsten durch einen Vergleich: es ist mehr als die 50fache Größe Deutschlands in den Grenzen von 1937, mehr als das 90fache der BR Deutschland. Die Ost-West-Ausdehnung über 11 000 km würde (nach Westen verlegt) von Westeuropa bis über den Atlantik und die USA bis nach Kalifornien reichen.

Das Schlagwort von der SU als einem ‚Sechstel der Erde' führt nicht zu einem tieferen Verständnis des Landes, im Gegenteil: das Klima schränkt die Nutzbarkeit des Landes auf etwa die Hälfte ein (durch Kälte und Kürze der Vegetationsperiode im Norden, durch Trockenheit im Süden). Was übrig bleibt, ist ein spitzausgezogenes Dreieck, das sich im Westen zwischen Ostsee und Schwarzem Meer nach der Mitte Europas öffnet und nach Osten zulaufend im Süden des Baikalsees endet. Auch jenseits dieses Dreiecks sind Siedlung und Wirtschaft möglich: aber sie beschränken sich in den nördlichen Kälteräumen im wesentlichen punkthaft auf Bergbau- und Industriesiedlungen (deren Aufrechterhaltung schwierig und kostspielig ist), in den südlichen Trockengebieten sind sie flächenhaft nur an den größeren Flüssen und mit künstlicher Bewässerung möglich. Aber selbst das unproblematisch besiedelbare und leicht nutzbare Land hat noch eine Ausdehnung von der Größenordnung der USA oder Chinas.

Ein Raum von der Größe der SU kann von Natur aus nicht einheitlich ausgestattet sein. Der Versuch, die Landesnatur überschaubar zu machen, wird durch zwei Umstände erleichtert: zum einen sind gerade die dicht besiedelten und wirtschaftlich intensiv genutzten Teile des Landes relativ eben, zum anderen hängt damit zusammen, daß die Geofaktoren Klima, Boden, Natur- und Kulturvegetation nach leicht verständlichen Regeln zusammenwirken (steuernde Funktion hat dabei das Klima). Die Lage des Landes im Gradnetz, zu den globalen Luftströmungen in großer Höhe und zu den großen Wasserflächen der Erde bestimmen die Grundzüge des Klimas nach Sonneneinstrahlung, Luftzirkulation und Kontinentalität. Das weitgehende Fehlen einer nennenswerten Vertikalgliederung hat zur Folge, daß die Klimaregionen breite Grenzsäume haben.

Das klimatisch bedingte ‚Agrardreieck' ist das eigentliche Kernland der SU. Es ist das bevorzugte Siedlungsgebiet der ostslawischen Bevölkerung, umschließt seine historischen Kernlandschaften und seine kolonialen Ausbauräume. Hier liegen alle wichtigen Industriegebiete und die landwirtschaftlichen Überschußgebiete. Hier siedelt der größte Teil der Bevölkerung.

Die Leistungsschwäche der sowjetischen Landwirtschaft hat viele Ursachen. In der sowjetischen Literatur werden entschuldigend in der Regel diejenigen hervorgehoben, die mit den naturräumlichen Voraussetzungen für die Landwirtschaft zusammenhängen: Kürze der Vegetationszeit im Norden, Trockenheit im Süden und beides zusammen im Kontinentinneren des Ostens. Aber zwischen den kontinentalen Risikobereichen gibt es große Räume mit optimalem Klima und besten Böden für Getreideanbau. Daß gegenwärtig die

Zentren der Getreideproduktion tatsächlich in den Gebieten mit hohem Klimarisiko liegen, während die Möglichkeiten günstigerer Klimate bei weitem nicht ausgenutzt werden, ist eine Folge zurückliegender politischer Entscheidungen.

Die größte Krux liegt aber in der Wirtschafts- und Organisationsform der Landwirtschaft. Der Boden ist in der SU Staatseigentum. Er wird in drei unterschiedlichen Organisationsformen genutzt:

— In den Kollektivwirtschaften (Kolchosen) ist der Grund und Boden der Kolchosbevölkerung zur unentgeltlichen und unbefristeten Nutzung übergeben. Sie nutzt ihn formal nach Art einer Produktionsgenossenschaft, wobei die erzielten Erträge nach dem Maß des Anteils der Arbeit verteilt werden. Freilich lassen Zwangscharakter und die historischen Begleitumstände ihrer Gründung keinen Vergleich mit Genossenschaften im westlichen Verständnis zu. 1980 gab es 25 900 Kolchosen in der SU, sie bearbeiteten 95,2 Mio ha Ackerfläche.
— In den Sowjetwirtschaften (Sowchosen) wirtschaftet der Staat auf seinem Land in eigener Regie. Er bezahlt wie in seinen Fabriken die Landarbeiter nach ihrer Leistung, im wesentlichen unabhängig vom Produktionserfolg des Betriebes. Die Zahl der Sowchosen ist in den letzten Jahren durch Umwandlung aus Kolchosen und Neugründungen rasch und anhaltend gestiegen: 1970 gab es 15 000 Sowchosen mit 91,7 Mio ha Ackerfläche, 1980: 21 000 Sowchosen mit 105,1 Mio ha Ackerfläche.
Der Kolchosbevölkerung steht nur ein Stück Hofland von 0,5 ha zur privaten Nutzung zu, auch die Arbeiter auf den Staatsgütern bearbeiten in der Regel im Nebenerwerb ein Stück Land.
— Während 1955 noch rund 20 Mio Menschen privates Hofland bewirtschafteten, waren es 1980 nur noch 12,8 Mio Die private Hoflandwirtschaft umfaßt zwar nur 1,5 % der LF, erwirtschaftet aber fast ein Viertel des Wertes der gesamten Agrarproduktion und ist damit 20mal produktiver als die Kollektiv-Landwirtschaft.

2. Didaktisch-methodische Gestaltung

Die Unterrichtseinheit umfaßt lediglich die natürlichen Grundlagen und den Zustand der Leistungsfähigkeit bzw. der Leistungsschwäche der beiden Großmächte. Natürlich könnte man in beiden Ländern weitere Probleme aufzeigen: z. B. Bodenerosion, Probleme des Strukturwandels, der Über- und der Unterproduktion, der Neulandgewinnung und der Flächenstillegung (die aber nur behandelt werden können, wenn die natürlichen Grundlagen bekannt sind).

Die Informationen dieser Unterrichtseinheit werden anhand von thematischen Karten und Statistiken vermittelt. Dies hat auf der einen Seite den Vorteil, daß die Informationen übersichtlich aufgebaut sind und bei genügender Übung mit diesen Informationsträgern schnell aufgenommen und richtig interpretiert werden können. Sollte diese Fähigkeit fehlen, könnte es ein wesentliches Moment dieser Einheit sein, entsprechende Arbeitstechniken zu üben und zu vertiefen.

Der Nachteil des Informationsträgers ‚Statistik' liegt im Problem der Dar- und Vorstellbarkeit von Zahlen. Wo liegt für den Schüler der Unterschied zwischen 1000 t und 1 Mio t Getreide? Nur in drei Nullen? Wie wird so etwas vorstellbar? Dazu soll die Umrechnung auf Pro-Kopf-Erzeugung dienen. Sind die Mio t umgerechnet, läßt sich damit schon eher etwas anfangen, es wird vorstellbar. Wieviel Brot ißt der Mensch am Tag — im Jahr? Bleibt von der Ernte etwas übrig, wenn alle versorgt sind, oder fehlt etwas? Um solche Zahlen richtig zu verstehen, ist es notwendig, von den Eßgewohnheiten der Völker zu wis-

sen. Brot spielt in der Ernährung des US-Amerikaners keine größere Rolle als auf dem Essenstisch der Russen. Ein umgekehrtes Verhältnis besteht bei den Eßgewohnheiten von Fleisch: So etwas wie Mac-Donald kann es nur in einem Land geben, das eine hohe pro-Kopf-Erzeugung an Fleisch hat! So erst kann langsam, aber sicher ein Vorstellungsbild entstehen, das uns hilft, diese Zahlen richtig zu interpretieren.

Zusätzliche Medien
Filme: Auf dem Kolchos Pobeda: wirtschaftliche und soziale Lebensbedingungen (17 Min), FWU 322492. — Auf dem Kolchos Pobeda (Landwirtschaftl. Produktion) (17 Min.), FWU 322491. — Landwirtschaft in Ost und West (16 Min.), FWU 323062
Dias: Auf einem Kolchos in der Sowjetunion (20 Dias), FWU 102348.
Transparente: Landwirtschaft (UdSSR), 6 Folien, Westermann Nr. 356246

3. Lernziele und Verlaufsplanung

Lernziele: Die Schüler sollen erkennen, daß

— die natürlichen Bedingungen den landwirtschaftlichen Nutzungsbereich bestimmen,

— diese Bedingungen in den USA und der SU sehr unterschiedlich sind,

— die Leistungsfähigkeit der beiden Landwirtschaften sehr unterschiedlich ist,

— die Beantwortung nach den Ursachen dieses Unterschiedes nicht nur die Geographie geben kann.

1./2. Stunde: USA und SU — die natürlichen Bedingungen

Unterrichtsverlauf	Medien
1. Größe und Lage der USA / SU. Festellungen: SU wesentlich größere Landfläche, größter Teil der SU liegt wesentlich nördl. als USA (und damit klimatisch ungünstiger). Deutschland als Vergleich: Flensburg 54,5° N — Mainz 50° N — Garmisch-Partenk. 47,5° N	M 7.1
2. Arbeitsteiliges Gruppenverfahren: Gruppe 1: SU — Gruppe 2: USA Jede Gruppe bearbeitet ihre Karte und löst die angegebenen Fragen	M 7.3 und M 7.4
3. Gruppen tragen Ergebnisse vor, Gespräch über Lösungen, schriftl. Ergebnissicherung	Tafel

3./4. Stunde: USA — SU: Landwirtschaften und ihre Leistungsfähigkeiten

Unterrichtsverlauf	Medien
1. Landwirtschaft in den USA: Filmvorführung, anschl. Gespräch über den Inhalt unter Ausklammerung des Strukturwandels	Film: FWU Nr. 322192 (24 Min.)
2. Fragestellung: Was ist anders als bei uns? Arbeitsteiliges Gruppenverfahren zur Bearbeitung der Aufgaben vom Arbeitsblatt M 7.2: 1. Gruppe: Pro-Kopf Erzeugung Getreide 2. Gruppe: Pro-Kopf-Erzeugung Fleisch	M 7.2
3. Ergebnissicherung: Gruppen tragen Ergebnisse vor, Gespräch über Deutungsmöglichkeiten der Zahlen. Tafeltext unter Mithilfe des Lehrers: Ursachen der Leistungsfähigkeit oder Leistungsschwäche kann die Geographie nicht erklären	Tafel

D.8 Ernährung in einem Industrie- und einem Entwicklungsland: Vergleich Bundesrepublik Deutschland — Indien

Um die Leistungsfähigkeit der Landwirtschaften eines modernen Industriestaates und eines Entwicklungslandes gegenüberzustellen, sollen hier die Beispiele Deutschland und Indien herangezogen werden. Wenngleich Indien nicht mehr als klassisches Entwicklungsland anzusehen ist, sondern schon zu den Schwellenländern zählt, so zeigt doch der Zustand der Landwirtschaft noch die alten Strukturen und deren Leistungsschwäche.

1. Sachanalyse

Indien hat sich in einer Weise gewandelt, wie etwa Europa in der ersten Hälfte des 19. Jahrhunderts: Die Fürsten sind mediatisiert, der Adel geht in bürgerliche Berufe über, der Großgrundbesitz ist enteignet oder sehr verkleinert, die Verstädterung macht schnelle Fortschritte, so daß es heute schon mehrere Millionenstädte gibt. Dennoch hat sich das Verhältnis Stadt-/Landbevölkerung nur gering verändert. Das hängt mit dem Bevölkerungswachstum zusammen, wobei zu erkennen ist, daß der Gipfel des Bevölkerungswachstums überschritten zu sein scheint.

Die Lebensmittelproduktion ist aber hinter dem Bedarf für eine zwar höchst anspruchslose, aber sehr schnell wachsende Bevölkerung so zurückgeblieben, daß das Land sich nicht mehr selbst ernähren kann: Für die Regierung ist die Sicherung der Ernährung daher ein ernstes Problem. Technik und Wissenschaft könnten heute zwar bei starkem Anwachsen der Bevölkerung die naturbedingten Schwierigkeiten ausgleichen, wenn nicht soziale Probleme die volle Ausschöpfung des technisch erreichbaren Potentials behindern und begrenzen würden.

Klima und Bodenbeschaffenheit sind innerhalb Indiens sehr unterschiedlich: der Anteil bebauten Landes liegt zwischen 80 % der Gesamtfläche im unteren Gangesgebiet, 60—70 % im nördlichen Pandschab, in Hindustan, Gujarat und den Deltas der Ostküste, 40—50 % im östlichen Dekkan und unter 20 % in der Wüste Tharr oder den Waldgebirgen des Nordostens.

Beträchtlich sind auch die jährlichen Schwankungen der Erträge, je nachdem, ob die Niederschläge günstig fallen oder Dürren oder Hochwasserkatastrophen die Ernte bedrohen. Dürren betreffen nicht nur gewöhnlich trockene Gebiete, sondern wirken dort besonders verheerend, wo in normalen Jahren ausreichende Ernten erzielt werden (etwa in Zentralindien). Überschwemmungen bedrohen oft dicht besiedelte Gebiete, besonders die Niederungen Bengalens und die großen Deltalandschaften. Aber selbst Räume, die reichlich Niederschläge und günstige Böden aufweisen, daß sie drei Reisernten im Jahr erzielen können (wie z. B. die Malabarküste), sind infolge Überbevölkerung und Besitzzersplitterung nicht vor Hungersnöten gefeit. Oft sind es

Tab. 10: Bevölkerungsvergleich Indien — BR Deutschland

		1961	1971	1981	1986
Indien:	Einwohner Städt. Bev. Bev.-Zuwachs	438 500 000 20 % 1,5 %	574 220 000 20 % 2,2 %	683 810 000 22 % 2,1 %	745 010 000 24 % 2,3 %
Bundesrepublik Deutschland:	Einwohner Städt. Bev. Bev.-Zuwachs	53 750 000 73 % 0,7 %	58 707 000 79 % 0,3 %	61 560 000 85 % 0,1 %	61 024 000 86 % − 0,1 %

gerade von Natur aus agrargünstige Ballungsgebiete, die von Katastrophen heimgesucht werden.

Die Nahrung der Bevölkerung ist einseitig auf Getreide ausgerichtet: Fleisch ergänzt sie (vor allem aus religiösen Gründen) nur geringfügig. Auch Knollenfrüchte werden (außer im Süden) nur wenig genossen, und es bedarf noch langwieriger Aufklärung, um Anbau und Verzehr ergiebiger Tropenfrüchte (wie Banane, Süßkartoffel usw.) zu steigern.

Wichtigstes Getreide ist der Reis: Im Anteil an der Weltproduktion wird Indien nur von China übertroffen. Der indische Reisanbau erreicht aber nicht optimale Rentabilität, denn für den Anbau von ca. 20 % an der Welterzeugung werden ca. 28 % der Reisanbaufläche der Welt benötigt:

Vergleich
Pakistan ca. 6 % der Weltproduktion — 7 %   der Weltanbaufläche
Japan   ca. 6 % der Weltproduktion — 2,5 % der Weltanbaufläche
China   ca. 38 % der Weltproduktion — 25 % der Weltanbaufläche

Beim Reisanbau ist die Sortenwahl vielfach unzureichend: das zeigt sich besonders im Vergleich zu den ergiebigen japanischen Reissorten. Dieser Mangel, verbunden mit zu geringen Mitteln für Handelsdünger, verursacht auch relativ geringe Hektarerträge in Indien: Indien ca. 1,25 t/ha, Pakistan ca. 1,37 t/ha, Burma ca. 1,5 t/ha, USA ca. 3,5 t/ha, Japan ca. 4,2 t/ha.

Die wichtigsten Getreidearten des Trockenfeldes, die Hirsen, sind weltwirtschaftlich wenig bedeutend, weil man ihre Produktion im Lande selbst verbraucht und sie daher für die eigene Versorgung von größter Bedeutung sind. Unter dem Sammelbegriff ‚Hirse‘ verbergen sich verschiedene, meist klimatisch differenzierte Arten, die wichtigsten (unter mehr als zehn) sind ‚Jowar‘ (Sorghum species), ‚Bajra‘ (Kolbenhirse — Pennisetum typhoides) und ‚Ragi‘ (Fingerhirse — Eleusine coaena). Weniger beachtet, weil für den Welthandel unbedeutend, sind auch die Hülsenfrüchte (vor allem ‚Gram‘ — Kichererbse), die immerhin fast ¹/₇ der Anbauflächen einnehmen und auf einen jährlichen Durchschnittsertrag von 10 Mio t geschätzt werden.

Der Weizen, als Getreide des gemäßigten Steppenklimas, beherrscht im nördlichen Indien die Winterbestellung. Vor der Teilung (1974) stand Indien an dritter Stelle der Weltproduktion. Hoher Eigenverbrauch und Ertragsschwankungen je nach Ergiebigkeit der Niederschläge haben dem Weizen Indiens aber nie eine Weltmarktstellung gebracht. In größeren Höhen tritt Gerste (sog. tibetanische Gerste) an die Stelle des Weizens.

Obwohl über 80 % der indischen Anbauflächen für die Nahrungsmittelproduktion und damit weitgehend zur Deckung des Eigenbedarfs benötigt werden, haben die auf dem restlichen Anteil angebauten Handelsgewächse erhebliche Weltmarktbedeutung: wichtig sind die Textilfaserpflanzen Baumwolle und Jute. Mit 10 % der Weltproduktion steht Indien an vierter Stelle unter den Baumwollerzeugern. Etwa 10 % der Ernte werden ausgeführt, die restlichen 90 % in eigener Textilindustrie (bzw. teilweise noch in Heimarbeit) verarbeitet.

Der an den Hängen des Himalaya angebaute Tee ist wichtiger Handelsposten. Von den ca. 2 Mio t Welternte liefert Indien etwa ein Viertel und ist somit der größte Teeproduzent der Welt. Von 565 000 t Tee-Ernte kommen knapp die Hälfte in den Welthandel, womit Indien der größte Tee-Exporteur der Welt ist. Als kapitalintensive Großbetriebe mit kostspieligen Trocken- und Aufbereitungsanlagen, mit bedeutenden Investionen für die Pflanzungen, großem Arbeiterbedarf und einer komplizierten Absatzorganisation bilden Teeplantagen ein besonderes Problem bei den Landreformen.

Das brennendste Agrarproblem ist die Viehhaltung. Mit 182 Mio Rindern und 62 Mio Wasserbüffeln hat Indien etwa ein Fünftel des Weltbestandes, die größte Rinderzahl in einem Land! Nur Dänemark hatte 1965 eine größere Rinderdichte pro Hektar. Mehr als die Hälfte dieses riesigen Bestandes ist aber unproduktiv, da das ‚heilige Rind‘ nicht geschlachtet werden darf. Auch die Milchproduktion ist äußerst begrenzt. So belastet der Viehbestand die Futterproduktion. Als Arbeitstiere werden Ochsen eingesetzt. Die Wasserbüffel liefern einen etwas besseren Ertrag fettreicher Milch, die wegen des Klimas zu Butterschmalz verarbeitet wird. Indien erzeugt heute 13,8 Mio t Milch im Jahr, das bedeutet eine Jahresleistung von 531 kg/Kuh. Spitzenwerte erreichen Kühe in Israel mit 6958 kg/Kuh pro Jahr.

Während Indien in der Rinderhaltung an erster Stelle aller Staaten steht, kommt es in der Ziegenhaltung (72 Mio) auf den 2. Platz. Aber auch die Ziegenhaltung ist im Verhältnis zur verursachten Vegetations- und Bodenzerstörung nur bedingt produktiv. Schafhaltung ist geringer und deckt etwa den eigenen Wollbedarf. Das Schwein wird von den Hindus der höheren Kasten wie von den Moslems als Nahrung abgelehnt.

Die planlose Rinderwirtschaft führt außerdem zu einem Mangel an Stalldung. Häufig wird der Dung als Brennstoff verbraucht. Religiöse Verbote verhindern eine wirksame Bekämpfung tierischer Schädlinge (wie z. B. Pfauen und Affen).

Wenn auch die alte agrarsoziale Struktur mit Großgrundbesitzern, Pächtern und Zwischenpächtern durch Reformen durchbrochen wurde, lebt ein Teil des alten Denkens trotz Reformen weiter. Durch die Bodenreform nach Erlangung der Unabhängigkeit wurden Versuche zur Verbesserung der bäuerlichen Besitzbildung unternommen: Ausbau des Genossenschaftswesens, staatli-

che Agrarkredite und Subventionen, die ‚Landschenkungsbewegung‘, Intensivierung der Bewirtschaftung und Bewässerung, erhöhte Mineraldüngergaben, Gewinnung neuer Bewässerungsanlagen durch Bau von Staudämmen, Kanälen und Tiefbrunnen sind ein Teil der Maßnahmen, mit denen die Agrarstruktur verbessert werden soll.

(Alle Zahlen aus: Fischer Weltalmanach 1984, Frankfurt/M. 1984) Gesonderte Sachinformationen und Zahlenangaben zur Bundesrepublik Deutschland sind an dieser Stelle nicht erforderlich, da man sie in den Kapiteln D.3.1, D.3.2 und D.3.9 findet.

2. Didaktisch-methodische Gestaltung

Die Auswahl der landwirtschaftlichen Produkte auf dem Arbeitsblatt ist bewußt auf Getreide hin angelegt, da die Ernährung der indischen Bevölkerung im wesentlichen einseitig auf diese Erzeugnisse ausgerichtet ist.

Um die Zahlen und ihre Ergebnisse als Pro-Kopf-Erzeugung vorstellbar zu machen, bedarf es einer Reihe von Überlegungen, die mit dem täglichen Leben der Schüler zusammenhängen:

So wäre z. B. zu ermitteln, wieviel Brot im Durchschnitt täglich verzehrt wird (pro Schüler, Familie, Mittelwert der Klasse). Daraus soll der Jahresbedarf errechnet und die Brotmenge der Einfachheit halber mit der Getreidemenge gleichgesetzt werden. Ebenso sollte man die Menge der verbrauchten anderen Nichtgetreide-Nahrungsmittel (Fleisch, Gemüse) dagegenstellen, um so die relativ geringe Rolle der Getreideerzeugnisse unserer Ernährung zu erkennen.

Wenn dann die Berechnung der Pro-Kopf-Erzeugung angestellt und die Vorrangstellung der Getreideernährung in Indien betont werden, kann mit den errechneten Zahlen die Durchschnittstagesration der Inder dargestellt werden. Berücksichtigt man dann noch die gewaltigen sozialen Unterschiede in Indien, wird man vielleicht ahnen können, wie armselig sich die gewaltige Masse der indischen Unterschicht ernähren muß.

Es wäre noch zu bedenken, daß Getreide (wie Gerste und Mais) bei uns vielfach als Viehfutter Verwendung findet. Doch läßt sich klar erkennen, daß trotz (absolut) erhöhter landwirtschaftlicher Erzeugung die Pro-Kopf-Leistung in Indien nicht steigt, weil die vermehrte Bevölkerung die gesteigerte Erzeugung verzehrt.

Bei uns jedoch kann an den Zahlen erkannt werden, daß wir auch bei Getreide der Überproduktion nahekommen: steigende Erzeugung — stagnierende Bevölkerungszahlen.

Auflösung der Leerfelder (= Aufgaben) von M. 8.1:

		Indien	BR Deutschland
1974	Getreide insg. Pro-Kopf-Erz.	122,2 Mio t 0,212 t	14,25 Mio t 0,229 t
1978	Getreide insg. Pro-Kopf-Erz.	141,1 Mio t 0,221 t	17,3 Mio t 0,282 t
1983	Getreide insg. Pro-Kopf-Erz.	138,0 Mio t 0,200 t	20,2 Mio t 0,328 t

3. Lernziele und Verlaufsplanung

Lernziele: Die Schüler sollen erkennen, daß
— Entwicklungsländer (hier Indien) große Probleme bei der Ernährung ihrer wachsenden Bevölkerung haben,
— diese Probleme vielschichtige Ursachen haben,
— die Pro-Kopf-Erzeugung nur ein Indiz zur Feststellung dieses Problems ist,
— das Ernährungsproblem vorstellbar wird, wenn wir es mit unseren Verhältnissen vergleichen und wenn man es sich als ‚Speiseplan‘ verdeutlicht.

Unterrichtsverlauf	Medien
1. Vergleich BR Deutschland — Indien: Größe, Lage (Transparentpapierumrisse gleichen Maßstabs aufeinanderlegen, N-S-Ausdehnung Indiens messen und auf Europa übertragen usw.)	(Atlas)
2. Bearbeitung des Arbeitsblattes (evtl. in Gruppen), Ergebnissicherung als Tafelanschrieb	M 8.1 Tafel

Indien	Deutschland
stark wachsende Bev. wenig wachsende Erträge …	stagnierende Bev. wachsende Erträge bei hohem Ausgangsstand 1974 …

	Medien
Umsetzung der Pro-Kopf-Erzeugung auf Tagesration. Wieviel Brot essen wir pro Tag? (Brot = Getreide) Was essen wir noch? Wieviel hat ein Inder zu essen? Vergleich der Kalorienmenge — Umsetzung in Speiseplan (Letzteres kann auch als Hausaufgabe gestellt werden)	M 8.2

D.9 Strukturprobleme in der Landwirtschaft

Um Strukturprobleme von allgemeiner Bedeutung der Landwirtschaft darzustellen, werden in dieser Unterrichtseinheit die folgenden drei Problemkreise behandelt:
— *Flurbereinigung in der Bundesrepublik Deutschland,* bei der es außer um agrarische Probleme zugleich auch um weit darüber hinausreichende Aufgaben geht wie etwa Ausgleich zwischen ökologischen und ökonomischen Ansprüchen, gesamtordnerische Funktion, gesamtstrukturelle Entwicklung, etc.;
— *Erzeugerpreise und Kosten ausgewählter Produkte in der Landwirtschaft der Bundesrepublik Deutschland,* wobei es hier im Kern um die Diskrepanz geht, die zwischen den infolge Strukturwandel und v. a. Spezialisierung erheblich gestiegenen Produktionskosten einerseits und der hinter der allgemeinen Einkommensentwicklung zurückgebliebenen landwirtschaftlichen Einkommensentwicklung geht;
— *einige Probleme der Landwirtschaft in der EG,* zu denen vor allem die Überschußproduktion, die Lagerhaltung, die beträchtliche Heterogenität innerhalb der EG und deren Folgen gehören.

D.9.1 Flurbereinigung in der Bundesrepublik Deutschland

1. Sachanalyse

Flurbereinigung stellt eine Maßnahme zur Neuordnung des ländlichen Raumes, insbesondere zur Neuordnung ländlichen Grundbesitzes auf der Grundlage des Flurbereinigungsgesetzes von 1976 dar. In agrarisch geprägten Räumen muß sich die Flurbereinigung seit etwa 30 Jahren mit der Veränderung der Agrarsturktur selbst ebenso wie mit dem Deagrarisierungsprozeß in den ländlichen Siedlungen und mit den vielfältigen Interessens- und Flächennutzungskonflikten (Wirtschaft, Verkehr, Siedlung, Infrastruktur, Freizeit, Erholung, Naturschutz u. a. m.) auseinandersetzen.

Somit ist die Flurbereinigung heute als umfassende Ordnungsmaßnahme anzusehen, da sie die Lücke zwischen Landes- und Regionalplanung und Einzelmaßnahmen schließt. Aus diesem Grunde wird auch der Begriff ‚integrale Flurbereinigung‘ gebraucht. Somit verfolgt die Flurbereinigung heute neben rein agrarischen Aufgaben auch Ziele, die der übrigen Bevölkerung zugute kommen und damit zur Förderung der Regionalstruktur der ländlichen Gebiete beitragen.

In § 1 FlurbG sind die Aufgaben der Flurbereinigung festgelegt. Danach soll die Flurbereinigung beitragen:
— zur Verbesserung der Produktions- und Arbeitsbedingungen in der Land- und Forstwirtschaft,
— zur Förderung der allgemeinen Landeskultur (Naturschutz, Landschaftspflege, Umweltschutz),
— zur Förderung der Landesentwicklung.

Durch diese Ziele hat die Flurbereinigung
— Voraussetzungen für eine rationelle Landbewirtschaftung zu schaffen, bei der Verbesserung der Regionalstruktur und Stärkung der Infrastruktur sowie der Dorferneuerung mitzuhelfen und
— für die Erhaltung einer ökologisch gesunden und ästhetischen Landschaft als Kulturlandschaft zu sorgen, sie nötigenfalls zu sanieren und zu gestalten, sowie ihre Erholungsfunktion zu fördern (*Buchwald/Engelhardt* 1973, S. 220).

Das Flurbereinigungsgesetz unterscheidet verschiedene Möglichkeiten der Durchführung von Flurbereinigungsverfahren:
— das klassische oder normale Verfahren,
— das vereinfachte Verfahren,
— das Unternehmensverfahren,
— die beschleunigte Zusammenlegung,
— der freiwillige Landtausch.

Das normale Verfahren ist wegen seiner Wirksamkeit als Integralmelioration umständlich, kostenintensiv und sehr langwierig. Im Durchschnitt beträgt die Verfahrensdauer 15 Jahre. Mit den anderen sogenannten Sonderverfahren kann die Flurbereinigung vereinfacht und somit beschleunigt werden.

Ein Flurbereinigungsverfahren sollte eingeleitet werden, wenn
— zersplitterter oder unwirtschaftlich geformter ländlicher Grundbesitz nach neuzeitlichen betriebswirtschaftlichen Gesichtspunkten zusammengelegt und gestaltet werden muß,
— Maßnahmen des Naturschutzes und der Landschaftspflege anstehen,
— durch Straßen- und Wegebau Dörfer, Weiler und Einzelhöfe sowie landwirtschaftlich und forstwirtschaftlich genutzte Flächen zu erschließen sind,
— Maßnahmen der Dorferneuerung zur Verbesserung der Lebens- und Arbeitsverhältnisse notwendig sind,
— öffentliche oder gemeinschaftliche Anlagen wie Sportplätze, Friedhöfe, Parkplätze, Wasserversorgungsanlagen, Kläranlagen, Müll-

deponien usw. geschaffen oder die Flächen dafür bereitgestellt werden müssen,
— Bau- und Industrieland beschafft werden muß,
— städtebauliche Sanierungs- oder Entwicklungsmaßnahmen unterstützt werden sollen,
— der Wasserhaushalt geregelt werden muß,
— die Kulturlandschaft zu veröden droht (Strukturbrache, Sozialbrache),
— durch Großbaumaßnahmen (Autobahnen, Wasserstraßen, Flugplätze) verursachte Flächenverluste zu verteilen und Durchschneidungsschäden oder sonstige landeskulturelle Nachteile zu beseitigen sind.

Als Ursachen der Flurmängel sind natürliche Gegebenheiten, das Alter und die Art der Siedlung, die Art der Vererbung landwirtschaftlichen Besitzes und in jüngster Zeit die außerlandwirtschaftlichen flächenbeanspruchenden Maßnahmen in ländlichen Gebieten zu nennen.

Die wichtigsten Maßnahmen der Flurbereinigung sind
— Neuordnung der Nutzflächen,
— Verbesserung des Wege- und Gewässernetzes,
— Dorferneuerung,
— Aussiedlung von Höfen,
— landschaftsschützende und landschaftspflegerische Maßnahmen.

Neuordnung der Nutzflächen

Die Flurbereinigung hat u. a. die Aufgabe, die Nutzflächen eines jeden Betriebes durch großzügige Zusammenlegung, zweckmäßige Form und günstige Orientierung neu zu ordnen. Kleine verstreut liegende und ungünstig geformte Parzellen müssen beseitigt und große, zweckmäßig gestaltete und damit leichter zu bewirtschaftende Flächen angelegt werden. Es sollten möglichst nicht mehr als vier Teilstücke pro Hof mit mindestens einer Größe von zwei bis vier Hektar geschaffen werden. Das Längen-Breitenverhältnis soll nicht größer als 2 : 1 sein. Optimal wird aus arbeitstechnischen Gesichtspunkten eine Feldlänge von 300 m angesehen.

Verbesserung des Wege- und Gewässernetzes

Für die Rationalisierung der Landwirtschaft ist ein auf Technisierung und Motorisierung abgestelltes Wegenetz eine entscheidende Voraussetzung. Ein neues Wegenetz stellt das Gerippe für die spätere Einteilung der Parzellen dar. Insbesondere die Wege sollten zukunftsorientiert geplant und angelegt werden, damit die Felder evtl. später ein zweites Mal zu größeren Schlägen zusammengelegt werden können, ohne daß große bauliche Veränderungen des Wegenetzes vorgenommen werden müssen. Neben dem Wegenetzplan muß ein Gewässerplan aufgestellt werden, um den Wasserhaushalt des betreffenden Gebietes zu bewahren oder sinnvoll zu korrigieren. Wege können wie Wasserläufe Begrenzungslinien der Flurstücke sein: deshalb muß bei der Planung des Gewässernetzes auf die spätere zweckmäßige Einteilung der Parzellen geachtet werden.

Dorferneuerung

Im Rahmen der Flurbereinigung können Maßnahmen der Dorferneuerung durchgeführt werden. Ziel der Dorferneuerung und -sanierung ist es, die gleichen gesunden Lebens- und Arbeitsbedingungen sowie ausgewogene wirtschaftliche, soziale und kulturelle Verhältnisse, wie sie z. T. in den Städten anzutreffen sind, zu schaffen und zu erhalten. Die entscheidenden Maßnahmen der Dorferneuerung sind: Aussiedlungen von landwirtschaftlichen Betrieben aus zu engen Hofstellen zur Dorfauflockerung, Verbesserung der innerörtlichen Verkehrslage, Bereitstellung von Flächen für kulturelle, soziale und gesundheitliche Anlagen, Sanierung der alten Bausubstanz, Belebung des Ortsbildes durch Neuanpflanzungen u. a.

Aussiedlung von Höfen

Die Aussiedlung kann ein Flurbereinigungsverfahren und eine Dorferneuerung auslösen. Neben der Auflockerung des Ortes ermöglicht die Verlagerung von Höfen in die Flur eine Verbesserung der betriebswirtschaftlichen Verhältnisse der Aussiedlerhöfe selbst und auch der im Ort verbleibenden Höfe. Die beste Form der Aussiedlung sind Gruppenaussiedlung: drei bis vier Höfe werden dann zu einem Weiler zusammengefaßt.

Landschaftsschützende und landschaftspflegerische Maßnahmen

Da häufig den ökonomischen Belangen gegenüber den ökologischen ein höherer Stellenwert zuerkannt wurde, haben Landwirtschaft und Flurbereinigung zu einem Rückgang der landschaftlichen Vielfalt und zur Bedrohung und teilweisen Ausrottung von zahlreichen Pflanzen- und Tierarten und deren Biotopen beigetragen. Ein Ziel der Flurbereinigung ist es daher heute, ökologische und ökonomische Ansprüche an die Landschaft so weit wie möglich auszugleichen. Im Rahmen der Flurbereinigung werden daher landschaftsschützende und landschaftspflegerische Maßnahmen durchgeführt.

Die Flurbereinigung kann nur die Voraussetzung für eine positive Entwicklung im gemeinschaftlichen und landwirtschaftlichen Aufgabenbereich geben. „Sie will Hilfe zur Selbsthilfe, Weckung des persönlichen Einsatzes und Initialzündung für freiwillige Aktivitäten sein. Bildhaft ausgedrückt: sie bereitet den Acker des Raumes, aber was, wie und wo gesät und weiter gepflegt wird, muß sie dem Bewirtschafter des Raumes überlassen" (*Lilotte* 1969, S. 196).

Die durch die Flurbereinigung geschaffene Neuordnung kann keine statische, ein für allemal fixierte Ordnung sein: Da der ländliche Raum sich in seiner Funktion ständig weiterentwickeln wird, ist Flurbereinigung eine permanente Aufgabe.

2. Didaktisch-methodische Gestaltung

In seltenen Fällen wird es möglich sein, Flurbereinigungsmaßnahmen in Schulnähe zu finden, die sich für eine Aufarbeitung im Unterricht eignen. Da Flurbereinigung ohnehin ein langwieriger Prozeß ist, kann im Unterrichtsgang auch nur eine Momentaufnahme erfaßt

werden, aus der Rückschlüsse auf Vorangegangenes nur schwer nachvollziehbar sind und Zielsetzungen auf das Beabsichtigte kaum erkennbar werden. Deshalb erscheint es am günstigsten, ausgewählte Karten eines abgeschlossenen Flurbereinigungsprozesses als Ersatz für die Realität in den Mittelpunkt des methodischen Geschehens zu stellen.

Bei der Betrachtung entspr. Karten (vgl. M 9.1 (t) und M 9.2 (t)) werden viele Fragen aufgeworfen: Natur- oder Kulturlandschaft? Wer prägte diese Landschaft? Wie kommt es zu der Aufteilung der Flur? Welche Schwierigkeiten ergeben sich bei der Feldbearbeitung? Welche weiteren Nachteile ergeben sich durch die starke Feldzersplitterung? Wie beurteilt die nicht in der Landwirtschaft tätige Bevölkerung diese Landschaft? Welche Vermutungen kann man hinsichtlich des Artenreichtums von Fauna und Flora machen?

Die Entwicklung der Fragen und deren Beantwortung erfolgt im Unterrichtsgespräch. An der Tafel werden die wichtigsten Ergebnisse in Stichworten festgehalten.

Arbeitsauftrag I: Mit Hilfe des Maßstabs sollen die drei längsten und die drei schmalsten Feldstücke in Metern ermittelt und diese Strecken auf schulnahe Gegebenheiten bezogen werden. Es folgt die Feststellung der Bearbeitungsschwierigkeiten solcher Feldstücke (Querbearbeitung nicht möglich, Wenden sehr schwierig, Überqueren fremder Grundstücke, Maschineneinsatz nur bedingt möglich und nicht immer rationell etc.).

Arbeitsauftrag II: Feststellung der Besitzstreuung, Zahl der Parzellen, die zu einem Betrieb gehören. Nach Darstellung der Ergebnisse folgt ein Unterrichtsgespräch über die Ursachen der Feldzersplitterung und Auswirkungen der Feldzersplitterung (Erbteilung, Entwässerung, Zupachtung usw., längere Wege, höhere Kosten, hoher Randstreifenminderertrag, unvollständig erschlossene Flur, geringere Erträge, größerer Zeitaufwand usw.).

Die *Ergebnisse* werden im Tafelbild gesichert, alle Ergebnisse mündlich kurz zusammengefaßt mit der Erkenntnis der Notwendigkeit einer Änderung. Versuch einer Darstellung der Forderungen der verschiedenen Interessen der Beteiligten, Betroffenen in einem Flurbereinigungsverfahren: Landwirte, nicht beteiligte Dorfbewohner, Natur- und Umweltschützer, Straßen- und Wasserbauer, Beamte der Flurbereinigungsbehörde.

(Alternativ könnte diese Phase auch als Gruppenarbeit angelegt werden im Sinne eines Planspiels, wenn der Klasse diese Arbeitsform geläufig ist.)

Arbeitsauftrag III anhand der Karte mit dem Zustand der Flurbereinigung (vgl. M 9.2 (t)): Feststellen der Veränderungen und Vergleich mit den zuvor festgelegten Forderungen an die Flurbereinigung. Sicherung der Ergebnisse im Tafelbild.

3. Lernziele und Verlaufsplanung

Lernziele: Die Schüler sollen lernen,
— daß ein geographischer Raum durch Einwirkungen von Gruppen und Einzelnen bestimmt wird,

— daß Veränderungen im geographischen Raum durch natürliche Vorgänge und durch Menschen mit den ihnen zur Verfügung stehenden technischen und wirtschaftlichen Möglichkeiten hervorgerufen werden können und Folgen für die Landschaft haben,

— Raumvorstellungen anhand von Karten zu gewinnen und Zusammenhänge und Entwicklungen daraus abzuleiten,

— Karten zu beschreiben und zu interpretieren,

— mit dem in der Karte angegebenen Maßstab sachgerecht umzugehen.

1./2. Stunde: Das alte Artlenburg

Unterrichtsverlauf	Medien
1. Präsentation der Folie ‚Alter Bestand Artlenburg'	M 9.1 (t)
2. Zustandsbeschreibung und Begründung des Zustands (Erbteilung, Zersiedlung, Hofaufgabe, Zupachtung, Zerschneidung durch Wege und Gräben)	
3. Ergebnissicherung durch Stichworte	Tafel
4. Aufgabe: Ausmessen der drei längsten und drei schmalsten Feldstücke; Ermitteln der Anzahl von Flurstücken, die zu einem Hof gehören;	Fotokopie der Folie M 9.1 (t) als Arbeitsblatt
5. Auflistung der Probleme, die sich aus diesem Zustand ergeben (Stichworte)	Tafel
6. Zusammenfassung: Negative Folgen der Besitzstreuung und der Flurstückgrößen und -abmessungen	Tafel
7. Lehrer führt den Begriff ‚Flurbereinigung' ein (Merksätze)	

3./4. Stunde: In Artlenburg ändert sich was

Unterrichtsverlauf	Medien
1. Lehrervortrag: Was ist Flurbereinigung? Forderungen an die Flurbereinigung durch die verschiedenen Gruppen: Landwirte, Natur- und Umweltschützer, Straßen- und Wasserbauer, Flurbereinigungsamt	Tafel (Stichworte)
2. Präsentation der Folie ‚Neuer Bestand Artlenburg' und Vergleich: alter — neuer Bestand (Auflistung der Veränderungen), danach weiterer Vergleich: Forderungen — neuer Bestand	M 9.2 (t) Fotokopie der Folie M 9.2 (t) als Arbeitsblatt
3. Zusammenfassung: Ergebnisse der Erarbeitung in Merksätzen	Tafel

D.9.2 Erzeugerpreise und Kosten ausgewählter Produkte in der Landwirtschaft der BR Deutschland

1. Sachanalyse

Die Landwirtschaft hat in den letzten 30 Jahren eine geradezu revolutionäre Entwicklung durchgemacht, die sich auf alle Teilbereiche erstreckte. Diese Entwicklung lief und läuft nicht ohne Probleme und Schwierigkeiten ab. Die Strukturveränderungen in der Landwirtschaft sind sowohl in ihren offensichtlichen Erscheinungen, viel besser aber in statistischen Tabellen zu erkennen:

Entwicklung der Zahl der Betriebe (Zahlen in 1000):

1949	1960	1966	1976	1979	1983	1984
1940	1618	1227	889	810	737	732

Die Zahl der landwirtschaftlichen Betriebe ist in den letzten zehn Jahren im Durchschnitt um 3,5 % zurückgegangen. 1980 hat sich die Abnahmerate im Vergleich zum Vorjahr aufgrund der schlechten allgemeinen Wirtschaftsverhältnisse auf 1,5 % verringert. Im einzelnen zeigt sich, daß die Betriebe unter 20 ha LF auch 1980 noch abnehmen, während die Zahl der Betriebe über 20 ha LF zunimmt: Kleine unrentable und zum Teil auslaufende Betriebe verschwinden, andere Betriebe versuchen, durch Flächenvergrößerung ihre Existenzbasis zu verbessern. Immerhin waren 1980 noch mehr als die Hälfte aller landwirtschaftlichen Betriebe kleiner als 10 ha LF. Nur 13 % der Betriebe bewirtschafteten mehr als 20 ha LF. 1980 lag der Anteil der Betriebe über 50 ha LF bei nur 4 %. Auch bei der Entwicklung der Viehbestände ist der Strukturwandel — hier Spezialisierung — abzulesen (Zahlen in 1000):

	1949	1960	1969	1978	1985
Schweine	12 494	17 214	17 284	19 768	24 282
Pferde	1542	526	199	203	351
Geflügel	54 594	73 743	62 930	45 819	52 980
Milchkühe	5990	5866	5848	5442	5452

Trotz abnehmender Zahl der landwirtschaftlichen Betriebe ist der Bestand an Nutz- sowie Jung- und Mastvieh gestiegen. Ausgenommen davon waren lediglich Milchkühe und Legehennen, deren Zahlen sich verringerten. Dafür stieg die Produktivität des Nutzviehs: höhere Legeleistung bei Hennen und größere Milchleistung bei Kühen.

Daß die Zahl der Pferde stark zurückging, ist mit der schnellen Mechanisierung der Landwirtschaft zu erklären: der Traktor verdrängte das Pferd als Zugtier. Mit zunehmendem Wohlstand aber stieg die Zahl der Pferde wieder leicht an: jetzt erfüllt das Pferd die Rolle als Reittier für Sport und Freizeitgestaltung.

Bedeutsam ist auch die betriebswirtschaftliche Strukturveränderung, die sich nicht nur in der starken Mechanisierung, sondern vielmehr in der Spezialisierung der Betriebe zeigt. Die Spezialisierung, die zu enormen Produktivitätssteigerungen führte, war aber kein Selbstzweck, sondern vielmehr eine Notwendigkeit, da die Einkommensentwicklung in der Landwirtschaft zu der allgemeinen Einkommensentwicklung immer größere Abstände zeigte. Der Aufwand an Handelsdünger, Pflanzenschutzmitteln und neuer Technik steigt deshalb weiter. Jedoch zeigt sich hier bald eine Grenze: der Faktor Betriebskosten spielt eine immer größere Rolle. Die Preise für Produktionsmittel (einschl. menschlicher Arbeitskraft) sind in den letzten 30 Jahren wesentlich stärker gestiegen als die Erzeugerpreise für landwirtschaftliche Produkte. Dieses Auseinanderklaffen der Preise-Kosten-Schere konnte anfangs noch durch Erhöhung der Ernteerträge annähernd ausgeglichen werden. Heute jedoch sind wir an eine Grenze gestoßen, wo der Betriebskostenaufwand in keinem Verhältnis mehr zur möglichen Erhöhung der Ernteerträge steht (sog. ‚Grenznutzen').

Hauptgrund für diese Entwicklung ist der schon seit jeher größere Preisanstieg von gewerblichen Gütern und Dienstleistungen gegenüber dem Preisanstieg für landwirtschaftliche Produkte. Diese Situation hat aber in der Landwirtschaft zu einem weiteren bemerkenswer-

Tab. 11: Produktivität der Landwirtschaft in der BR Deutschland

Nutzvieh:	1949	1967	1971	1977	1980	1985
Milch/Kuh	2017 kg	3760 kg	3813 kg	4305 kg	4512 kg	4629 kg
Eier/Henne	90 Stck.	206 Stck.	220 Stck.	243 Stck.	243 Stck.	257 Stck.

ha-Erträge:	1949	1966	1971	1976	1981	1986
Weizen	23,5 dt	32,6 dt	41,1 dt	46,2 dt	51,0 dt	63,1 dt
Gerste	22,5 dt	29,9 dt	34,4 dt	37,9 dt	41,4 dt	48,2 dt

ten Zustand geführt, der auf die Dauer für viele Betriebe (vor allem kleinere) existenzgefährdend sein kann: nämlich hohe Verschuldungen. Um mit modernen, großen Maschinen teure Arbeitskräfte einzusparen und Verluste durch schnelle Ernteberung zu vermeiden, mußten Kredite aufgenommen werden, die meistens erst dann getilgt waren, wenn die nächste noch größere und damit auch noch teurere Maschine fällig war. (Faustregel 1984: Preis bei Schleppern: 1 PS = 1000,— DM; Mähdrescher mit 3,5—4 m Schnittbreite: 100 000,— DM). Notwendige Investitionsmittel konnten aber bei der Preise-Kosten-Schere nicht erwirtschaftet werden. Die Folge ist eine neue noch höhere Verschuldung.

Tab. 12: Fremdkapital in landwirtsch. Betrieben der Bundesrepublik Deutschland (in Milliarden DM)

Jahr	Fremdkapital	Zahl aller landw. Betriebe
1948	2,48	1 940 000
1960	11,98	1 618 000
1968	25,90	1 377 000
1975	25,99	909 700
1980	39,56	797 600
1983	46,33	764 100
1986	48,70	707 700

Tab. 13: Betriebsausgaben in der deutschen Landwirtschaft

	1950	1968	1982	1986
Produktionsmittel	58 %	74 %	91 %	90 %
allg. Wirtsch. Ausgaben	19 %	16 %	6 %	6,9 %
Barlöhne	23 %	10 %	3 %	3,1 %

Alle Zahlen ab 1978 aus: Agrimente, agrarstatistische Daten (herausgegeben von der IMA Hannover [1978—1987]); Zahlen vor 1978 aus: Die westdeutsche Landwirtschaft, (herausgegeben von der Landwirtschaftl. Rentenbank Frankfurt 1969) und Fischer Weltalmanach 1962 ff.

2. Didaktisch-methodische Hinweise

Das Spektrum des Strukturwandels in der Landwirtschaft hat so viele Facetten, daß es unmöglich ist, sie in ihrer ganzen Breite darzustellen. Deshalb soll hier nur ein Ausschnitt der Probleme dargestellt werden, der bei Bedarf erweitert werden kann.

Es geht hier um die Preise-Kosten-Schere. Ausgehend von den Zahlen der Jahre 1950—1960—1975 sollen Produktionskosten und Erzeugerpreise betrachtet und interpretiert werden, um dann in graphischer Darstellung ein anschauliches Bild der ‚Schere‘ zu vermitteln. Zum Verständnis, wie die Landwirtschaft dabei dennoch überleben konnte, muß die zweite Zahlenreihe der

Erntemenge (Produktivität) in den vergleichbaren Jahren betrachtet werden. Letztlich soll erkannnt werden, daß diese Lösung Grenzen hat, die heute weitgehend erreicht sind, und zu Überproduktion (Butterberg, Zuckerberg, Milchschwemme, Weinsee) geführt hat.

Nicht für alle Betriebe war die Produktivitätssteigerung eine Lösung: Anhand einer Betrachtung von Zahl und Fläche der landwirtschaftlichen Betriebe soll erkannt werden, daß die Zahl der Betriebe von 1950—1975 um 56 % abgenommen (und vor allem die Kleinst- und Kleinbetriebe betroffen hat), und daß dieser Vorgang noch kein Ende zeigt. Erschwerend kommt für die Landwirtschaft hinzu, daß Mechanisierung, Spezialisierung und Produktivitätsteigerung nur über zunehmende Verschuldung erkauft worden sind. Setzt man die Zunahme der Verschuldung in Verhältnis zur sinkenden Zahl der Betriebe, erkennt man, daß die Verschuldung mehr als nur linear gestiegen ist.

Es muß deutlich werden, daß es keine einfachen Lösungen gibt, da die Probleme komplexer Natur sind.

3. Lernziele und Verlaufsplanung

Lernziele: Die Schüler sollen erkennen, daß
— die Preise für landwirtschaftliche Erzeugnisse in den letzten 30 Jahren nur geringfügig gestiegen sind,
— die Kosten für die Erzeugung landwirtschaftlicher Produkte dagegen gewaltig gestiegen sind,
— die Bauern, um die Preis-Kosten-Schere zu schließen, die Flächen- und Tierproduktivität steigern mußten,
— die Produktivitätssteigerung nur über zunehmende Verschuldung der Betriebe gelang,
— in den 30 Jahren über die Hälfte der landwirtschaftlichen Betriebe aufgeben mußte und dieser Vorgang noch nicht zu Ende ist.

Unterrichtsverlauf	Medien
1. Betrachtung der Tab. (a) von M 9.3: Gespräch über die Entwicklung von Kosten und Preisen bei landw. Erzeugnissen.	M 9.3 (a)
2. Anfertigung einer graph. Darstellung mit Hilfe von M 9.3 (b)	M 9.3 (b)
3. Gespräch: Erkennen der Preis-Kosten-Schere und Suche nach Lösungsmöglichkeiten	
4. Betrachtung der Tab. (a) von M 9.4: — Erkennen, daß Erntemengensteigerung eine Lösungsmöglichkeit war,	M 9.4 (a)

Unterrichtsverlauf	Medien
— Erkennen der Grenzen dieser Lösungsmöglichkeit — Erntemengen können nicht ins Unendliche gesteigert werden — gesteigerte Mengen verursachen Überproduktion (auch: Folgen der Überproduktion) — nicht jeder Betrieb kann mithalten	
5. Betrachtung von M 9.4 (b): Gespräch: Folgen dieser Entwicklung (Wer konnte diese Entwicklung mitmachen? Wer schied aus?). Ergebnis/Schlußbetrachtung: Welche Entwicklungsrichtung (Trend) in Bezug auf Zahl und Flächengröße der Höhe kann prognostiziert werden?	M 9.4 (b)

D.9.3 Einige Probleme der Landwirtschaft in der EG

1. Sachanalyse

Der gemeinsame Agrarmarkt der Europäischen Gemeinschaft ist seit 1967 verwirklicht. Er basiert auf
— gemeinsamem Binnenmarkt zu einheitlichen Preisen,
— gemeinsamem Außenschutz gegen billige Konkurrenz,
— gemeinsamer Finanzierung (der zu subventionierenden Produkte).

Die (bis 1986) zehn an der gemeinsamen Agrarpolitik beteiligten Länder sind: BR Deutschland, Frankreich, Italien, Niederlande, Belgien, Luxemburg, Großbritannien, Irland, Dänemark und Griechenland. Die Marktordnungen erfassen über 90 % der landwirtschaftlichen Produkte. Für 75 % aller Marktordnungsprodukte sind Stützungskäufe mit Mindestpreisgarantie vorgesehen. In der ‚Gemeinsamen Marktorganisation für Obst und Gemüse‘ läßt die EG zwei Möglichkeiten von Interventionsmaßnahmen zu:
— Rücknahme der nicht absetzbaren Mengen durch die Erzeugerorganisation,
— Ankauf durch staatliche Interventionsstellen ‚zur Abwendung einer ernsten Krise des betreffenden Marktes‘.

Rücknahme ist bei Überproduktion von leichtverderblichen und nicht lagerfähigen landwirtschaftlichen Produkten (Obst und Gemüse) die Regel, Ankauf durch staatliche Interventionsstellen bei hochwertigen und lagerfähigen landwirtschaftlichen Erzeugnissen (z. B. Fleisch, Milch, Butter) üblich.

Beispiel: Am 21. 10. 82 legte die EG-Kommission, nachdem klar geworden war, daß ein Apfelüberschuß von 1,4 Mio t den europäischen Markt überschwemmen würde, Interventionsquoten fest. Den einzelnen Mitgliedsländern wurde gestattet, folgende Mengen aus dem Markt zu nehmen, also gar nicht erst dem Handel zuzuführen:

Italien	273 000 t	Frankreich	229 000 t
Niederlande	61 000 t	Belgien	43 000 t
BR Deutschland	47 000 t	Griechenland	38 000 t
Großbritannien	4800 t	Dänemark	1500 t
Irland	1100 t	Luxemburg	200 t

Der Rücknahmepreis, der den Erzeugern gezahlt wurde, richtete sich nach der Marktsituation und betrug etwa 50 % des Marktpreises: dieses Geld erhielten die Länder aus der Kasse der EG. Was geschieht nun mit den Äpfeln? Ein Teil wird für ‚Pfennigpreise‘ an Obstsaftereien ‚verschleudert‘, der unverkäufliche Rest wandert auf die Müllhalde. Der Versuch, die Überschüsse an karitative oder gemeinnützige Organisationen zu verschenken, hat seine Grenzen: 1982 konnten in Frankreich trotz aller Bemühungen nur etwa 1,5 % des überschüssigen Blumenkohls, 0,4 % der Tomaten, 3,5 % der Pfirsiche, 3 % der Birnen und 1 % der aus dem Markt genommenen Äpfel unentgeltlich verteilt werden. Auch das Verschenken hat seine Probleme: ein Gemüsehändler, der zu seinem Kundenkreis ein Krankenhaus, ein Altersheim oder eine Mensa zählt, kann durch dieses Verschenken in seiner Existenz gefährdet werden. Das aber kann nicht der Sinn der EG-Marktordnung sein.

Eine andere Seite des Problems liegt in der Abnahmegarantie für viele landwirtschaftliche Produkte: Der Landwirt kann also seine Produktion ausweiten, egal ob das Erzeugnis vom Markt aufgenommen wird oder nicht. Diese Situation zeigte sich zuerst beim Zucker. Daraufhin wurde ein Quotensystem für Zuckerrübenanbau eingeführt, d. h. jeder rübenanbauende Landwirt durfte nur noch soviel Zuckerrüben anliefern, wie er in einem bestimmten zurückliegenden Jahr geliefert hatte. Erntete er mehr, bekam er für diese Überschußmenge einen erheblich geringeren Preis. Dadurch war der Anreiz, auf jede Art und Weise Zuckerrüben zu erzeugen, genommen worden.

Die Preisstützung (Kosten 1982: 35 Mrd. DM) hat besonders bei Milch und Milchprodukten zu Überschußbeständen geführt, die zwar die Versorgungssicherheit in den EG-Ländern erhöhen, aber hohe Lagerkosten verursachen. Im November 1982 war der ‚Butterberg‘ auf 400 000 t angewachsen, der bis Ende 1982 auf fast die Hälfte abgetragen wurde durch den Verkauf verbilligter ‚Weihnachtsbutter‘ und durch Verkauf von 120 000 t an die Sowjetunion (allerdings zu Weltmarktpreisen, die erheblich unter unseren Preisen lagen).

Das Problem der EG ist, daß den Erzeugern bei vielen Produkten nicht nur Abnahme, sondern auch Bezahlung (z. T. ohne mengenmäßige Begrenzung) garantiert werden: Das EG-Agrarsystem strebt die Sicherung eines angemessenen Einkommens der Landwirte (das trotzdem immer noch erheblich unter demjenigen anderer Berufszweige liegt) und die Versorgung der Bevölkerung zu angemessenen Preisen an. Bei den Preisen für landwirtschaftliche Erzeugnisse zeigte sich in den letzten Jahren deutlich, daß der Preisanstieg gegenüber Produkten aus industrieller Fertigung und Dienstleistungen erheblich niedriger lag.

Die landwirtschaftliche Erzeugung ist trotz allen Fortschritts immer noch von der Natur abhängig. Es muß damit gerechnet werden, daß es Jahre geben wird, in

Tab. 14: Grad der Selbstversorgung in der EG (1983/84)
(Quelle: Agrimente 1987, S. 50)

Weizen	116 %	Käse	108 %
Getreide insg.	105 %	Fleisch insg.	103 %
Kartoffeln	99 %	Gemüse	98 %
Zucker	122 %	Frischobst	83 %
Butter	129 %	Eier	102 %

denen die Ernten erheblich unter den Durchschnitt sinken können. Dann ist es beruhigend zu wissen, daß Lagerbestände die schlimmsten Preissprünge abfangen können (denn in solchen Jahren würden auch die billiger produzierenden außereuropäischen Landwirtschaften den Markt nutzen und ihre Preise anheben).

Beispiel: 1982 belief sich die gesamte Obst- und Gemüseerzeugung in der EG auf 49,35 Mio t. Die nicht normal ‚verkauften' Erzeugnisse (d. h. die aus dem Markt genommenen Mengen, die versaftet, verspritet, verfüttert oder weggeworfen wurden) machten ca. 2 % der Gesamternte aus (ca. 0,9 Mio t).

Die Überlegung, alle Nicht-EG-Importe zu stoppen, ist kurzsichtig: Länder wie Neuseeland, Südafrika, USA, Israel u. a. können nicht von unseren Märkten ferngehalten werden, wenn wir unsere industriellen Produkte an sie verkaufen wollen. So müssen Erträge aus dem Handel mit industriellen Gütern die Landwirtschaft mitfinanzieren.

Die Beurteilung der EG-Agrarpolitik ist zwiespältig, wobei zu betonen ist, daß eine Alternative nicht in Sicht ist:

— Vorteile: Die Produktivität der Landwirtschaft wurde durch Rationalisierungsmaßnahmen (Abbau der kleineren, d. h. unrentableren Betriebsgrößen, sinnvolle Mechanisierung, Flurbereinigungen usw.) erhöht. Damit war ein beträchtlicher Rückgang der Erwerbstätigen in der Landwirtschaft verbunden.
Die Versorgung der Gemeinschaft mit den wichtigsten Nahrungsmitteln wurde weitgehend sichergestellt, Reserven für Krisenzeiten wurden (zwar unter hohen Kosten) eingelagert. Der Lebensstandard der landwirtschaftlichen Bevölkerung wurde deutlich angehoben, wenngleich er noch in keinem Land der EG das Niveau der nichtlandwirtschaftlichen Bevölkerung erreicht hat.

— Nachteile: Höhere Agrarpreise fördern Überproduktion, schaffen wachsende Überschüsse, die wachsenden Aufwand für Ankauf und Lagerung nach sich ziehen. Wegen beschränkter Lagerfähigkeit müssen die Lagerbestände von Zeit zu Zeit ‚verschleudert' werden, um wieder neue Überschüsse einzulagern. Agrarpreise, die über dem Weltmarktpreis liegen, erschweren den Export: Um dennoch exportieren zu können, müssen hohe Ausgaben für Exportsubventionen bereitgestellt werden, und auf Dauer ist der Gemeinsame Agrarmarkt so nicht mehr zu finanzieren.

Um Lösungsmöglichkeiten der o. a. Probleme ringt z. Zt. die EG-Kommission. Von dieser Lösung hängen wesentlich die deutsche Landwirtschaft und das Funktionieren des Gemeinsamen Marktes ab. Daß im Ministerrat der Europäischen Kommission nationale Interessen eine wichtige Rolle spielen, ist kein Wunder, sind doch die Interessen der nationalen Landwirtschaften so unterschiedlich wie ihr Zustand und ihre Entwicklung. Schon bei der Betrachtung des Faktors der Erwerbstätigen in der Landwirtschaft in der EG werden gravierende Unterschiede deutlich (Tab. 15).

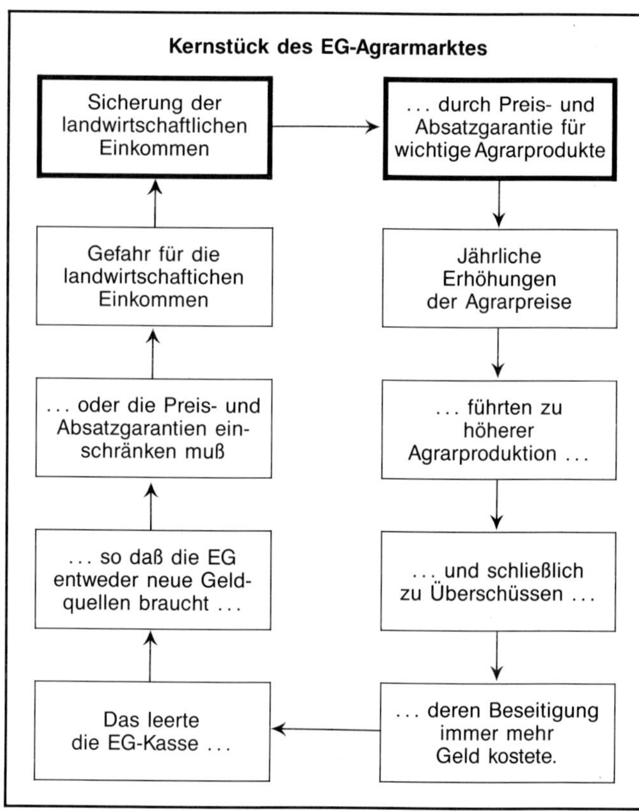

Abb. 7: Teufelskreis der Agrarpolitik (nach Globus, Nr. 5041)

2. Didaktisch-methodische Gestaltung

Die Darstellung der EG-Agrarprobleme im Unterricht ist außerordentlich schwierig, da zu ihrer Erfassung eine Fülle von Details bekannt sein muß, die man bei Schülern nicht verlangen kann, wenn sie nicht gerade aus der Landwirtschaft stammen. Und selbst in diesen Kreisen sind auch nur Ausschnitte, vor allem solche, die einen selbst betreffen, bekannt. Deshalb soll hier auch versucht werden, die auffallenden Unterschiede der EG-Partner darzustellen, wobei der Lehrer versuchen muß, die Phantasie der Schüler zu wecken und Vorstellungen aus dem Kreis des Bekannten ins Unbekannte zu übertragen (z. B. die Vorstellung der klimatischen Unterschiede in den EG-Ländern).

Tab. 15: Beschäftigte (nach Wirtschaftssektoren) in den EG-Ländern (Stand 1985) (Quelle: eurostat 1987, S. 119)									
in %	D	GB	IRL	DK	NL	B	L	F	I	GR
Land- und Forstwirtschaft	5,6	2,6	16	7,1	4,9	3	4,2	7,6	11,2	28,9
produzier. Gewerbe	41	32,4	28,9	26,8	28,1	29,9	33,4	32	33,6	27,4
Dienstleistungen	53,4	65	55,1	66	67	67,1	62,3	60,4	55,2	43,7

Was bedeutet landschaftlicher Unterschied? Dazu werden die Niederlande und Griechenland gegenübergestellt. Hier ein Land ohne bemerkenswerte Höhenunterschiede und mit überwiegend hochwertigem Ackerboden, — dort ein gebirgiges Land, in dem nur die Täler Ackerflächen bieten, wenn nicht Gebirge den Regen abfangen. Bei Betrachtung von M 9.5 (b) benutzt man am besten die Extreme: Wo nur 3 % der Beschäftigten in der Landwirtschaft arbeiten, nimmt die Öffentlichkeit diese kaum noch wahr; wo aber 30 % der Beschäftigten in der Landwirtschaft arbeiten, wird das bäuerliche, dörfliche Leben noch stark hervortreten.

Der Grad der Mechanisierung ist ein Zeichen für die Entwicklung der Landwirtschaft: Die zweite und dritte Stufe der Betrachtung von M 9.5 (d) zeigt zusätzlich die Rentabilität dieser Mechanisierung. Man muß aber mehr von den einzelnen nationalen Landwirtschaften wissen, um nicht die relativ geringe Zahl der Traktoren in Großbritannien falsch zu deuten. Hier ist vor allem der hohe Grünlandanteil und die Weidewirtschaft ein Grund für die geringe Anzahl der Traktoren.

Zusätzliche Medien
Transparente: Europäische Gemeinschaft: Agrarstruktur (5 Folien), Westermann Nr. 359223. — Agrarwirtschaft (5 Folien) Westermann Nr. 359224. — Die regionale Struktur der landwirtschaftlichen Erzeugung in der EG (16 Folien und kartographische Analyse), Kommission der EG (Informationsbüro) Bonn.

3. Lernziele und Verlaufsplanung

Lernziele: Die Schüler sollen an einigen bestimmten Zahlenbeispielen

— die grundlegenden Unterschiede, die die Landwirtschaft betreffen, erkennen lernen,

— die Arbeit mit Tabellen und Statistiken weiter einüben und besser interpretieren lernen,

— erkennen, woher schon in der untersten Ebene der Betrachtung der Landwirtschaft in der EG Probleme entstehen.

Anmerkung: Zur Zeit der Abfassung des Manuskripts waren teilweise noch keine Zahlenangaben über den Agrarmarkt der Zwölfergemeinschaft erhältlich. Zur Aktualisierung der Materialien wende man sich z. B. an das Presse- und Informationsbüro der Kommission der Europäischen Gemeinschaften, Zitelmannstr. 22, 5300 Bonn 1.

1. Stunde: Staaten Europas — Europäische Gemeinschaft

Unterrichtsverlauf	Medien
1. Bereitstellung der Grundlagen: Was ist Europa? Was ist die Europäische Gemeinschaft? Unterschiede der Länder der EG (Größe der Staaten, Bevölkerungszahl, Oberflächengestalt, geographische Lage und klimatische Bedingungen).	Wandkarte, Atlas
2. Bearbeitung von M 9.5 (b) des Arbeitsblattes, um weitere Unterschiede bez. Landwirtschaft zu erkennen. *Ergebnis:* In den industriell hoch entwickelten Ländern der EG ist auch die Landwirtschaft hoch entwickelt (Anteil der Beschäftigten in der Landwirtschaft in den hoch entwickelten Ländern liegt zwischen 3 und 6 %).	Stichworte, Tafel / M 9.5 (b)

2. Stunde: Produktivität der Landwirtschaft in den Ländern der EG

Unterrichtsverlauf	Medien
1. Kurze Wiederholung der Ergebnisse der Vorstunde.	
2. Feststellung der Flächenproduktivität und der Unterschiede in den Ländern der EG: Suche die Länder mit den niedrigsten Werten aus M 9.5 (a).	M 9.5 (c)
3. Ergebnissicherung: Bearbeite M 9.5 (d) des Arbeitsblattes und betrachte die Länder mit den niedrigsten Werten, vergleiche mit den Ergebnissen aus M 9.5 (b) und (c). (M 9.5 (d) ist vieldeutig, hier soll nur der Mechanisierungsgrad erkannt werden!)	Tafel / M 9.5
4. Ergebnis der Bearbeitung des Arbeitsblattes: Ein Teil der Agrarprobleme in der EG resultiert aus grundlegenden Unterschieden der einzelnen Länder — Lageunterschied: klimatisch z. B. Irland — Italien; landschaftlich z. B. Niederlande — Griechenland; lagenmäßig z. B. Luxemburg — Irland — Größenunterschied: z. B. Frankreich — Luxemburg — Anteil der Beschäftigten in der Landwirtschaft: z. B. Belgien — Griechenland — Flächenproduktivität: z. B. Weizen Niederlande — Italien — Mechanisierungsgrad: z. B. Schlepperbesatz Deutschland — Irland	

Zur Arbeit mit den Medien

Wie der Einsatz der in dieser Reihe angebotenen Medien/Materialien gedacht ist, ist durch entsprechende Hinweise im Rahmen methodischer Erläuterungen oder/und verlaufsbezogener Aussagen angegeben. Diese Angaben legen i. d. R. jedoch nur die Art des Einsatzes fest. Methodische Einzelschritte u. dgl. sind dagegen nur in besonderen Fällen ausgegliedert.

Anliegen dieses kurzen Kapitels ist es daher, zur Arbeit mit den Medien in knapper Form noch einige differenziertere Hinweise zu geben. Dabei ist es jedoch nicht erforderlich, für jedes einzelne Medium entsprechende Schrittfolgen seiner methodischen Handhabung festzulegen. Vielmehr genügt es, dies für die jeweiligen Medien pauschal zu tun; denn im Prinzip folgt die Arbeit mit gleichen, ähnlichen, verwandten Medien ja mehr oder weniger derselben methodischen Struktur. Somit ergibt sich die Möglichkeit, für die einzelnen Medienarten bestimmte Standardschrittfolgen ihrer Handhabungsweise auszugliedern. Für die Arbeit mit den in den Bänden dieser Reihe hauptsächlich bereitgestellten Medien können dabei die folgenden Standardschrittfolgen in Frage kommen:

Tabelle
— Aussage der Tabellenüberschrift ermitteln
— Zahlenmaterial erfassen: Zahlenart (absolute, relative, Indexzahlen) feststellen, Zeitbezug klären, räumliche Abgrenzungen vornehmen, Maßeinheiten vergegenwärtigen, Quelle (Alter, amtlich?) feststellen
— Zusammenfassung der in der Tabelle enthaltenen Aussagen: Höchst- und Tiefstwerte beschreiben, Durchschnittswerte ermitteln, zeitliche Entwicklungen darstellen, Zahlenmaterial weiterverarbeiten und ggf. miteinander in Beziehung setzen
— begründete Einordnung der erfaßten Aussagen in den übergeordneten Zusammenhang mit Hilfe des Vorwissens (Interpretation): geographischen, politischen, historischen Zusammenhang berücksichtigen, Daten ggf. mit nicht in der Tabelle enthaltenen Zahlen vergleichen
— geordnete schriftliche oder mündliche Darstellung der Ergebnisse (in Anpassung an die vorgegebene Aufgabenstellung)

Thematische Karte
— Überschrift und Legende erfassen
— Größe des dargestellten Raumes und Kartenmaßstab feststellen
— dargestellte Raumelemente ermitteln und beschreiben, Einzelelemente kausal und funktional miteinander in Beziehung setzen
— beschriebene Raumelemente mit geographischen, politischen und historischen Strukturen und Entwicklungen erklären; ggf. andere Karten zur Erklärung heranziehen
— schriftliche oder mündliche Darstellung der Ergebnisse (in Anpassung an die vorgegebene Aufgabenstellung)

Text
— Lesen des Textes und optisches Hervorheben von Begriffen und Definitionen
— Klären von unbekannten Begriffen und Wörtern
— Erfassen und optisches Hervorheben zentraler Aussagen
— begründete Einordnung dieser Aussagen in den Gesamtzusammenhang
— zusammenhängende schriftliche oder mündliche Wiedergabe des Textinhaltes: unter Beachtung einer (durch den Text selber vorgegebenen?) Gliederung, unter schwerpunktmäßiger Berücksichtigung der zentralen Aussagen, in Anpassung an die vorgegebene Aufgabenstellung

Diagramm
— Erfassen und Sichten der grafischen Elemente und der Skalierung im Hinblick auf Inhaltsbezug, Zeitbezug und Darstellungsweise
— Zusammenfassung der in der Grafik enthaltenen Aussagen; Höchst- und Tiefstwerte herausstellen
— begründete Einordnung der erfaßten Aussagen in den übergeordneten Zusammenhang mit Hilfe des Vorwissens (Interpretation)
— geordnete schriftliche oder mündliche Darstellung der Ereignisse

Fotografie
— Bildart feststellen
— gegebenenfalls Größe und Lage des im Bild erfaßten Raumes ermitteln
— Bildelemente identifizieren und ordnen
— geordnete Bildelemente in den übergeordneten Zusammenhang eingliedern und damit die erkennbaren Strukturen erklären
— Ergebnisse geordnet schriftlich oder mündlich darstellen (in Anpassung an die vorgegebene Aufgabenstellung)

Modell
— Einlesen in die verwendeten Signaturen, Symbole, Zeichen sowie deren Entsprechung zur Wirklichkeit
— Feststellen der Lage der Elemente, Areale usw.
— Ermitteln der Lagebeziehungen zwischen den Elementen, Arealen usw.
— Erkennen der durch diese Lagebeziehungen gebildeten und im Modell abgebildeten räumlichen Struktur/Gesetzlichkeit
— Kontextbezogene empirische Interpretation der betreffenden Raumgesetzlichkeit
— kausale Erklärung der im Modell abgebildeten Raumgesetzlichkeit
— Transfer auf ähnliche/gleichartige Raumsachverhalte
— kritische Prüfung des Wertes des Modells

Transparent
Da auf Transparenten eines oder mehrere der oben beschriebenen Medien abgebildet ist/sind, gilt das oben jeweils Gesagte im Prinzip analog. Hinzuweisen wäre hier stattdessen noch auf die Möglichkeit der
— Arbeit mit einer Kombination aus Transparent und Dia auf dem Tobidiascript
— Erzeugung von Bewegungseffekten etwa durch (horizontales, vertikales) Weiterkurbeln einer Rollfolie (dann in der Funktion einer Deckfolie) über einer fixierten Grundfolie

Am Beispiel eines Klimadiagramms soll nachfolgend der Gang einer Auswertungsschrittfolge in exemplarischer Weise sachinhaltlich konkretisiert werden. Dabei wird hier die wohl bekannteste Form des Klimadiagramms, die Kombination von Säulen- und Kurvendiagramm, gewählt.

Die beiden folgenden Diagramme repräsentieren zwei verschiedene Klimatypen der gemäßigten Breiten und können etwa in Klasse 7 bei der Erarbeitung eines Überblickes über die Klimatypen Europas eingesetzt werden.

Im Verlauf des Unterrichts wird die Interpretation solcher Medien in der Regel mit gezielten Arbeitsaufträgen verbunden, die z. B. lauten könnten:

1. Vergleiche die beiden dargestellten Klimadiagramme miteinander. Erstelle dazu eine übersichtliche Tabelle!

2. Wie erklärst Du den Verlauf der Temperaturkurve?

Bei der Auswertung der Diagramme müssen die Schüler zunächst Skalen und Darstellungsformen erfassen. Sie werden feststellen, daß

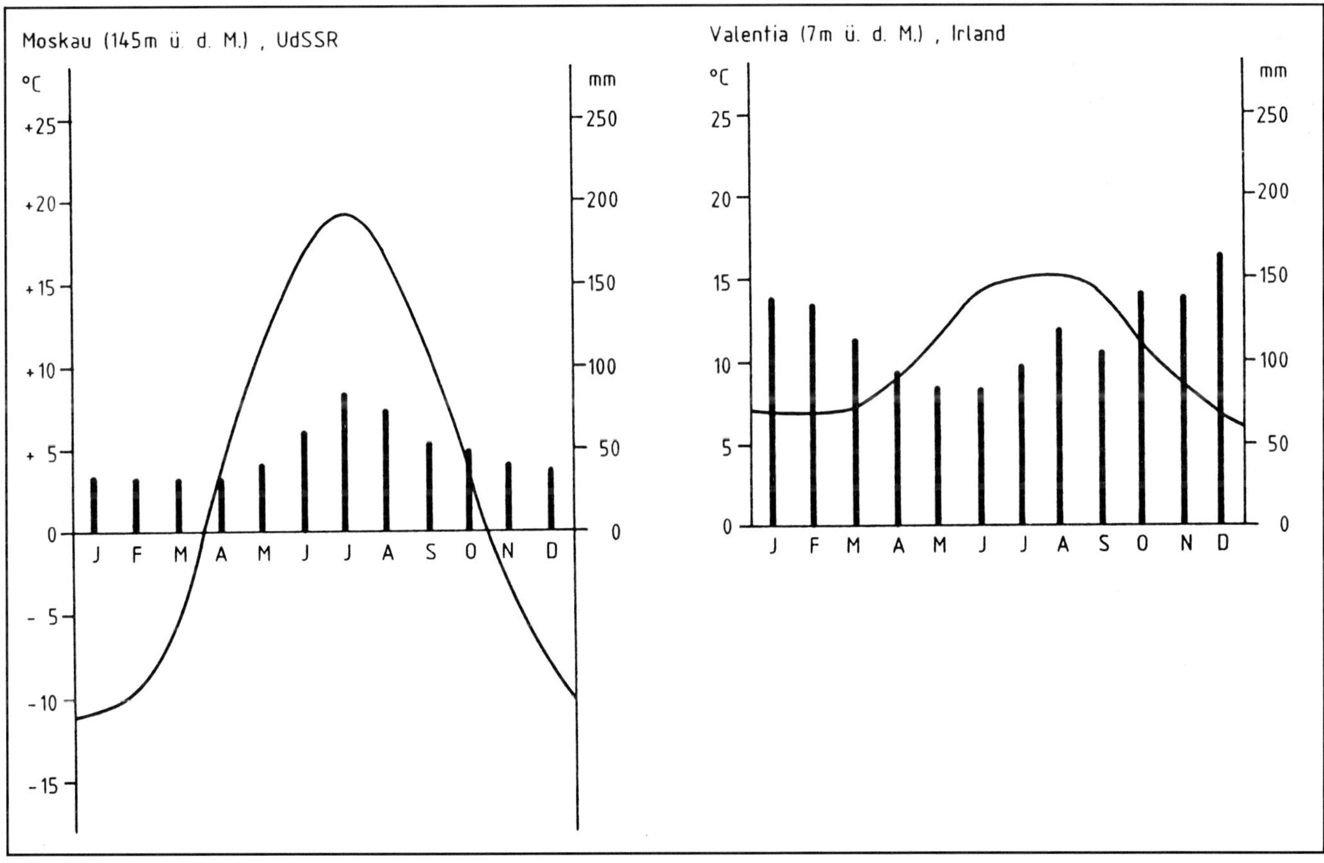

die linke Skala die Temperaturangaben, die rechte Skala Werte für die Niederschlagsmengen und die untere Skala eine Einteilung nach Monaten anzeigt. Darüberhinaus müssen sie erkennen, daß die Monatsdurchschnittstemperaturen im Kurvenverlauf und die Monatsniederschlagssummen in den einzelnen Säulen zum Ausdruck gebracht werden. Ist dies sichergestellt, erfolgt die inhaltliche Auswertung entsprechend den vorgegebenen Arbeitsweisen. Die Antworten könnten wie folgt lauten:

	Ozeanisches Klima	Kontinentales Klima
Temperaturverlauf	geringe, jährliche Temperaturschwankungen (etwa 8 °C); milde Winter (7 °C), kühle Sommer (max. 15 °C)	starke jährliche Temperaturschwankungen (etwa 30 °C); sehr warme Sommer (max. 19 °C)
Niederschläge	ganzjährig Niederschläge, Minimum im Juni (80 mm), Maximum im Dezember (170 mm); feuchtes Klima	ganzjährig Niederschläge, dennoch nur wenig feuchtes Klima; Minimum Jan.-März (30 mm), Maximum im Juli (80 mm)

zu Arbeitshinweis 2:
Da Moskau und Valentia nahezu auf der gleichen geographischen Breite und auch nicht in bedeutendem Maße unterschiedlich hoch liegen, ist die Erklärung für die unterschiedlichen Temperaturkurven in der Lage am Ozean (Valentia) sowie weit abseits des Ozeans auf dem (eurasischen) Kontinent (Moskau) zu sehen. Da sich Wasser langsamer erwärmt, dafür aber auch langsamer abkühlt als die Landmassen, gibt es im ozeanischen Klimabereich nur geringe Jahrestemperaturgegensätze.

Diese Standardschrittfolgen können unabhängig von der Darbietungsweise des jeweiligen Mediums (z. B. Bild als Diapositiv, als Handbild o. ä.) immer wieder angewendet werden und sind lediglich entsprechend der Altersstufe und dem Entwicklungsstand der Schüler zu ‚gewichten'. In den jüngeren Altersstufen (Klassenstufen 5/6) wird das Schwergewicht stärker und häufiger auf den deskriptiven Arbeitsschritten (Erfassen der Darstellungsweise und Beschreibung der Inhalte) liegen müssen, mit zunehmendem Alter werden die interpretierenden und erklärenden Schritte zunehmend wichtiger. Zudem sind dann häufiger auch arbeitsmethodische Hilfen bei der sachinhaltlichen Interpretation der Medien notwendig bzw. ist es dann möglich, zunehmend anspruchsvollere Medienversionen bzw. -inhalte einzugeben (z. B. Thermoisoplethendiagramm als Variante eines Klimadiagramms).

Wichtig erscheint nun der Hinweis, daß die Auswertung der Medien immer wiedergeübt werden muß, und dies sollte mitunter auch in kleinen ‚arbeitsmethodischen Exkursen' erfolgen. Es bieten sich in dieser Richtung auch gezielte Hausaufgaben an, wobei den Schülern dann allerdings eine konkrete Rückmeldung gegeben werden muß.

Ebenso notwendig erscheint der Hinweis, die Schüler mit der Vielfalt der Darbietungsformen einzelner Medien vertraut zu machen, zumal dadurch teilweise auch methodische Varianten gegeben sind. Insbesondere der Einsatz von Fotos bietet hierbei verschiedenste Möglichkeiten, die allerdings vielfach von der materiellen Ausstattung der Schule bzw. des Faches Geographie, aber auch von der Realisierbarkeit des technischen Aufwandes für einzelne Stunden bestimmt werden.

Behandelt man beispielsweise das Thema ,,Vegetationszonen der Erde", erweist es sich als sehr effektiv und zeitsparend, Bilder der

jeweiligen Landschaftsgürtel zunächst in arbeitsteiliger Gruppenarbeit auszuwerten und sie dann von den jeweiligen Gruppen nacheinander vorstellen zu lassen.

Mit den sog. DIASTAR-Geräten, die vom Preis her für jede Schule erschwinglich sind, können Dias ohne Verdunkelung auf ein Format von 20×20 cm vergrößert werden, groß genug also, um in der Gruppe ausgewertet zu werden. Im Verlauf der Plenumsdiskussion würde dann die Projektion der Dias über einen üblichen Diaprojektor erfolgen.

Der abschließende Überblick über Medientypen und -untertypen soll helfen, die hier angebotenen und besprochenen Arbeitsmittel einzuordnen und Anregungen für ergänzende Medien zu geben.

Tabelle

mit absoluten Zahlen, mit relativen Zahlen, Prozentzahlen, Indexzahlen, Mischform (absolute und relative Zahlen)

Karte

nach dem Inhalt: physische Karte (topographische Karte, generalisierte Atlas- oder Wanderkarte), thematisierte Karte (mit relativer, d. h. auf die Flächeneinheit bezogener Darstellungweise mit absoluter Darstellungsweise: hier tritt das Symbol an die Stelle der Erscheinung, und/oder mittels entsprechender Mischformen),
nach der Darbietungsform: Atlaskarte, Kartenblätter (z. B. Dt. Grundkarte), Wandkarte, Karten als ‚Poster‘, Karte im Schulbuch, Globus

Text

Presseartikel, populärwissenschaftlicher Bericht, Reisebericht, wissenschaftlicher Text, Interview, Auszug aus einer Rede, Kommentar, Schulbuchtest

Diagramm/Schaubild

lineares Diagramm (Liniendiagramm, Kurvendiagramm, Säulendiagramm, Banddiagramm) flächenhaftes Diagramm (Viereckdiagramm, Kreisdiagramm, Kreissektorendiagramm), figürliches und Symboldiagramm, dreidimensionales Diagramm, Profil (Längsschnittprofil, Querschnittprofil), Blockbild

Fotografie

entsprechend der Perspektive: Bodenaufnahme (Detail-/Totalaufnahme), Luftaufnahme (Schräg-/Senkrechtaufnahme), Satellitenbild (Schräg-/Senkrechtaufnahme),
entsprechend der Darbietungsform: Foto im Schulbuch, Diapositiv, Handbild, Transparentfolie, Tonbild, Poster

Modelle

können außer in der hier besprochenen graphisch-figuralen Version (z. B. nachgebauter Deich) oder in afiguraler Version (z. B. als mathematische Formel oder als logische Begriffsskizze) auftreten.

Hingewiesen sei schließlich noch auf die Möglichkeit, die meisten dieser Medien/Materialien auch von den Schülern selbst herstellen zu lassen, und zwar als integrierte Ergebnisse der unterrichtlichen Arbeit, als weiterführende Arbeit im Rahmen von Hausaufgaben, des Werk-/Kunstunterrichts o. ä.

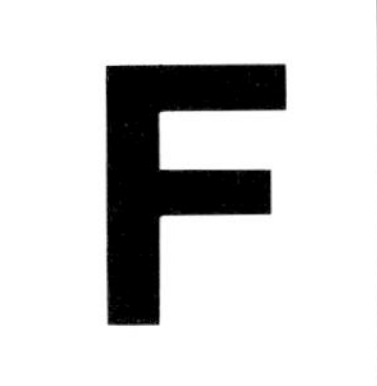

Materialien zu den Unterrichtsbeispielen

Verzeichnis der Medien/Materialien

Erläuterung:
M = Medium/Material
(t) = das betreffende Medium/Material befindet sich nicht im gehefteten Medienteil, sondern in der Medientasche im Anhang

Datum: _______________   Name des Schülers: ______________________

1. In welchem Dorf liegt der Betrieb?

   ____

   Wem gehört der Betrieb?

   ____

   Wo liegt der Hof? (Im Dorf, am Rande oder außerhalb des Dorfes?)

   ____

   Wird Ackerbau, Viehzucht oder beides betrieben?

   ____

2. Fertigt eine Skizze des Hofes an (Grundriß) und benennt die einzelnen Gebäude
   (z.B. Wohnhaus, Stall, Scheune, Silo)!
   Zeichnet auch die Zufahrt vom Hof zur Straße und die Straße ein!

3. Wie groß ist der Betrieb? ________ ha

   (1 ha = 10 000 m^2; zum Vergleich: 1 Hektar entspricht ungefähr der Größe eines
   Fußballplatzes.)

   davon eigenes Land: ________ ha

      gepachtetes Land: ________ ha

   Ackerland: ________ ha

   Grünland: (Wiesen und Weiden) ________ ha

   Wald: ________ ha

   Gartenland: (Obst und Gemüse) ________ ha

4. Welche Pflanzen werden angebaut?

____

____

Wozu werden sie verwendet?

____

____

Tragt in die Tabelle ein:

Anbaupflanze	Aussaat	Pflegearbeiten	Ernte

Was geschieht mit der Ernte?

____

____

5. Welche Tiere gibt es auf dem Hof, und womit werden sie gefüttert?

Tiere	Anzahl	Futter

Kauft der Bauer Vieh dazu? Wieviel pro Jahr?

____

____

Verkauft der Bauer Vieh? Wann? Wieviel?

____

____

Welche Arbeiten sind mit der Viehhaltung verbunden?

____

____

6. Tragt in die Tabelle ein:

Welche Maschinen besitzt der Bauer?	Wozu werden die Maschinen benötigt?	Wer repariert die Maschinen?

Leiht sich der Bauer Maschinen aus? ____________________

Wenn ja, welche und warum?

Verleiht der Bauer seine eigenen Maschinen? __________________

Was kosten die wichtigsten Maschinen, die auf dem Hof stehen?

Maschinen	Preis (neu/gebraucht)

7. Welche Personen arbeiten auf dem Hof?

____

____

Welche Arbeiten verrichten sie?

Bauer:

____

Bäuerin:

____

___________________:

____

___________________:

____

___________________:

____

Wie lange wird täglich gearbeitet?
Gibt es Unterschiede in den einzelnen Jahreszeiten?

____

____

____

Kann der Bauer mit seiner Familie auch Urlaub machen?

____

____

Schreibt eigene Fragen auf, die euch noch interessieren!

1. ____

2. ____

3. ____

4. ____

<table>
<tr><td>M 1.2</td><td>Erkundung eines landwirtschaftlichen Betriebes (7./8. Schuljahr)</td></tr>
</table>

Datum: _____________   Name des Schülers: _________________________________

1. Kennzeichnung des Betriebes (Ort, Straße, Nr., Eigentümer bzw. Betriebs-
   leiter):

   ____

   ____

2. Naturraum:
   Höhenlage (m) _____________________, Niederschläge (mm) im Jahr _______________

   Beschreibung der Umgebung (z.B. Täler, Hänge, Wasserverhältnisse, Wegenetz):

   ____

   ____

3. Art des Betriebes (z.B. Voll- oder Nebenerwerbsbetrieb, Spezialisierung auf
   Ackerbau bzw. Viehzucht, evtl. Begründung für eine Spezialisierung):

   ____

   ____

   Größe des Betriebes: ________ ha

   Lage der Felder
   (geschlossener Besitz oder mehrere Flurstücke, Anzahl der Flurstücke):

   ____

   ____

   eigenes Land: ________ ha

   Pachtland: ________ ha

   Nutzungsflächen des Betriebes:

   ____

   Ackerland: ________ ha

   Grünland: (Wiesen und Weiden) ________ ha

   Wald: ________ ha

   Gartenland: (Obst und Gemüse) ________ ha

   Wasserflächen: ________ ha

   andere Flächen: ________ ha

   z.B. ____

4. Welche Pflanzen werden angebaut und wozu werden sie verwendet?

____

____

____

Tragt in die Tabelle ein:

Anbaupflanze	Aussaat	Pflegearbeiten	Ernte	Erträge pro ha

Welche Düngemittel werden verwendet?

____

____

____

Wird Schädlingsbekämpfung durchgeführt? Welche Mittel werden benuzt?
Wann werden sie angewendet?

____

____

____

____

Welche Fruchtfolge gibt es?

	Hauptfrucht	Zwischenfrucht
1. Jahr		
2. Jahr		
3. Jahr		
4. Jahr		

5. Viehbestand des Hofes:

Anzahl	Art der Tiere	welches Futter	eigenes oder gekauftes Futter	Wert der Tiere

Hat sich der Hof auf eine bestimmte Viehhaltung spezialisiert? Wenn ja, warum?

____

____

____

Welche Arbeiten sind mit der Viehhaltung verbunden?

____

____

____

Welche Kosten verursacht die Viehhaltung?

____

____

____

6. Welche Großgeräte (z.B. Pflug, Egge) und Maschinen sind vorhanden?

____

____

____

Welche Maschinen gehören dem Landwirt, welche Maschinen werden ausgeliehen (z.B. Maschinenring bzw. für Lohnarbeit)?

____

____

____

Kosten der Maschinen:

Maschine	Anschaffungspreis (neu oder gebraucht)	Reparatur- kosten pro Jahr	Unterhal- tungskosten pro Jahr	Haltbarkeit der Maschine (in Jahren)

7. Welche Personen arbeiten auf dem Hof? Welche Arbeiten verrichten sie?

Tragt in den Arbeitskalender ein:

Monat	Arbeiten für den Ackerbau	Arbeiten für die Viehhaltung	Arbeiten auf dem Hof	Arbeitsstun- den pro Tag
Januar				
Februar				
März				
April				
Mai				
Juni				
Juli				
August				
September				
Oktober				
November				
Dezember				

8. Wohin verkauft der Bauer seine Produkte aus dem Ackerbau bzw. aus der Viehhaltung?

____

____

____

____

Erkundigt euch bei einigen Produkten nach dem Verkaufspreis (den der Bauer erhält) und den jeweiligen Betriebskosten des Produkts (z.B. Kosten für Dünger, Maschinen, Löhne, Saatgut) und stellt den Gewinn fest!

Produkt	Verkaufspreis	Betriebskosten	Gewinn
1 dt Weizen			
1 dt Kartoffeln			
1 dt Zuckerrüben			
1 l Milch			
1 kg Schweinefleisch			

9. Welche Fragen hast du noch an den Landwirt? Schreibe sie auf!

____

____

____

____

<table><tr><td>

Erkundung eines landwirtschaftlichen Betriebes (9./10. Schuljahr)

</td><td>

M 1.3

</td></tr></table>

Datum: _____________ Name des Schülers: _____________________________

1. Kennzeichnung des Betriebes (Ort, Straße, Nr., Eigentümer bzw. Betriebs-
   leiter):

   ____

   ____

2. Naturraum:
   Höhenlage (m ü.N.N.) ______________, Niederschläge (mm pro Jahr) ___________

   Verteilung der Niederschläge (in welchen Monaten besonders viel bzw. wenig?)

   ____

   Temperaturen in den einzelnen Monaten:

   ____

   Früh- und Spätfrostgefahr (wann und wie häufig?)

   ____

   Hauptsächlich vorkommende Bodenarten:

   ____

   Beschreibung der Umgebung
   (z.B. Tallage, Hänge, Wegenetz, Wasserverhältnisse, Grundwasserstand):

   ____

   ____

3. Größe und Lage des Betriebes:

   davon eigenes Land: _________ ha

   Pachtland: _________ ha

   Lage der Felder in der Gemarkung (z.B. geschlossener Besitz oder Streulage der
   Flurstücke, Anzahl der Flurstücke bzw. Parzellen)

   ____

   ____

   Wurde eine Flurbereinigung durchgeführt? (wann? Bedeutung für den Betrieb?)

   ____

   ____

<table><tr><td>**M 1.3**</td><td>**Erkundung eines landwirtschaftlichen Betriebes** (9./10. Schuljahr)</td></tr></table>

4. Art des Betriebes (z.B. Voll- oder Nebenerwerbsbetrieb, Spezialisierung, evtl. Begründung):

____

Übersicht: Nutzungsflächen des Betriebes:

Ackerland: _______ ha _______ % der Gesamtfläche

Grünland: (Wiesen und Weiden) _______ ha _______ % der Gesamtfläche

Wald: _______ ha _______ % der Gesamtfläche

Gartenland: (Obst und Gemüse) _______ ha _______ % der Gesamtfläche

Wasserflächen: _______ ha _______ % der Gesamtfläche

andere Flächen: _______ ha _______ % der Gesamtfläche

z.B. _______________________________________

5. Anbau von Kulturpflanzen

Anbaupflanze	Aussaat	Pflegearbeiten	Ernte

Fruchtfolge (Begründung):

____

	Hauptfrucht	Zwischenfrucht
1. Jahr		
2. Jahr		
3. Jahr		
4. Jahr		

Düngemittel	Mengen/ha/Jahr	Ausgaben/Jahr
wirtschaftseigene (z.B. Stallmist)		
Handelsdünger (Mineraldünger)		

Schädlingsbekämpfung/Unkrautbekämpfung

Welche Schädlinge bzw. welche Unkräuter?	Form der Bekämpfung? (mechanisch/chemisch/ biologisch/integriert)	Häufigkeit der Behandlung? Wirksamkeit?	Ausgaben insgesamt pro Jahr

6. Erträge aus dem Ackerbau (pro Jahr):

Anbaupflanze	Ertrag dt/ha	Verkaufs- preis DM/dt	Anbaufläche (ha) und Erträge (dt)	gesamte Unkosten z.B. Dünger, Spritzmittel, Kraftstoff	Gewinn/ Verlust

7. Welche Tiere gibt es auf dem Hof? Womit werden sie gefüttert?

____

____

Welche Arbeiten sind mit der Viehhaltung verbunden?

____

____

8. Viehbestand, Futter- und Pflegekosten (pro Jahr)

Anzahl	Art der Tiere	Wert der Tiere	Futterkosten insgesamt	andere Kosten, z.B. Tierarzt

9. Erträge aus der Viehhaltung (pro Jahr)

Tierart	Verkaufspreis für Fleisch, Milch, Eier pro kg, ℓ, Stück	Gesamterlös aus Verkauf (DM)	Gesamte Unkosten (DM) z.B. Futter, Anschaffungspreis, Tierarzt	Gewinn/ Verlust (DM)

10. Ausstattung des Betriebes mit Großgeräten (z.B. Pflug, Eggen) und Maschinen:

____

____

Welche Maschinen bzw. Großgeräte sind Eigentum des Betriebes, welche werden
ausgeliehen?

____

____

Warum Ausleihe von Maschinen?

____

____

Maschine/ Großgerät	Anschaffungspreis (neu/gebraucht)	Unterhaltungs- kosten pro Jahr	Haltbarkeit der Maschine/ des Großgerätes (in Jahren)

11. Arbeitskräfte auf dem Hof

	Zahl	Durchschnittliche Arbeitsstunden pro Tag	Lohnaufwendungen pro Jahr
Betriebsleiter			
familieneigene Arbeitskräfte			
nicht ständige Arbeitskräfte (Lohnarbeiter)			
Landarbeiter (festangestellt)			
Lehrlinge			

<table><tr><td>M 1.3</td><td>**Erkundung eines landwirtschaftlichen Betriebes** (9./10. Schuljahr)</td></tr></table>

12. Absatz und Vermarktung der Produkte

Vermarktungsform	Produkt	Anteil in %
Eigenbedarf		
Selbstvermarktung z.B. auf Wochenmärkten		
Abhofverkauf		
Genossenschaft		
Händler		
andere Form z.B. __________		

Gibt es für bestimmte Produkte Absatzschwierigkeiten?

____

____

Welche Bedeutung hat die Marktordnung der Europäischen Gemeinschaft (EG) für diesen Betrieb?

____

____

____

Hat dieser Betrieb noch zusätzliche Einnahmen (z.B. Ferien auf dem Bauernhof)?

____

____

Welche wichtigen Probleme ergeben sich für den Betrieb in den kommenden Jahren?

____

____

____

früher | heute

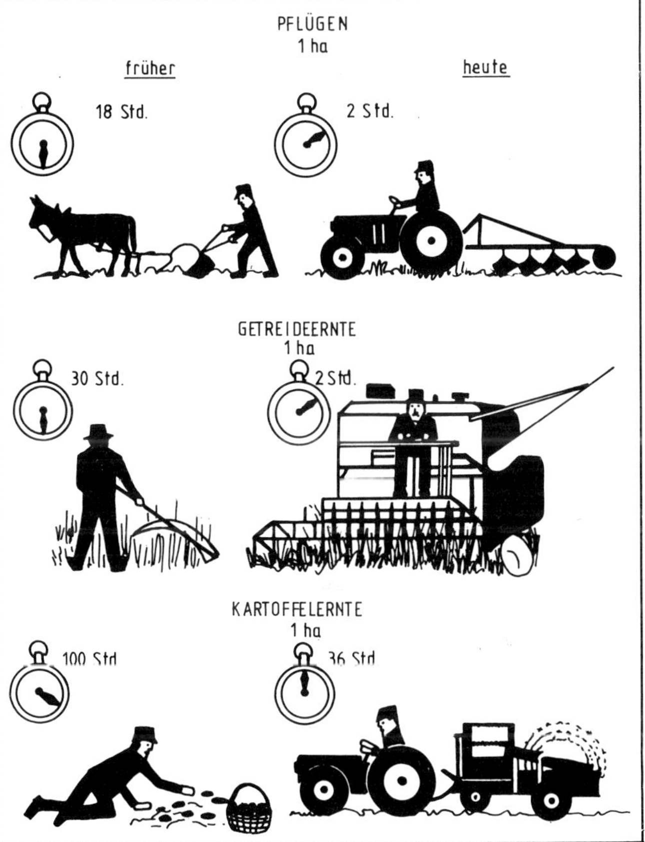

| Fragen | M 2.5 |

1. Vor 100 Jahren lebten 20 Millionen Menschen, heute leben ca. 60 Millionen Menschen im Gebiet der Bundesrepublik Deutschland. Was bedeutet das für die Landwirtschaft?

2. Wer war der Hauptverbraucher der landwirtschaftlichen Produkte in der Zeit, als es noch nicht so viele Fabriken gab?

3. Wer verrichtete früher die Arbeit auf dem Bauernhof? Welche Arbeiten waren das, und warum konnte der Bauer die Arbeit nicht allein verrichten?

4. Was hat die Entwicklung neuer Maschinen mit der Abwanderung von Arbeitskräften aus der Landwirtschaft zu tun?

5. Welche Schwierigkeiten ergaben sich für die Bauern durch die Abwanderung vieler Knechte und Mägde vom Bauernhof in die Stadt?

6. Welche Hilfsmittel erleichtern dem Bauern heute die Arbeit auf dem Bauernhof?

7. Was versteht man unter Rationalisierung?

8. Welche Veränderungen hat der Arbeitsplatz des Bauern durch die Rationalisierung durchgemacht?

| Die Landwirtschaft hat sich verändert | M 2.4 |

1880 lebten im Bereich der heutigen Bundesrepublik Deutschland ca. 20 Millionen Menschen. 1980 lebten im selben Gebiet 60 Millionen Menschen.

Es ist ganz leicht einzusehen, daß mehr Menschen auch mehr Nahrungsmittel brauchen.

Vor 100 Jahren, als es noch nicht so viele Fabriken gab wie heute, arbeiteten die meisten Menschen noch in der Landwirtschaft und versorgten sich selbst.

Auf den Bauernhöfen waren viele Mägde, Knechte und Tagelöhner tätig. Allein konnte der Bauer seinen Betrieb nicht bewirtschaften, denn es gab noch keine modernen Maschinen. Die Mägde und Knechte mußten folgende Arbeiten verrichten: Vieh füttern, Kühe melken, den Stall ausmisten, mit den Pferden pflügen, Getreide säen, mit der Sense mähen, auf der Tenne dreschen und Haus- und Gartenarbeiten erledigen. Als Lohn für ihre Arbeit erhielten sie meist nur freies Essen und freie Unterkunft.

Von seinen landwirtschaftlichen Produkten ernährte der Bauer zunächst seine Familie und sein Dienstpersonal; was übrigblieb, wurde auf dem Markt in der Stadt verkauft.

Durch die Erfindung der Maschinen entstanden in den Städten immer mehr Fabriken, die Arbeitskräfte brauchten. Viele Knechte und Mägde zogen in die Stadt, weil sie glaubten, dort mehr zu verdienen und ein besseres Leben zu haben.

Für die Bauern mußten Maschinen entwickelt werden, die die menschliche Arbeitskraft ersetzen konnten. Mähmaschinen und Mähdrescher ersetzten Sensen und Dreschflegel, der Traktor ersetzte das Pferdegespann, die Melkmaschine erleichterte die Melkarbeit, usw.

Durch Einsatz von Kunstdünger, Pflanzenschutzmitteln und Züchtung besserer Pflanzensorten konnten die Ernteerträge gesteigert werden.

Das Ersetzen veralteter Arbeitsverfahren durch neue, besser durchdachte Maschinen, Kunstdünger, bessere Pflanzensorten nennt man **Rationalisierung**.

Der Arbeitsplatz des Bauern hat sich mit der Rationalisierung stark gewandelt. Knechte und Mägde gibt es kaum noch. Der Bauer muß heute viele verschiedenartige Tätigkeiten ausüben:

Er ist *Kaufmann*; denn er muß Maschinen, Kunstdünger, Futtermittel, junges Vieh, Saatgut usw. einkaufen und seine Erzeugnisse verkaufen.

Er ist *Techniker*; denn er muß seine teuren Maschinen pflegen und manchmal auch reparieren.

Er ist *Transporteur*; denn er muß seine Erzeugnisse vom Acker zum Hof, in Lagerräume und zu Abnehmern transportieren.

Vor allem aber ist er *Erzeuger* der Grundnahrungsmittel: Milch, Getreide, Fleisch, Eier.

M 2.6 — Nichtspezialisierter und spezialisierter Bauernhof

Zum Bauernhof von Bauer **Meyer** aus Oldendorf gehören Kühe, Schweine, Hühner, Getreidefelder, Kartoffeläcker, Grasland. Da Bauer Meyer keine fremden Arbeitskräfte hat, braucht er zur Bearbeitung seines Hofes viele teure Maschinen. Die wichtigsten sind:

1 Traktor mit Anhänger	für	60 000,00 DM
1 Melkmaschine	für	6 000,00 DM
1 Mähdrescher	für	70 000,00 DM
1 Pflug	für	12 000,00 DM
1 Sämaschine	für	6 000,00 DM
1 Kartoffellegemaschine	für	9 000,00 DM
1 Kartoffelvollernter	für	35 000,00 DM

Bauer Meyer erzeugt viele landwirtschaftliche Produkte (Milch, Schweinefleisch, Eier, Getreide, Kartoffeln) – aber alles nur in kleinen Mengen. Trotzdem braucht er große, teure Maschinen, die die meiste Zeit des Jahres nicht benutzt werden.
Trotz dieser vielen Maschinen muß Bauer Meyer sehr viele verschiedenartige Arbeiten verrichten. Sein Verdienst ist nicht sehr hoch, denn die kleinen Mengen, die er erzeugt, bringen nicht sehr viel Geld ein.

Im selben Dorf wohnt Bauer **Schulze**. Sein Hof ist fast genau so groß wie der von Bauer Meyer. Doch auf dem Hof von Bauer Schulze sieht es anders aus. Er hat seinen Betrieb schon vor Jahren auf Schweinemast umgestellt. In einem großen Schweinestall hat er Platz für 500 Schweine, die er nach einem halben Jahr an den Schlachthof verkauft. In einem Jahr kann er also 1 000 Schweine mästen und verkaufen. Auf seinem Ackerland baut Bauer Schulze hauptsächlich Getreide und Futtergetreide an. Kraftfutter für die Schweine muß er noch dazu kaufen.
Natürlich kosten die Stallanlagen und die Ferkel, die er kaufen muß, viel Geld. An wichtigen Maschinen braucht er:

1 Traktor mit Anhänger	für	60 000,00 DM
1 Pflug	für	12 000,00 DM
1 Mähdrescher	für	70 000,00 DM
1 Klimaanlage	für	12 000,00 DM
1 Sämaschine	für	6 000,00 DM
1 automatische Fütterungsanlage	für	25 000,00 DM
1 Futtersilo	für	15 000,00 DM

Doch Bauer Schulze kann seine wenigen Maschinen auf seinen Feldern rationeller einsetzen als Bauer Meyer. Sein Schweinestall ist vollautomatisiert, so daß er keine fremden Arbeitskräfte braucht. Weil Bauer Schulze sich auf die Erzeugung **eines** landwirtschaftlichen Produktes spezialisiert hat, kann er viel größere Mengen erzeugen und günstiger verkaufen. Sein Verdienst ist deshalb wesentlich höher als der von Bauer Meyer.

M 2.7 — Vermarktung früher und heute

<u>Früher:</u>

<u>Heute:</u>

1. **Früher** verkaufte der Bauer seine Produkte selbst auf dem Wochenmarkt in der Stadt, und er konnte das eingenommene Geld für sich behalten. **Heute** durchlaufen die landwirtschaftlichen Produkte (Eier, Getreide, Fleisch, Kartoffeln) viele verschiedene Stationen. Alle wollen daran verdienen. Der Anteil des Bauern am Verkaufserlös seiner Waren ist geringer als früher.
Was muß der Bauer heute tun, um sein Einkommen zu sichern?
2. In vielen Gegenden haben sich die Bauern auf die Produktion von nur einem Artikel spezialisiert. Mit den Erzeugnissen können heute nicht nur die umliegenden Gebiete versorgt werden, sondern auch noch zusätzlich die Märkte im ganzen Land. Nun ist es für den einzelnen Bauern nicht mehr möglich, als Verkäufer seiner Erzeugnisse im ganzen Land aufzutreten, denn seine Arbeit auf dem Hof muß ja auch getan werden.
Wer übernimmt für die Bauern den Verkauf?
3. Viele landwirtschaftliche Produkte werden nicht gleich auf den Markt gebracht, sondern sie werden erst in der Fabrik gesäubert, verarbeitet und verpackt.
Nenne einige Beispiele hierfür!
4. Fasse noch einmal zusammen, weshalb der Bauer heute seine Produkte nicht mehr allein verkaufen kann!

<table>
<tr><td>

**Klimadiagramm
von Heide/Holstein**
</td><td>

M 3.1
</td></tr>
</table>

1. Suche auf der Karte S. 30 des Diercke Weltatlas die in der Legende ausgewiesenen Wiesen und Weiden! Beschreibe ihre Lagen!

2. Suche auf der Karte S. 8 I die Halbinsel Eiderstedt und beschreibe die Lage!

3. Beschreibe folgendes Klimadiagramm; stelle fest, wieviele Monate kein Gras wächst und wie lange die Mastbullen im Stall gehalten werden müssen!
   Die 5°-Temperaturlinie ist die Wachstumsgrenze für Gräser und Wildkräuter.

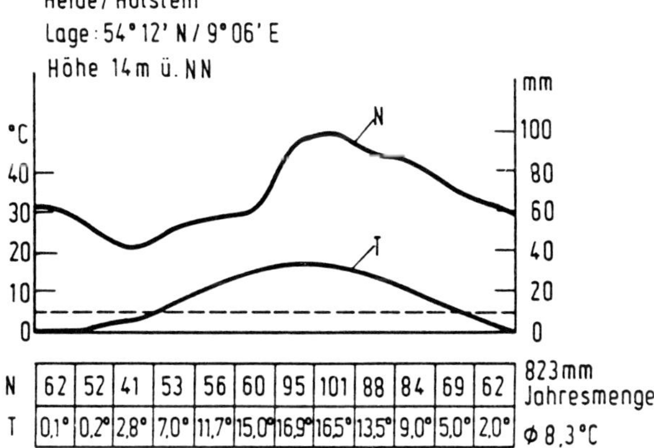

N	62	52	41	53	56	60	95	101	88	84	69	62
T	0,1°	0,2°	2,8°	7,0°	11,7°	15,0°	16,9°	16,5°	13,5°	9,0°	5,0°	2,0°

4. Überlege, welche Folgen ein früher Winter und ein spät einsetzendes Frühjahr für die Wirtschaftsführung eines Hofes haben.

<table>
<tr><td>

**Aufgaben zu Bestand, Leistung usw. der
Rinder/Milchkühe in der Bundesrepublik**
</td><td>

M 3.2
</td></tr>
</table>

1. Vergleiche die Zahlen der Rinder/ Milchkühe dieser Reihe und mache eine Aussage.

Gesamtzahl der Rinder/Milchkühe in der Bundesrepublik (in Mio.)

	1950	1960	1970	1980	1986
Rinder	11,262	12,340	8,438	9,606	9,825
Milchkühe	5,724	5,656	5,501	5,438	5,391

Durchschnittlicher Viehbestand pro Hof (in Stück)

	1950	1960	1970	1980	1985
Rinder	6,1	7,6	16,6	28,5	34,6
Milchkühe	3,1	3,5	7,7	12,7	15,3

2. Vergleiche nun diese Zahlen und setze sie in Beziehung zu Aufgabe 1.

Milchleistung pro Milchkuh (in kg)

1948	1965	1974	1978	1980	1984
2000	3600	3900	4300	4500	4600

3. Vergleiche die Zahlenreihe und mache eine Aussage.

Preis für Milch/kg bei 3,7% Fettgehalt (Preis in Pfennig)

1965	1970	1974	1978	1981	1986
33,7	36,9	51,9	60,1	58,0	63,6

4. Setze die Aussagen von Aufgabe 3 in Beziehung zu dieser Reihe.

5. Begründe, warum trotz leicht sinkender Zahl der Milchkühe die Gesamtmilchmenge gewachsen ist.

6. Begründe, warum der Bauer gerade ab 1981 mehr Milch pro Milchkuh produzieren mußte.

M 3.3 Bodenprofile (Heide/Börde)

Heide
Börde
cm
Ober-
boden
Sand,
etwas
Lehm,
etwas
Humus
Unter-
boden
Sand
20
40
60
80
100
120
140
Ober-
boden
Schwarz-
erde
Unter-
boden
Löß

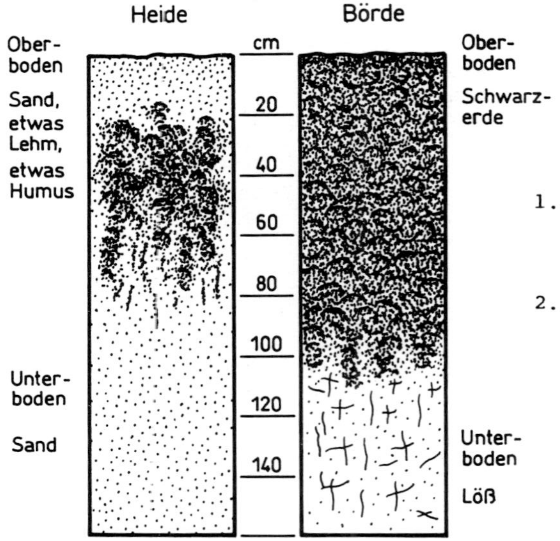

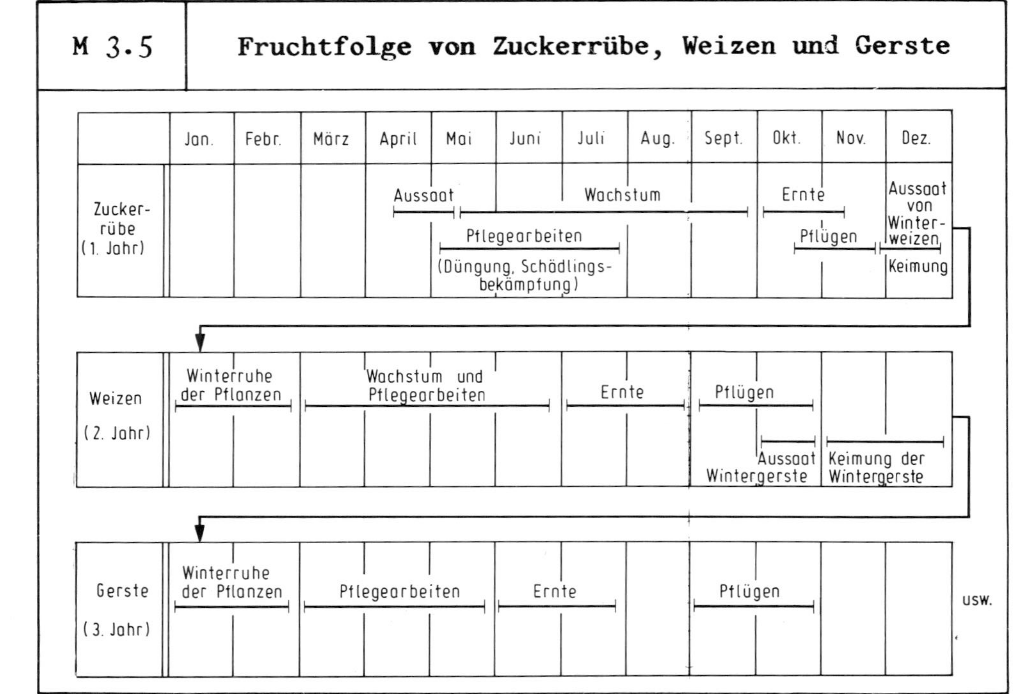

1. Lege die Bodenprofile farbig an (Farben ergeben sich aus den seitlichen Erklärungen der Profile).
2. Beschreibe die beiden Bodenprofile und erkläre die Unterschiede. Suche Lößlandschaften im Atlas: Hildesheimer Börde, Calenberger Börde (südlich und südwestlich von Hannover), Braunschweiger Börde, Münsterländer Bucht, Magdeburger Börde.

M 3.4 Ansprüche von Nutzpflanzen an Böden

Zuckerrübe: verlangt tiefgründigen, steinarmen und lockeren Lößboden, der Wasser und Nährstoffe gut leitet.

Weizen: verlangt nährstoffreichen Lehm- oder Lößboden mit ausreichender Feuchtigkeit.

Kartoffel: geringer Anspruch an Boden, sehr anpassungsfähig; gute Bedingungen auf Sandböden bei genügender Feuchtigkeit.

Hafer: nicht sehr anspruchsvoll; gedeiht auch auf nährstoffarmem Boden.

Roggen: gedeiht auf leichtem, sandigen Boden; in der Wachstumszeit wird ausreichend Feuchtigkeit benötigt; keine hohen Ansprüche an den Boden.

Landwirte bemühen sich um hochwertige Erzeugnisse. Welche der in dieser Tabelle genannten Pflanzen werden sie in den Bördenzonen vorrangig anbauen?

M 3.5 Fruchtfolge von Zuckerrübe, Weizen und Gerste

Jan.
Febr.
März
April
Mai
Juni
Juli
Aug.
Sept.
Okt.
Nov.
Dez.
Zucker-
rübe
(1. Jahr)
Aussaat
Wachstum
Ernte
Aussaat von Winter-weizen
Pflegearbeiten
(Düngung, Schädlings-bekämpfung)
Pflügen
Keimung
Weizen
(2. Jahr)
Winterruhe der Pflanzen
Wachstum und Pflegearbeiten
Ernte
Pflügen
Aussaat Wintergerste
Keimung der Wintergerste
Gerste
(3. Jahr)
Winterruhe der Pflanzen
Pflegearbeiten
Ernte
Pflügen
usw.

M 3.6 Gemeinde Oldendorf, Flurplan Hof Ostmeier

0
1000m
Parzellengrößen
A ≙ 14 ha
B ≙ 6 ha
C ≙ 12 ha
D ≙ 8 ha
A
B
C
D
Anbaufrüchte:
Weizen
Gerste
Zuckerrüben

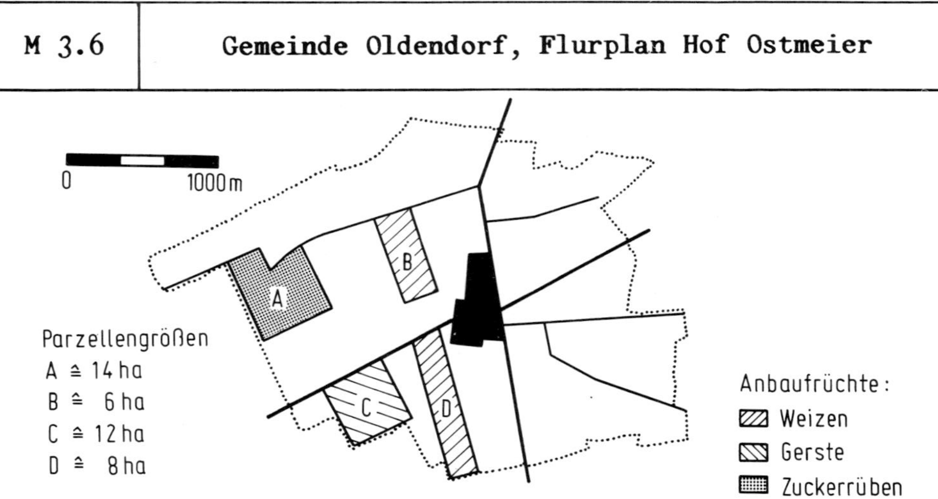

Stelle für den Hof Ostmeier einen Fruchtfolgeplan für drei Jahre auf. Für jede Frucht in jedem Jahr etwa ein Drittel der Ackerfläche.

Unterschiedliche Arten der Wassergewinnung in der Wüste	M 3.14

Erkläre die unterschiedlichen Arten der Wassergewinnung in der Wüste!

1. artesischer Brunnen

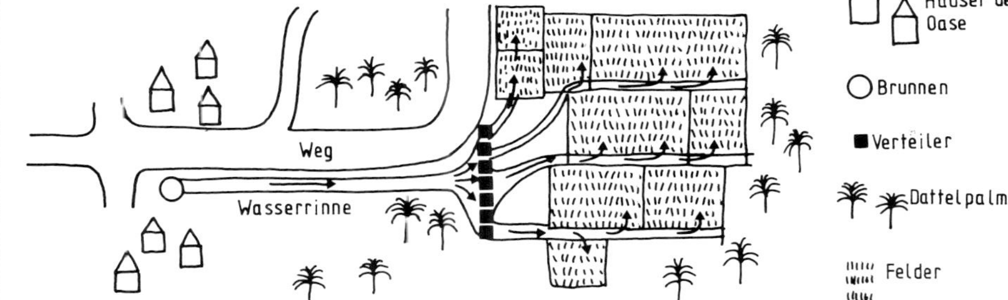

2. Grundwasseroase mit Brunnen

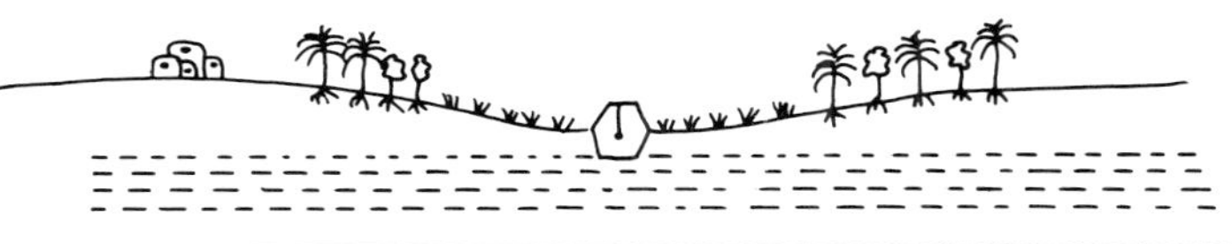

3. Foggara

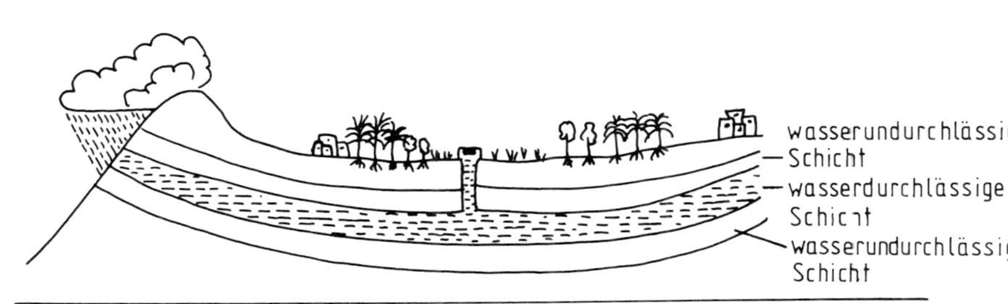

Weg des Wassers vom Brunnen auf die Felder — Arbeit des Oasenbauern	M 3.15

1. Die folgende Abbildung zeigt in vereinfachter Form den Weg des Wassers vom Brunnen auf die Felder

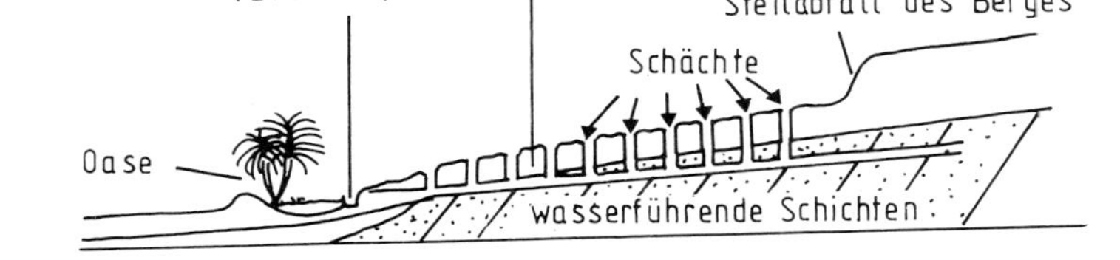

Beschreibe den Weg des geförderten Wassers und überlege, was bei der Wasserverteilung und der Bewässerung zu bedenken ist!

2. Die Arbeit des Oasenbauern

Im Frühjahr (März/April) müssen die Dattelpalmen bestäubt werden. Je nach Größe der Dattelflächen dauert das ca. 4 Wochen. Tag für Tag muß jemand auf die Bäume mit weiblichen Blütenständen klettern und sie mit Blütenstaub bestäuben. Bevor der Oasenbauer ernten kann, muß er im Mai/Juni einmal monatlich die Dattelflächen bewässern. Erst im November kann er die Datteln ernten. Neben den Dattelpalmen baut der Oasenbauer noch andere Nutzpflanzen an. Gleich nach der Dattelernte wird die Ackererde mit einer Hacke gelockert, dann wird gedüngt, wenn Dünger überhaupt vorhanden ist. Jetzt erfolgt die Aussat des Getreides (Mitte Oktober bis Mitte November). Zuerst kommt die Gerste, 2 – 4 Wochen später der Weizen. Nach der Aussat müssen die Felder bewässert werden. Fünf Monate später ist die Ernte des Wintergetreides. Danach werden Hirse und Mais als Sommerfrüchte angebaut. Im Juli wird die Hirse geerntet. Der Mais bringt zwei Ernten: im Juli (bei Aussat im Mai) und im Oktober (bei Aussat im August). Gemüse wird das ganze Jahr über angebaut. Die Zeit zwischen Aussaat und Ernte ist 6 – 8 Wochen kürzer als bei uns.

Fertige einen Arbeits- und Anbaukalender des Oasenbauern nach folgendem Muster an!

März/ April	Mai/ Juni	Juli/ Aug.	Sep- tember	Okt./ Nov.	Dez.	Jan./ Febr.
Dattel- flächen						
Acker- flächen						

 Die Dattelpalme

1. Die Dattelpalme ist der wichtigste Baum der Wüste. Ein altes arabisches Sprichwort sagt: "Die Dattelpalme steht mit den Füßen im Wasser und mit dem Kopf im Feuer"! Erkläre diesen Satz!

____

____

____

2. Bezeichne die einzelnen Teile der Dattelpalme und ergänze die fehlenden Wörter im Text!

Dattelpalme
(Höhe: bis 30 m, Ernte: 50 - 100 kg, Fruchtbarkeit: 6 - 80 Jahre, Wurzeltiefe bis 30 m)

Es wird behauptet, daß die Dattelpalme den Wüstenbewohnern fast alles liefert, was sie zum Leben brauchen:

Aus den __________ werden Körbe und Matten geflochten. Aus den jungen __________ und __________ wird Gemüse und __________ zubereitet. Die Datteln werden als _____ für die Menschen und als __________ verwendet. Aus dem _____ des Stammes werden __________ und __________ geflochten. Die Dattelkerne werden zerstampft und werden an die __________ verfüttert. Der Stamm wird als __________ holz und zum Bau von __________ und _____ benutzt.

Der __________ aus dem Stamm dient zur Herstellung von Palmwein.

3. Stimmt die Behauptung über die Bedeutung der Dattelpalme? Was fehlt an lebenswichtigen Dingen?

____

____

____

Nomaden und Oasenbauern — M 3.17

Beantworte auf einem gesonderten Blatt folgende Fragen:
1. Nomaden sind Wanderhirten und Viehzüchter. Nenne Gründe, weshalb sie jährlich bis zu 2 000 km wandern müssen!
2. Der einzige Besitz des Nomaden sind seine Kamel-, Schaf- und Ziegenherden und der bescheidene Hausrat sowie sein Zelt. Schreibe auf, was ihm die Tiere liefern!
3. Oasenbauern und Nomaden sind aufeinander angewiesen. Trage in die Skizze ein, wie sich Nomaden und Oasenbauern in wichtigen Dingen unterscheiden! Lege dazu eine Übersicht nach folgendem Muster an und benutze die darunterstehenden Begriffe!

(Bewässerung der Felder, wandern, Ackerbauern, Viehzüchter, Dattelpalmen, Kamele, Gemüse, Obst, Schafe, Getreide, Ziegen, Tauschhandel)

4. Heute verändert sich das Leben der Nomaden in der Wüste. Zähle Gründe auf, die zur Seßhaftwerdung beitragen!
5. Stelle in einer Tabelle Vor- und Nachteile der Seßhaftwerdung von Wüstennomaden gegenüber:

Vorteile	Nachteile

Das Leben in den Oasen heute — M 3.18

Früher waren die Oasen für die Karawanen Zwischenstationen auf ihrem Weg durch die Wüste.
Heute gibt es bereits einige befestigte Straßen und Pisten, die die Oasen mit größeren Städten verbinden.
Große Lkw's können jetzt die Oasen erreichen und die landwirtschaftlichen Produkte abholen.
In manchen Oasen kommt sogar regelmäßig die Post und in einigen Oasen gibt es auch Flugplätze.
Für Urlauber richtet man sich auf den Fremdenverkehr ein.
Auch das Leben in den Oasen hat sich verändert. Früher wurden die Gärten für den eigenen Bedarf und für den Handel mit durchziehenden Karawanen und Nomaden bestellt, und heute werden Gemüse und Getreide sowie zum Teil auch Blumen für die Märkte in den Städten angebaut.
Oft werden jetzt auch modernere Maschinen zur Bearbeitung des Landes eingesetzt.
Durch die Lastwagen kann das Gemüse zwar schneller in die Städte gebracht werden, doch bringt das auch Probleme für die Oasenbewohner.
Weil die Arbeit in den Oasen sehr hart ist und nur ein geringes Einkommen bringt, besteht bei vielen jungen Oasenbewohnern der Wunsch, in die Städte abzuwandern.
Heute leben neben den Bauern auch noch Handwerker und Kaufleute in den Oasen.

Beantworte folgende Fragen!

1. Was hat sich im Laufe der Zeit in den Oasen verändert?
2. Warum leben jetzt auch Handwerker und Kaufleute in den Oasen?
3. Vergleiche die Transportmöglichkeiten von Lkw und Kamel! Was fällt Dir auf?

Ladegewicht: 20 t = 20.000 kg
Geschwindigkeit: 30 km/Stunde

Last: 200 kg
Geschwindigkeit: 25 km/Tag

4. Was bedeutet die neue Transportmöglichkeit mit dem Lastwagen für die Arbeit des Oasenbauern?

Plan der Farm von Mr. Johnson

Der Plan zeigt die Farm von Mr. Johnson in Kanada. Sie liegt ungefähr 20 km östlich der Stadt Regina. Mr. Johnson bewohnt die Farm mit seiner Frau und seinen beiden Kindern. Der nächste Nachbar wohnt einige Kilometer entfernt. Vieh gibt es auf dieser Farm schon lange nicht mehr. Farmer Johnson hat sich auf den Anbau von Sommerweizen spezialisiert. Damit nicht jedes Jahr auf den selben Flächen nur Weizen angebaut wird und die Nährstoffe im Boden schnell verbraucht sind, müssen jedes 3. Jahr die Felder brach liegenbleiben. In den letzten Jahren hat sich der Anbau von Sommergerste bewährt.

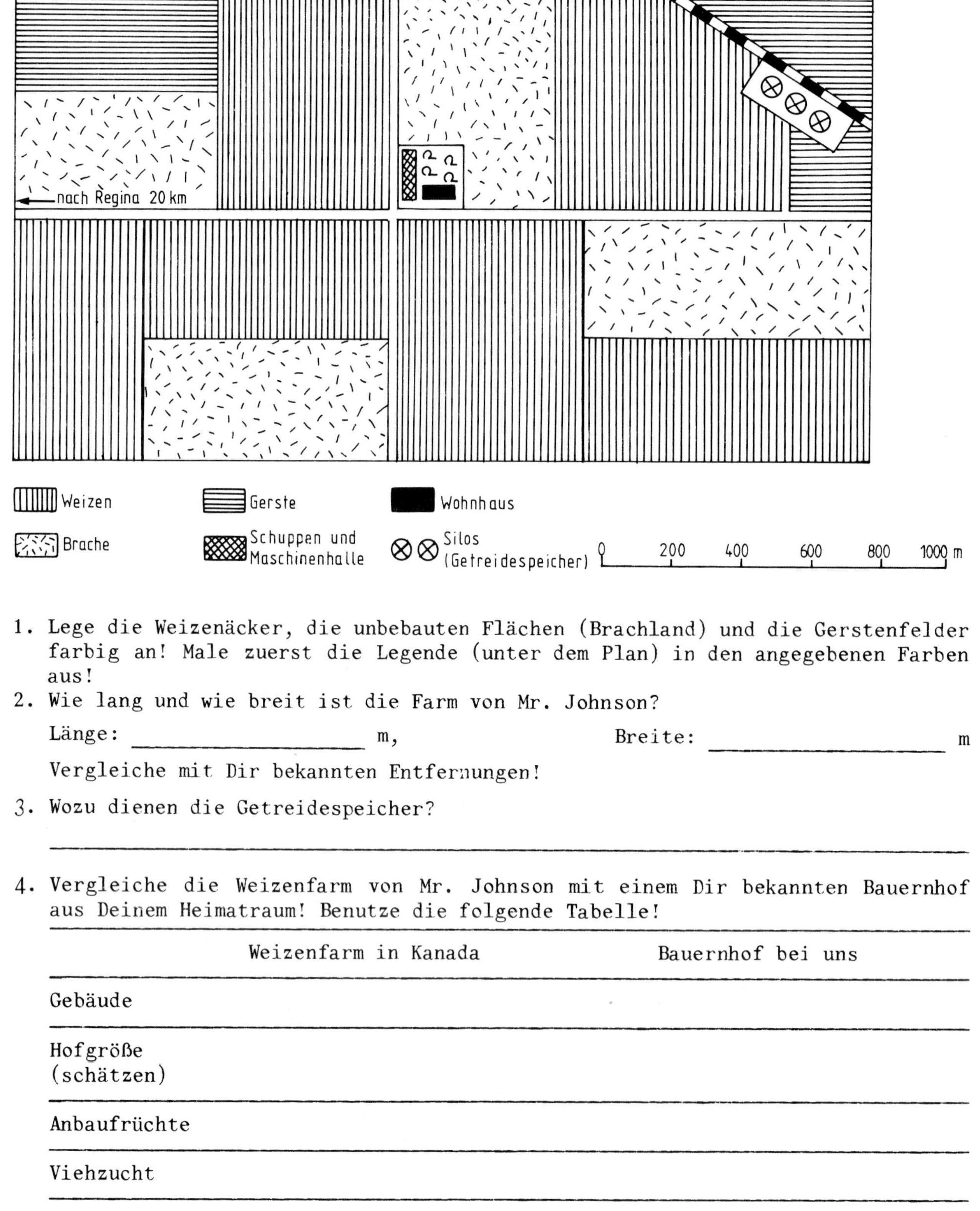

1. Lege die Weizenäcker, die unbebauten Flächen (Brachland) und die Gerstenfelder farbig an! Male zuerst die Legende (unter dem Plan) in den angegebenen Farben aus!

2. Wie lang und wie breit ist die Farm von Mr. Johnson?

   Länge: _________________ m,   Breite: _________________ m

   Vergleiche mit Dir bekannten Entfernungen!

3. Wozu dienen die Getreidespeicher?

   ____

4. Vergleiche die Weizenfarm von Mr. Johnson mit einem Dir bekannten Bauernhof aus Deinem Heimatraum! Benutze die folgende Tabelle!

	Weizenfarm in Kanada	Bauernhof bei uns
Gebäude		
Hofgröße (schätzen)		
Anbaufrüchte		
Viehzucht		

Klimawerte kanadischer Städte

1. Suche die Orte Edmonton, Winnipeg, Yellowknife und Ottawa im Atlas! Vergleiche die Lage der Orte mit einigen deutschen Städten!

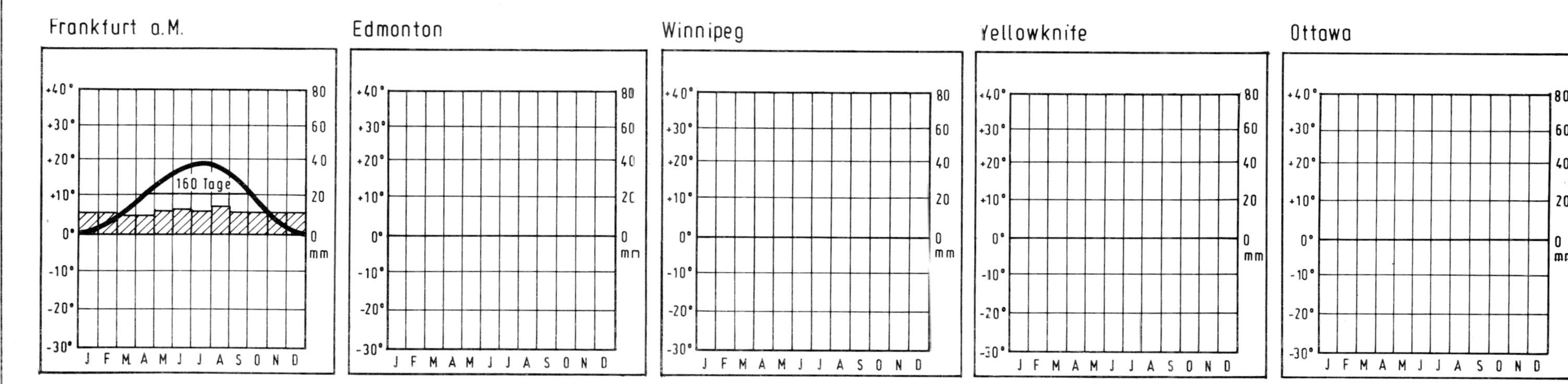

2. Zeichne nach dem Beispiel der Stadt Frankfurt a. Main die Klimadiagramme für die anderen Orte!

3. Weizen in Kanada braucht mindestens 100 Tage für Aussaat, Wachstum, Reife und Ernte. Es müssen aber + 10° C Temperatur durchschnittlich im ganzen Monat vorhanden sein. Stelle fest, in welchen Gebieten noch Sommerweizen angebaut werden kann!

		J	F	M	A	M	J	J	A	S	O	N	D	Jahr
Edmonton	T	-14,1	-11,6	- 5,5	4,2	11,2	14,3	17,3	15,6	10,8	5,1	- 4,2	-10,4	2,7° C
	N	24	20	21	28	46	80	85	65	34	23	22	25	473 mm
Winnipeg	T	-17,7	-15,5	- 7,9	3,3	11,3	16,5	20,2	18,9	12,8	6,2	- 4,8	-12,9	2,5° C
	N	26	21	27	30	50	81	69	70	55	37	29	22	517 mm
Yellowknife	T	-27,8	-26,1	-18,1	- 7,8	4,2	11,4	15,9	14,2	7,5	- 0,2	-13,9	-25,3	-5,5°C
	N	14	12	12	10	14	17	33	36	28	31	24	19	250 mm
Ottawa	T	-10,8	- 9,8	- 3,6	5,3	12,8	18,2	20,7	19,5	14,7	8,2	- 0,8	- 8,0	5,7° C
	N	60	58	66	67	75	76	78	76	77	67	67	83	850 mm

M 3.21 — Die Arbeit des Farmers

Lies den Text und beantworte die folgenden Aufgaben auf einem gesonderten Blatt!

Die Arbeit eines Farmers

Im zeitigen Frühjahr wird in einem Arbeitsgang gepflügt, geeggt und gesät. Ein starker Traktor (120 – 150 PS) zieht eine Arbeitskombination von Pflügen, Eggen und Drillmaschine. Da nicht so tief wie in Deutschland gepflügt wird, kann ein Trecker diese drei Arbeitsgänge zugleich verrichten. Der Farmer wartet jetzt auf Regen, damit die Saat keimen und wachsen kann. Zur Reifezeit Ende August/Anfang September wird mit gewaltigen Mähdreschern der Weizen geerntet. Jetzt arbeitet der Farmer Tag und Nacht. Lastwagen transportieren das Getreide sofort zu den Silos an den Bahnstationen. Von dort wird es mit der Bahn zu den Häfen an den Großen Seen, nach Churchill an der Hudsonbay oder nach Vancouver gebracht. Damit ist die Feldarbeit beendet; die Maschinen werden überprüft und winterfest gemacht. Manche Farmer leben sogar in der Stadt und kommen nur zur Feldbestellung im Frühjahr und zur Ernte im Spätsommer auf ihre Farm. Einige Farmer lassen sich alle Feldarbeiten durch Firmen, die darauf spezialisiert sind, ausführen.

1. Wann wird Sommerweizen gesät, wann wird geerntet?
2. Warum setzt der kanadische Weizenfarmer größere Maschinen (z.B. Traktor, Pflug, Mähdrescher) ein als der deutsche Bauer?
3. Stelle fest, worin sich die Arbeit des Farmers und unseres Bauern unterscheidet!
4. Erkläre, warum die deutschen Bauern ihre Feldbestellung nicht in einem Arbeitsgang machen können!
5. Welche Probleme würden sich ergeben, wenn Du auf einer Einzelfarm leben müßtest?

Mähdrescher bei der Ernte in Kanada

6. Beschreibe die Erntearbeit auf dem Bild! Zähle die Mähdrescher, und achte auf die Ordnung, in der sie fahren! Was ist anders als bei uns? Erkläre die Unterschiede!

M 3.22 — Erzeugung und Ausfuhr von Weizen einiger wichtiger Staaten (1985)

Länder	Erntemenge in Mio. t	Ausfuhr (Export) in Mio. t
USA	66,0	36,8
Kanada	24,2	14,6
Frankreich	29,0	14,4
Argentinien	8,7	3,2
Australien	16,1	9,8
BR Deutschland	9,8	0,7

1. Zeichne nach dem Muster der USA die Erzeugung und Ausfuhr für die anderen Länder! Erzeugung (gelb) und Ausfuhr (rot)! 10 Millionen Tonnen (t) sollen 1 cm entsprechen!

Benutze zur Beantwortung der folgenden Aufgaben ein gesondertes Blatt:
2. Erkläre den hohen Export einiger Länder!
3. Stelle im Atlas fest, wo wichtige Erzeugerländer für Weizen liegen! Teile ein nach Ländern auf der Nord- und Südhalbkugel!

Muster:

Nordhalbkugel   Südhalbkugel

4. Während des ganzen Jahres wird irgendwo auf der Erde Weizen geerntet. Kannst Du das erklären?

1. Zeichne in die Skizze die Höhenstufen in den Alpen ein; die Kartensymbole helfen dabei! Ergänze noch die Schneegrenze (2 600 - 2 900 m)!

Das Vieh klettert dem Futter nach!

Nach dem langen und schneereichen Winter kommen die Kühe Ende April aus dem Stall auf die eingezäunten Talweiden. Die Stallfütterung wird zu teuer, das Heu wird knapp, und die Tiere müssen sich auch an die Übernachtung im Freien gewöhnen. Ende Mai/Anfang Juni findet der Almauftrieb zur Voralm (ca. 1 100 m Höhe) statt. Hier haben sie auf den kleinen Weideflächen nur für 3 Wochen genügend Futter, dann wandert das Vieh hinauf zur Hochalm (ca. 2 000 - 2 200 m Höhe), wo es bis in den Spätsommer bleibt.

Senner und Sennerin betreuen die Tiere. Noch heute wird die Milch auf den Almen zu Käse verarbeitet und dann in das Dorf im Tal gebracht. Bergwanderer und Touristen kaufen gern auf den Almen Milch- oder Käseprodukte, häufig unterhalten größere Almbetriebe auch eine kleine Gastwirtschaft für Besucher.

Anfang September beginnt der Almabtrieb, zuerst zur Voralm, dann ins Tal. Hier können die Tiere dann noch einige Wochen weiden, während auf der Hochalm bereits der erste Schnee fällt.

2. Zeichne in die Skizze die einzelnen Almen ein! Zeichne dann den Weg des Viehs ein und schreibe daneben, in welchen Monaten die Tiere auf den einzelnen Almen sind! Unterscheide dabei nach Almauftrieb und Almabtrieb!

____

____

____

3. Erkläre, warum das Vieh stufenweise zur Hochalm gebracht wird und auch der Almabtrieb stufenweise erfolgt!

____

____

____

4. Fast alle Bergbauern sagen, daß die Almwirtschaft sehr mühsam ist. Kannst Du das erklären?

____

____

____

        Die Almwirtschaft wandelt sich

1. Setze in den folgenden Text die fehlenden Wörter ein:

   (Boden – Feuchtigkeit – Flächengröße – Futtermenge – Größe – Graswuchs – Graswuchs – sonniger – trockenen – Weidegang)

   Die Nutzung der verschiedenen Almen ist von der ______________ für das aufgetriebene Vieh abhängig. Je besser der ________ und je ________ die Lage, desto besser wächst bei genügender ______________ das Gras. So ist die Zahl der Tiere, die man auftreibt, abhängig vom ______________ und von der ________ der zur Verfügung stehenden Fläche auf den einzelnen Almen. Auch die Dauer des Weidegangs hängt von ________ und ________ ab. So kommt es, daß auf verschiedenen Stufen auch der ________ unterschiedlich ist. In ________ Jahren muß der Almabtrieb manchmal früher erfolgen.

2. In den letzten 15 Jahren hat die Zahl der Bergbauernhöfe stark abgenommen. Auch in den Dörfern am Alpenrand geht die Zahl der landwirtschaftlichen Betriebe ständig zurück. Damit ist die Almwirtschaft bedroht!

   Nenne Gründe, die zu einem Rückgang der Almwirtschaft führen! (Denke dabei an das Klima, den Boden, die Lage und an persönliche Gründe des Landwirts!).

   ____

   ____

   ____

   ____

   ____

3. Landwirte im gesamten Alpenraum suchen nach besseren Verdienstmöglichkeiten. Welche gibt es? (Unterscheide dabei nach Höfen in Tallage und nach Bergbauernhöfen!)

   ____

   ____

   ____

4. Welche Gefahren bringt die Aufgabe der Almwirtschaft für die Landwirtschaft mit sich?

   ____

   ____

   ____

Höhenstufen in den tropischen Anden

M 4.3

1. Die folgende Abbildung informiert über die Höhenstufen und Anbaubedingungen in den Tropen. Füllt dazu die Tabelle aus!

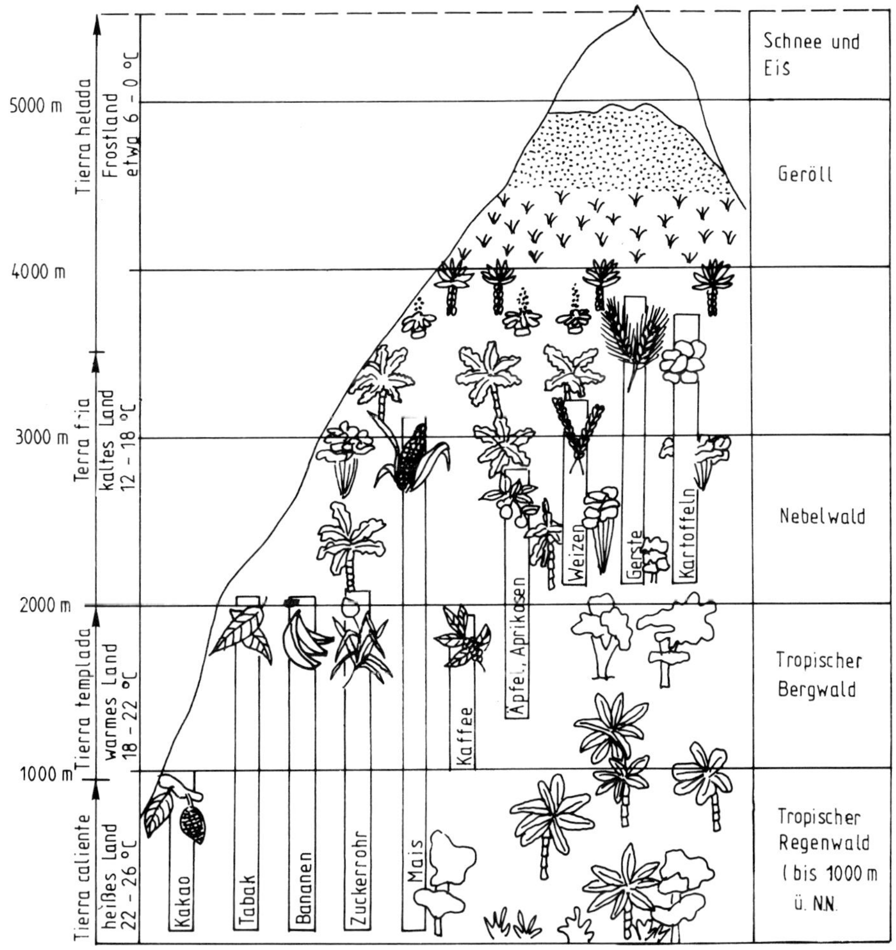

Höhenstufe	Anbau (mit Höhenangabe und Temperatur)
Tierra fria	
Tierra templada	
Tierra caliente	

2. In welcher Höhenstufe entdeckt Ihr Kulturpflanzen, die auch bei uns angebaut werden?

3. Die größte Bevölkerungsdichte in den tropischen Anden findet man in der Tierra fria. Begründet!

M 5.1

Bevölkerung, Wasserleitungen, Klima (Israel)

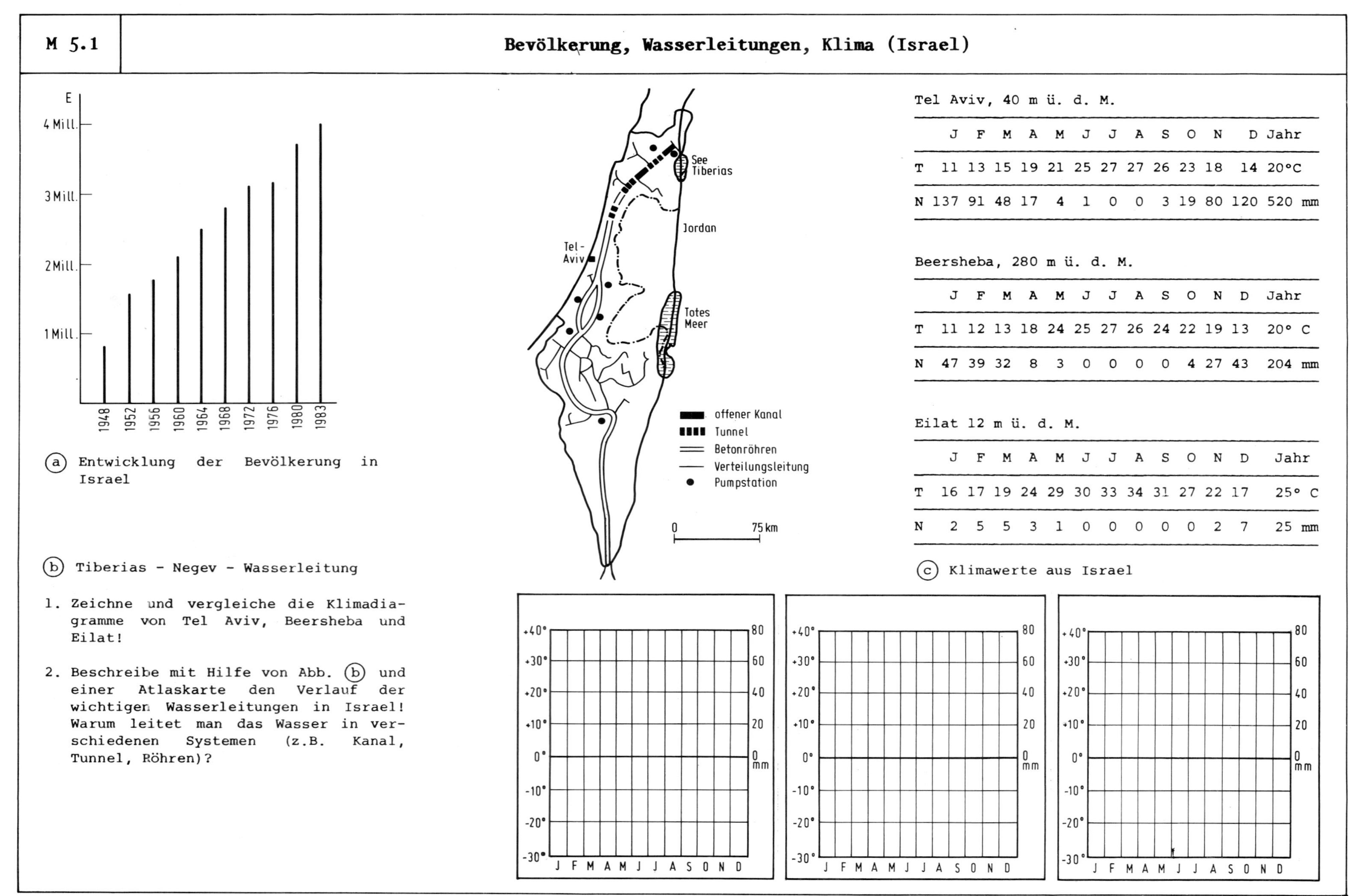

(a) Entwicklung der Bevölkerung in Israel

(b) Tiberias – Negev – Wasserleitung

1. Zeichne und vergleiche die Klimadiagramme von Tel Aviv, Beersheba und Eilat!

2. Beschreibe mit Hilfe von Abb. (b) und einer Atlaskarte den Verlauf der wichtigen Wasserleitungen in Israel! Warum leitet man das Wasser in verschiedenen Systemen (z.B. Kanal, Tunnel, Röhren)?

Tel Aviv, 40 m ü. d. M.

	J	F	M	A	M	J	J	A	S	O	N	D	Jahr
T	11	13	15	19	21	25	27	27	26	23	18	14	20°C
N	137	91	48	17	4	1	0	0	3	19	80	120	520 mm

Beersheba, 280 m ü. d. M.

	J	F	M	A	M	J	J	A	S	O	N	D	Jahr
T	11	12	13	18	24	25	27	26	24	22	19	13	20° C
N	47	39	32	8	3	0	0	0	0	4	27	43	204 mm

Eilat 12 m ü. d. M.

	J	F	M	A	M	J	J	A	S	O	N	D	Jahr
T	16	17	19	24	29	30	33	34	31	27	22	17	25° C
N	2	5	5	3	1	0	0	0	0	0	2	7	25 mm

(c) Klimawerte aus Israel

(a) Folientunnel (vergl. Tag – Nacht)

(b) Beregnung

(c) Mini-Sprinkler (= Mini-Sprüher)

(d) Tropfbewässerung (bei einer Tomatenstaude)

(e) Bewässerung im "Mikro"-Einzugsgebiet, eine den Nabatäern abgeschaute Technik.

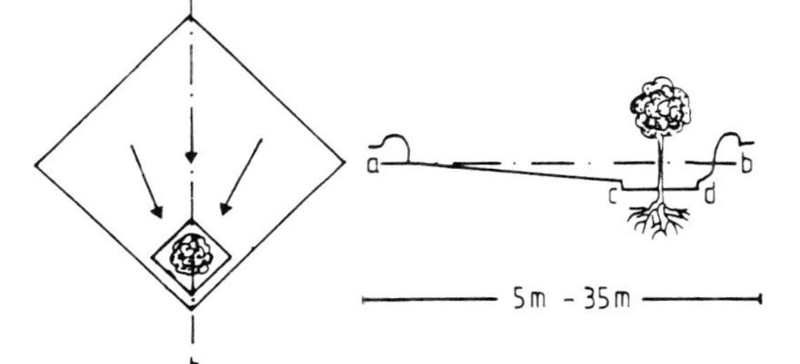

(f) Erträge einiger Kulturpflanzen

Frucht	Wachstum	Erträge bei Tropf- / Sprinklerbewässerung		Wasserbedarf in ℓ/m^2 ($\hat{=}$ mm)
Tomaten	Sept.–März	66 t/ha	38,5 t/ha	980
Melonen	Aug. –Dez.	43 t/ha	24 t/ha	630
Paprika	Sept.–Mai	9 t/ha	5 t/ha	1 410
Mais	Febr.–Mai	12 t/ha	5 t/ha	670

Aufgaben

1. Beschreibe die unterschiedlichen Bewässerungsmethoden und stelle fest, wo besonders wenig Wasser verbraucht wird!

2. Vergleiche die Erträge von Früchten bei der Tropf- und Sprinklerbewässerung!

(a) Unterschiede arides – humides Klima

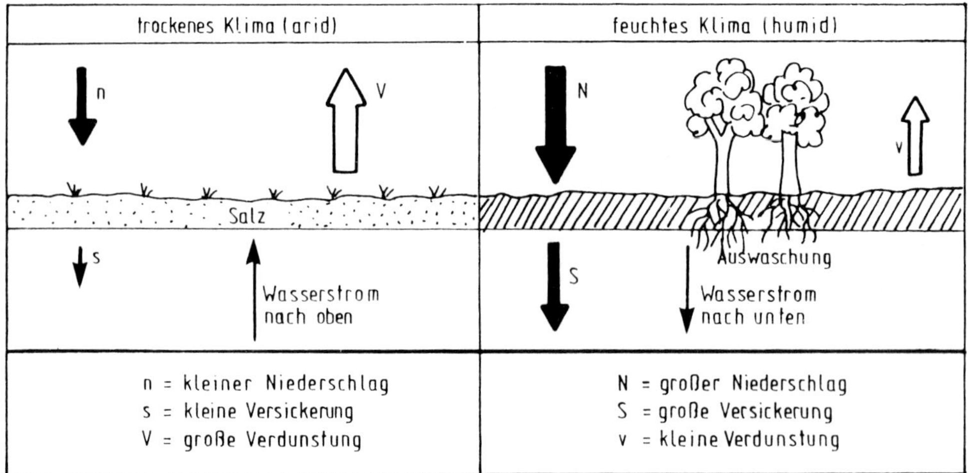

(b) Zusammenhänge zwischen Bewässerung, Versalzung und Drainage

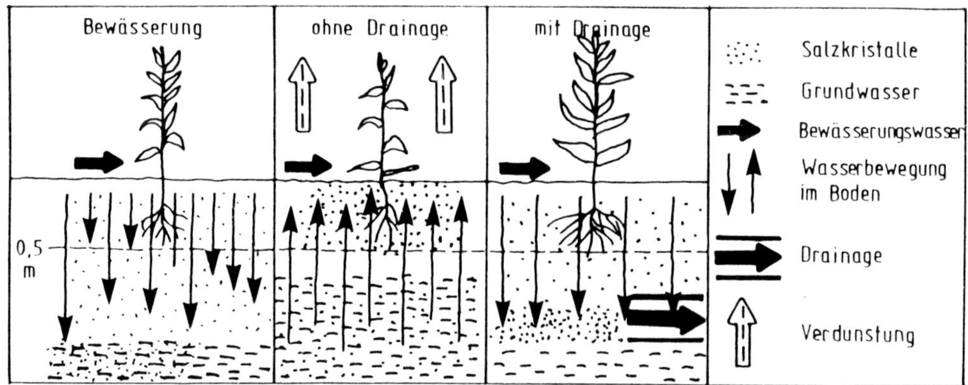

(c) Die landwirtschaftliche Erzeugung Israels entwickelte sich wie folgt:

	1949/ 1950	1960/ 1961	1972/ 1973	1975/ 1976	1978/ 1979	1985/ 1986
Weizen (1000 Tonnen)	27	66	242	206	128	230
Baumwollfasern (1000 Tonnen)	–	15	37	58	75	94
Zuckerrüben (1000 Tonnen)	–	221	217	324	147	238
Gemüse (1000 Tonnen)	26	277	533	581	597	621
Kartoffeln (1000 Tonnen)	35	85	165	175	208	209
Zitrusfrüchte (1000 Tonnen)	27	516	1,689	1,513	1,578	1,542
Avocado (1000 Tonnen)	–	1	12	19	33	52
Geflügel (1000 Tonnen)	7	55	144	191	202	267
Milch (1000 Liter)	92	283	524	659	739	799
Eier (Millionen)	330	1,290	1,390	1,792	1,675	1,824

Aufgaben:

1. Erkläre die dargestellten Zusammenhänge in den beiden Teilen der Abb. (a)

2. Erkläre die Wasserbewegung und ihre Folgen im Boden anhand der Abb. (b)

3. Versuche die Tabelle (c) zu erklären! Begründe, warum die Getreideproduktion zurückgeht und Getreide importiert wird!

4. Zähle einige landwirtschaftliche Produkte auf, die aus Israel exportiert werden!

<table><tr><td>

Plan einer Estanzia

</td><td>M 6.1</td></tr></table>

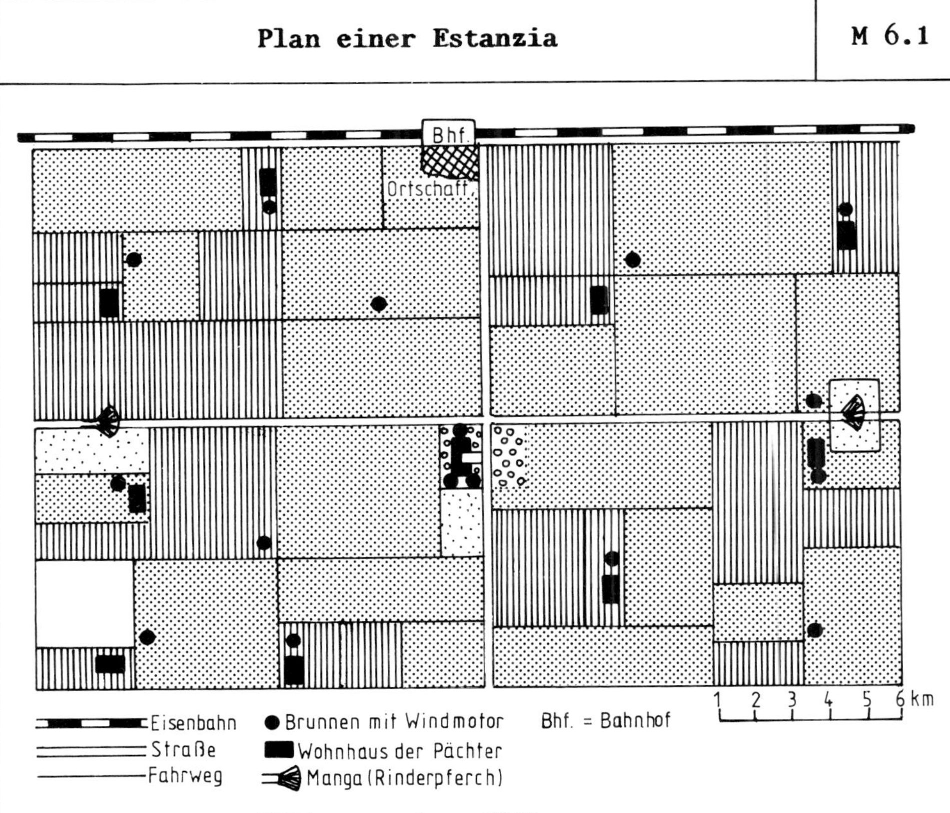

Aufgaben:

1. Stelle die Größe dieser Estanzia fest und vergleiche sie mit einem dir bekannten Raum!
   (Zum Vergleich: die durchschnittliche Größe eines deutschen Bauernhofs beträgt 30 ha!)

2. Erkläre mit Hilfe des Plans den Aufbau einer Estanzia und schreibe auf, was du über die Anlage der Wege, die Verteilung der Brunnen, die Lage der Häuser und anderen Einrichtungen gefunden hast!

<table><tr><td>

Besitzer und Pächter einer Estanzia

</td><td>M 6.2</td></tr></table>

Der Estanziero ist der Eigentümer einer Estanzia. Er wohnt nur gelegentlich im Sommer im Herrenhaus auf seiner Estanzia. Die meiste Zeit des Jahres wohnt er in der Großstadt, wo er ein stattliches Haus besitzt. Mancher Großgrundbesitzer ist hauptsächlich in der Wirtschaft, Politik und Verwaltung tätig. Für seine Estanzia hat er einen Verwalter eingesetzt, mit dem er telefonisch verhandelt und seine Anweisungen erteilt. Der Verwalter, der auf dem Gutshof (casco) lebt, hat als ständiger Vertreter des Estanzieros die Aufsicht über die Gauchos, die Pächter und landwirtschaftlichen Unternehmer. Manche Großgrundbesitzer haben ihre Estanzia an Zwischenpächter (Agenten) verpachtet und kümmern sich kaum um ihren Besitz.

Die Pächter zahlen die Hälfte ihrer Einnahmen als Pachtsumme an die Großgrundbesitzer. Nach längstens 10 Jahren wird das Land an den Estanziero zurückgegeben. Im letzten Jahr muß der Pächter seine Pachtfläche mit Alfalfa (Luzerne) einsäen. Anschließend nutzt der Estanziero das Land einige Jahre als Viehweide. Der Pächter aber muß gehen. Er zieht mit seiner Habe weiter und sucht neues Pachtland. Auf diese Weise kann sich kein Bauernstand bilden. Der Wanderpächter bleibt heimatlos. Da er für sich und seine Familie immer nur das notwendigste zum Leben hat, muß er sich oft Geld leihen, um einen neuen Pachtvertrag eingehen zu können. Die Verschuldung der Pächter ist groß.

Gesetz zur Agrarreform

Im Jahre 1957 wurde in Argentinien ein Gesetz zur Agrarreform erlassen. Darin heißt es: ...Die als Pächter wandernden Bauern sollen allmählich seßhaft werden. Derjenige soll den Boden als Eigentum erhalten, der ihn bewirtschaftet. Der Staat vergibt Kredite (Geld), die aber verzinst werden müssen.

Aufgaben:

1. Lies die Texte, lege eine Tabelle nach folgendem Muster an und fülle sie aus!

Soziale Schicht	Lebensweise	Aufgabe
Estanziero		
Verwalter		
Gauchos		
Pächter		
Landwirtschaftliche Unternehmer		

2. Versetze dich in die Lage eines Wanderpächters und versuche, seine Unzufriedenheit zu begründen!

3. Bis zum Beginn der achtziger Jahre waren einige tausend Wanderpächter staatseigener Pachtstellen zu Eigentümern geworden. Erkläre, warum der Prozeß der Eigentumsbildung und Seßhaftwerdung von Pächtern so langsam geht!

M 6.3 — Schaffarmen in Australien

In Australien nennt man eine Schaffarm "Station". In den Trockengebieten, wo kein Ackerbau möglich ist und auch saftige Weiden für eine Rinderzucht fehlen, finden wir überall große "Stationen". Eine dichte Grasdecke gibt es nicht, sondern nur einzelne Grasbüschel, die zwischen Gestrüpp und Dornsträuchern stehen. Hier braucht ein Schaf ungefähr 200 mal soviel Weidefläche wie bei uns. Das Gebiet einer mittleren Station ist 500 km² groß. Zu einer Station gehören das Wohnhaus, Wirtschaftsgebäude, Wassertanks, ein Gemüsegarten, Reparaturwerkstätten, Schurbaracken, eine Rollpiste für Sportflugzeuge, Viehtränken und die großen Weideflächen. Ställe für die Schafe gibt es nicht, denn sie leben das ganze Jahr im Freien. Die einzelnen Weideflächen sind durch Zäune in Schläge unterteilt. Grenzreiter zu Pferd oder im Jeep kontrollieren die Zäune und passen auf, daß nicht räuberische Dingos (Wildhunde) Schafe reißen. Auch die Känguruhs müssen vertrieben werden, da sie den Schafen das spärliche Gras wegfressen. Die größte Plage sind die Wildkaninchen. Sie fressen den Schafen das Gras weg und unterhöhlen die Weideflächen. Auch die Wasserstellen und die Windräder müssen kontrolliert werden, und kranke Tiere müssen ausgesondert und behandelt werden.

Aufgaben:

1. Vergleiche die Größe einer Schaffarm (Station) von 500 km² mit einer dir bekannten Fläche!

2. Erkläre die einzelnen Gebäude und Einrichtungen einer Station!

3. Warum müssen die einzelnen Weideflächen (Schläge genannt) häufig gewechselt werden?

4. Welche Aufgaben haben die Grenzreiter?

5. Schreibe auf, welchen Gefahren die Schafe auf den Weideflächen ausgesetzt sind!

6. Welche Probleme würden sich ergeben, wenn du auf einer Station leben müßtest?

M 6.4 — Schafschur

Von August bis Oktober werden in Australien die Schafe geschoren. Die Schafschur beginnt im Norden und endet im Süden des Landes. Die Tiere werden von den Weideflächen zur Station getrieben und in eingezäunten Hürden zusammengetrieben. Es sind meistens Merinoschafe, deren Wolle besonders fein und wertvoll ist. Auf einer Station von 500 km² müssen 20 000 Schafe geschoren werden. Dafür gibt es Schafscherer, die in Kolonnen (meistens 15 Leute) die Stationen mit dem Flugzeug oder Auto aufsuchen. Ein guter Scherer schafft pro Tag 200 Schafe. Nach der Schur werden die Schafe desinfiziert und wieder auf die Weiden gebracht.

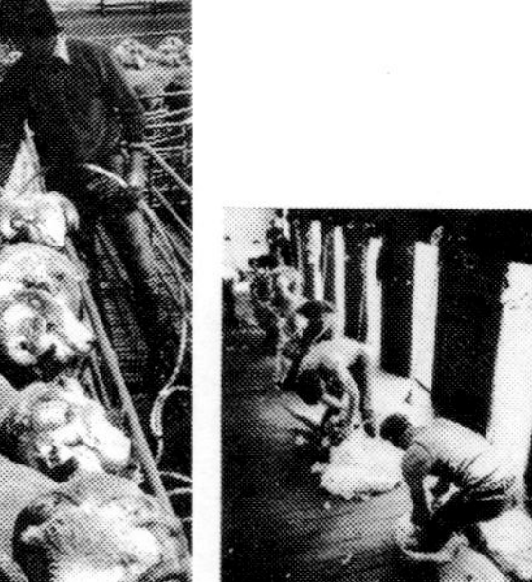

(a) (b) (c) Tränke mit Windrad

Aufgaben:

1. Beschreibe die auf den Abbildungen (a) und (b) dargestellten Vorgänge!

2. Wie lange arbeiten die 15 Schafscherer auf der Farm bis alle 20 000 Schafe geschoren sind?

3. Pro Schaf verdienen die Scherer umgerechnet 1,50 DM. Wie hoch ist ihr Tagesverdienst?

4. Schafschur ist Saisonarbeit. Was versteht man darunter?

5. Abb. (c) zeigt eine Schafherde bei der Tränke. Wozu dient das Windrad?

Niederschläge, Landnutzung, Schafbestand

ⓐ Durchschnittliche Niederschläge

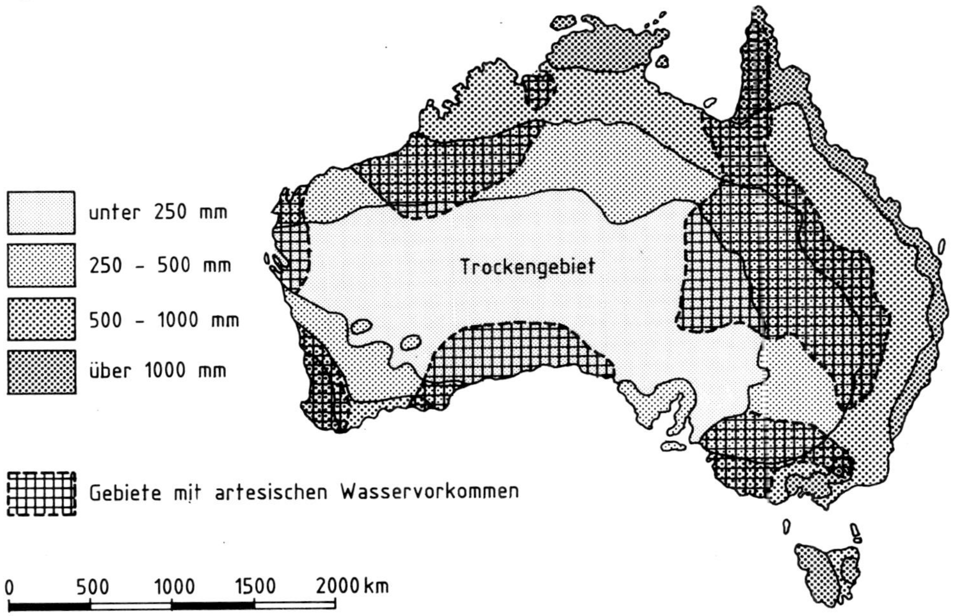

ⓑ Landnutzung (Überblick)

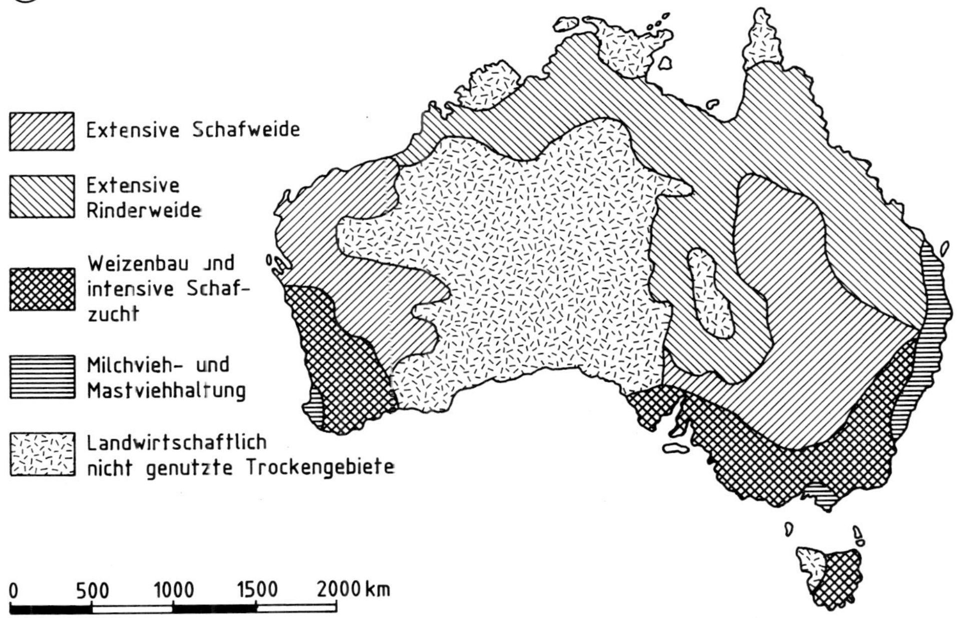

ⓒ Entwicklung des Schafbestandes in Australien

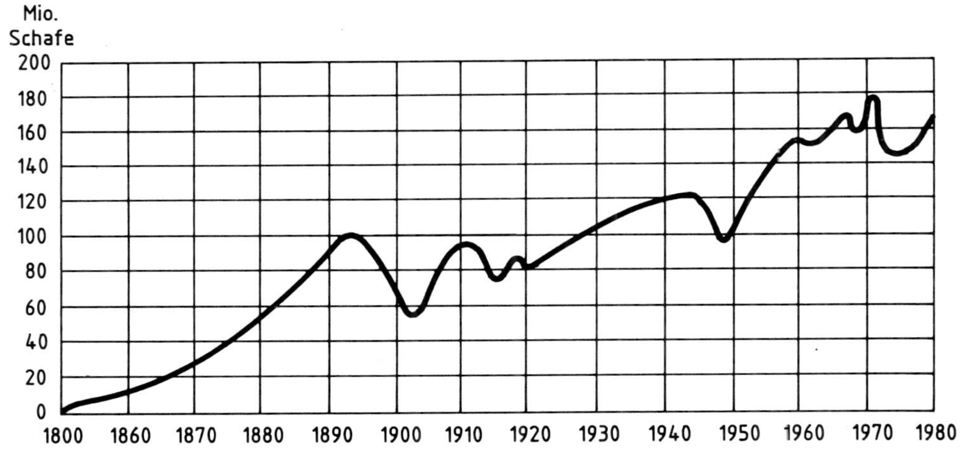

Aufgaben:

1. Vergleiche beide Karten miteinander! Was kannst du feststellen?

2. Versuche die Tabelle über die Entwicklung des Schafbestands in Australien zu erklären!

<table><tr><td>**M 7.1**</td><td>**Lage und Größe USA/UdSSR**</td></tr></table>

Vergleich mit den USA (Größe und Lage im Gradnetz)

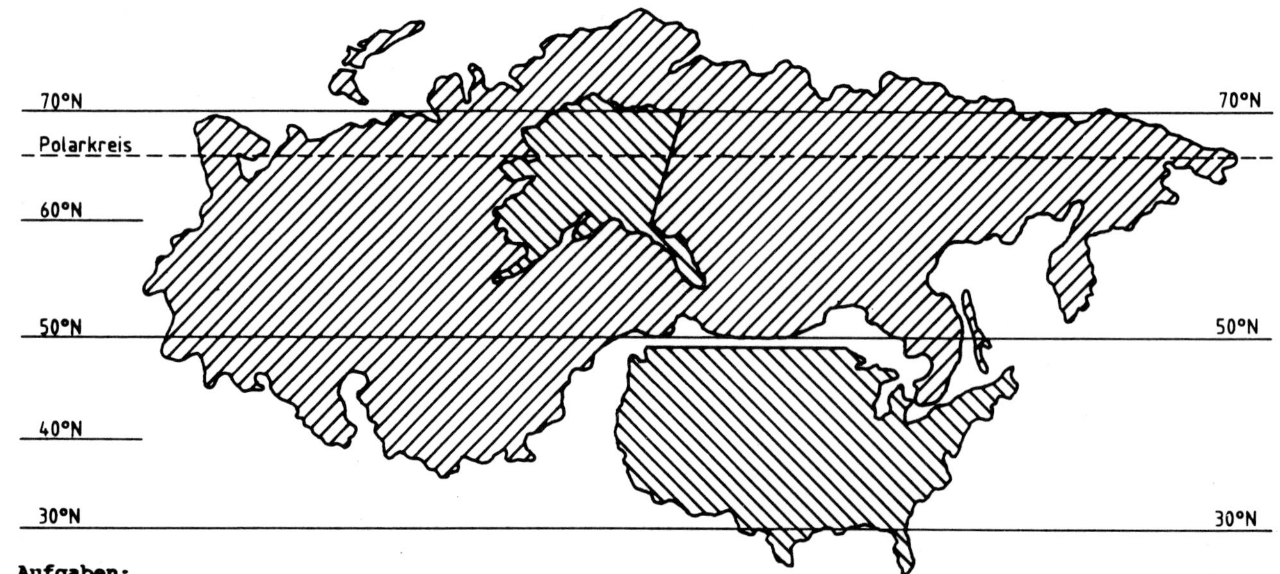

Aufgaben:
1. Vergleiche die beiden Staaten miteinander in bezug auf
   a) Größe; b) geographische Lage.
2. Trage die geographische Breite von Flensburg, Mainz und Garmisch-Partenkirchen als Punkte links
   neben die Staatenabbildung als Hilfsmittel zum Vergleich ein.

<table><tr><td>**M 7.2**</td><td>**Statistische Angaben zu landwirtschaftlicher Erzeugung und Viehbestand USA/UdSSR**</td></tr></table>

(alle Zahlen in Mio. t bzw. Mio Stück)	USA 1977	USA 1985	UdSSR 1977	UdSSR 1985
Bevölkerung	219,8	238,7	261,5	280,1
Getreide	262	346,8	188	180,6
davon Weizen	55	65,9	92	83
Reis	4,5	6,2	2,2	2,6
Mais	161	225,2	11	15
Roggen	0,4	0,5	8,5	12
Gerste	9	13,1	53	48,5
Hafer	11	7,8	18,3	16
Kartoffeln	16	16,5	83	87
Zuckerrüben	23	19,3	93	71
Zuckerrohr	26	26,2	–	–
Zuckerproduktion	5	5,5	8,8	8,6
Sojabohnen	48	57,9	0,5	0,55
Fleisch	26	25,7	13	17,4
Viehbestand:				
Rinder	122	109	110	121
Milchkühe	11		42	
Milchproduktion	55,3	64	94	98
Milchleistung (pro Kuh in Kg)	5 078	5 637	2 249	2 450

Aufgaben:
1. Vergleiche diese Zahlen miteinander und mache eine generelle Aussage zur Leistungsfähigkeit der Landwirtschaft in beiden Staaten.
2. Informiere dich über die Verwendung von Mais und Sojabohnen.
3. Berechne die Pro-Kopf-Erzeugung bei Getreide und Fleisch.
4. Informiere dich über Eßgewohnheiten in den USA und der UdSSR.

Was kannst du aus der folgenden Tabelle herauslesen?

Ein Bauer versorgt in	
den USA	65 Menschen
der Bundesrepublik	42 Menschen
der EG	33 Menschen
der UdSSR	10 Menschen

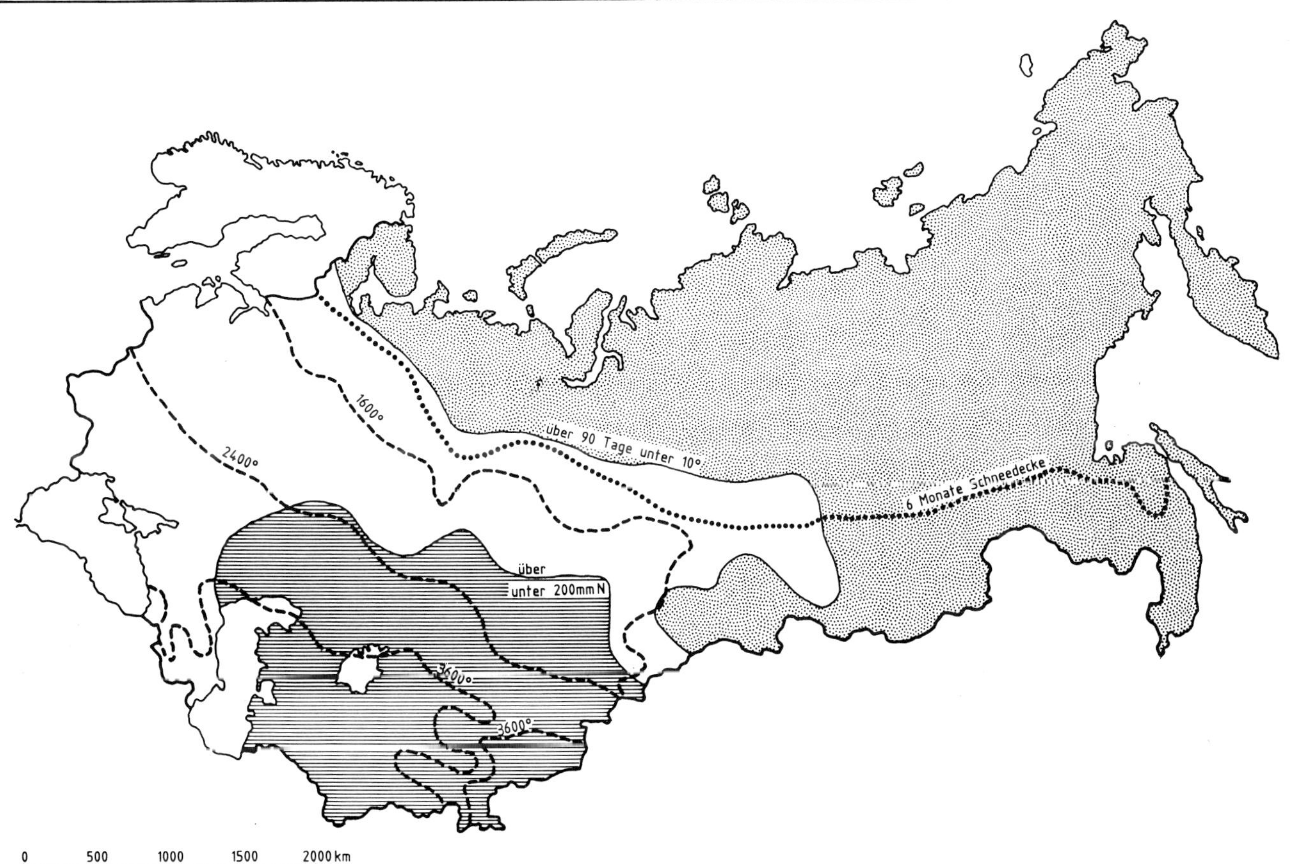

Erläuterungen und Aufgaben:

Um das Gebiet, das für den Anbau landwirtschaftlicher Produkte geeignet ist, zu erkennen, muß man folgendes über die Signaturen in dieser Karte wissen:

 90 Tage unter 10°C

Die 10°C-Durchschnittstemperatur ist die Temperatur, von der ab das Wachstum der Kulturpflanzen beginnt. Liegt die Zeit, in der diese Temperatur nicht erreicht wird, über 90 Tage, ist ein Anbau nicht möglich.

 Temperatursummen der Ø-Temperaturen an Tagen über 10°C Ø-Temperatur

Der Temperatursummenanspruch bei Getreide beträgt bei Gerste > 1 600°, bei Roggen > 1 800°, bei Hafer > 2 100° und bei Weizen > 2 200°

●●●●●●●●●●●● Südgrenze einer 6-monatigen Schneedecke

 Niederschläge < 200 mm im Jahr

Für Getreide ist nicht die Jahresniederschlagsmenge, sondern die Niederschlagsmenge in der Zeit des Wachtums der Pflanzen wichtig, wobei ein besonderer Wasserbedarf zum Zeitpunkt des Schossens und Blühens besteht.
Außerdem ist der Wasserbedarf auch von Vegetationsdauer und den Temperaturbedingungen des Anbaugebietes abhängig (stärkerer Wasserbedarf in wärmeren Gebieten). In diesem hier dargestellten Gebiet kann mit der Faustregel '200 mm Jahresniederschlag = Anbaugrenze Getreide' gearbeitet werden.

Aufgaben:
1. Bestimme nach diesen Informationen die möglichen Anbaugrenzen für Getreide in der Sowjetunion.
2. Hebe dieses Gebiet farbig hervor und mache eine Aussage über das Verhältnis der Gesamtfläche der UdSSR und der möglichen Anbaufläche.

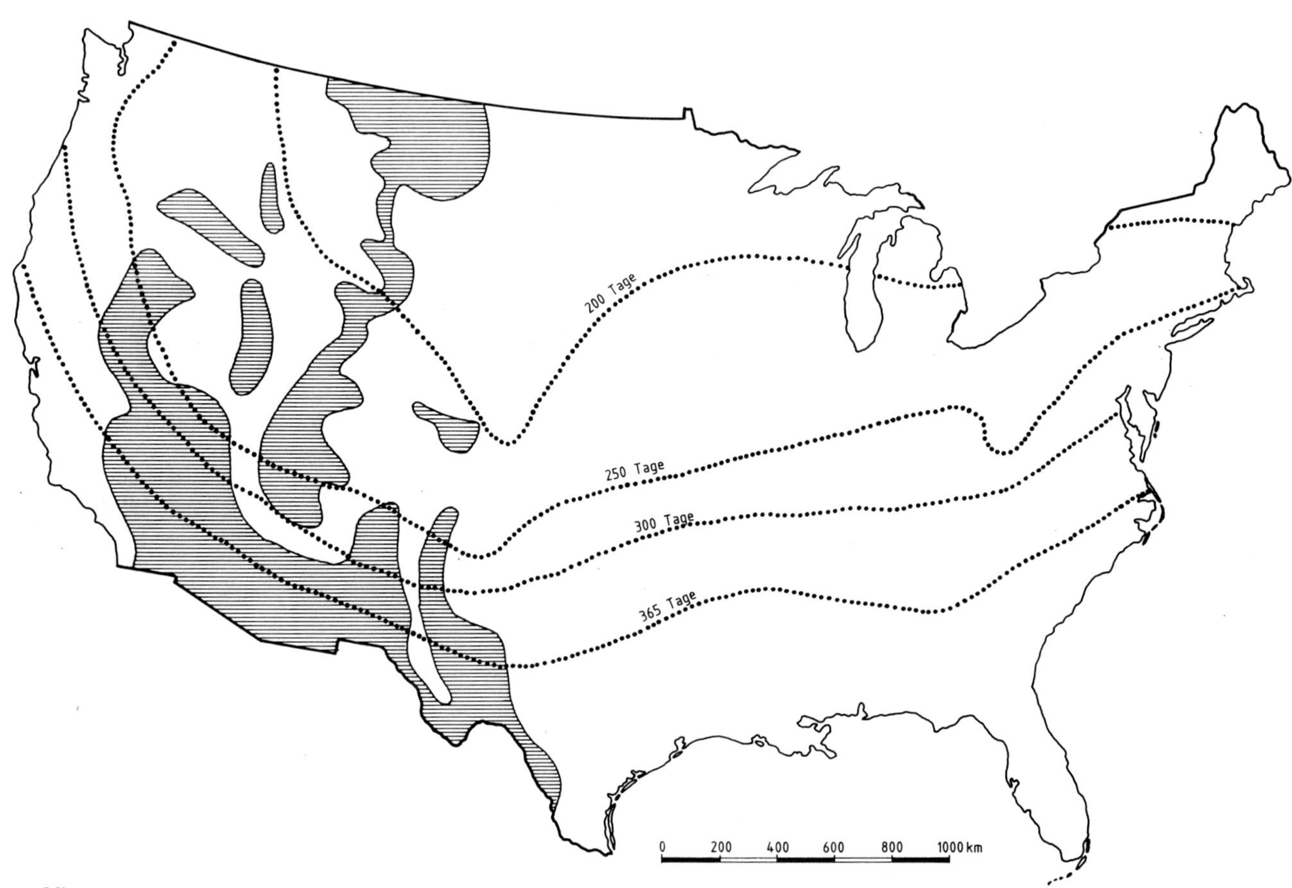

Erläuterungen und Aufgaben:

Vegetationszeit für Kulturpflanzen; bei allen hier dargestellten Vegetationsgebieten gibt es keines, das **durchgehend** 90 Tage unter 10°C Ø aufweist.

 10 - 12 Monate arid

Während des größten Teils des Jahres überwiegt die mögliche Verdunstung gegenüber dem Niederschlag, das bedeutet Wüsten, Halbwüsten als Vegetationsgebiet und damit ungeeignet als Kulturfläche.

Aufgaben:

1. Zeichne die Gebirge in groben Umrissen ein.

2. Bestimme nach diesen Informationen die Fläche des möglichen Anbaus und mache eine Aussage über das Verhältnis der Gesamtfläche zur möglichen Anbaufläche.

3. Vergleiche diese Aussage mit der entsprechenden Aussage über die Sowjetunion.

Landwirtschaftliche Produktion 1974–1978–1983 — M 8.1

		Indien	BR Deutschland
1974	Bevölkerung:	574 000 000	62 100 000
	Fläche:	3 287 590 km²	248 678 km²
	Bevölkerungsdichte:		
	Landwirtsch. Prod. (in Mio. t.)		
	Gerste	2,9	6,9
	Hirse	17,5	–
	Mais	5,5	0,35
	Reis	70,5	–
	Weizen	25,8	7,0
	Getreide insgesamt		
	Pro-Kopf-Erzeugung		
1978	Bevölkerung:	638 000 000	61 300 000
	Fläche:	3 287 590 km²	248 678 km²
	Bevölkerungsdichte:		
	Landwirtsch. Prod. (in Mio. t)		
	Gerste	2,3	8,6
	Hirse	22,8	–
	Mais	63,0	0,6
	Reis	79,0	–
	Weizen	31,3	8.1
	Getreide insgesamt		
	Pro-Kopf-Erzeugung		
1983	Bevölkerung:	690 000 000	61 500 000
	Fläche:	3 287 590 km²	248 678 km²
	Bevölkerungsdichte:		
	Landwirtsch. Prod. (in Mio. t)		
	Gerste	2,0	9,5
	Hirse	21,0	–
	Mais	6,5	2,1
	Reis	72,0	–
	Weizen	36,5	8.6
	Getreide insgesamt		
	Pro-Kopf-Erzeugung		

Tägli… — M 8.2

Land

BR De…

Indie…

Besc…
Tag…
Bea…

…ehydrate

3 413,2

1 920,0

Zahlen die … tten.

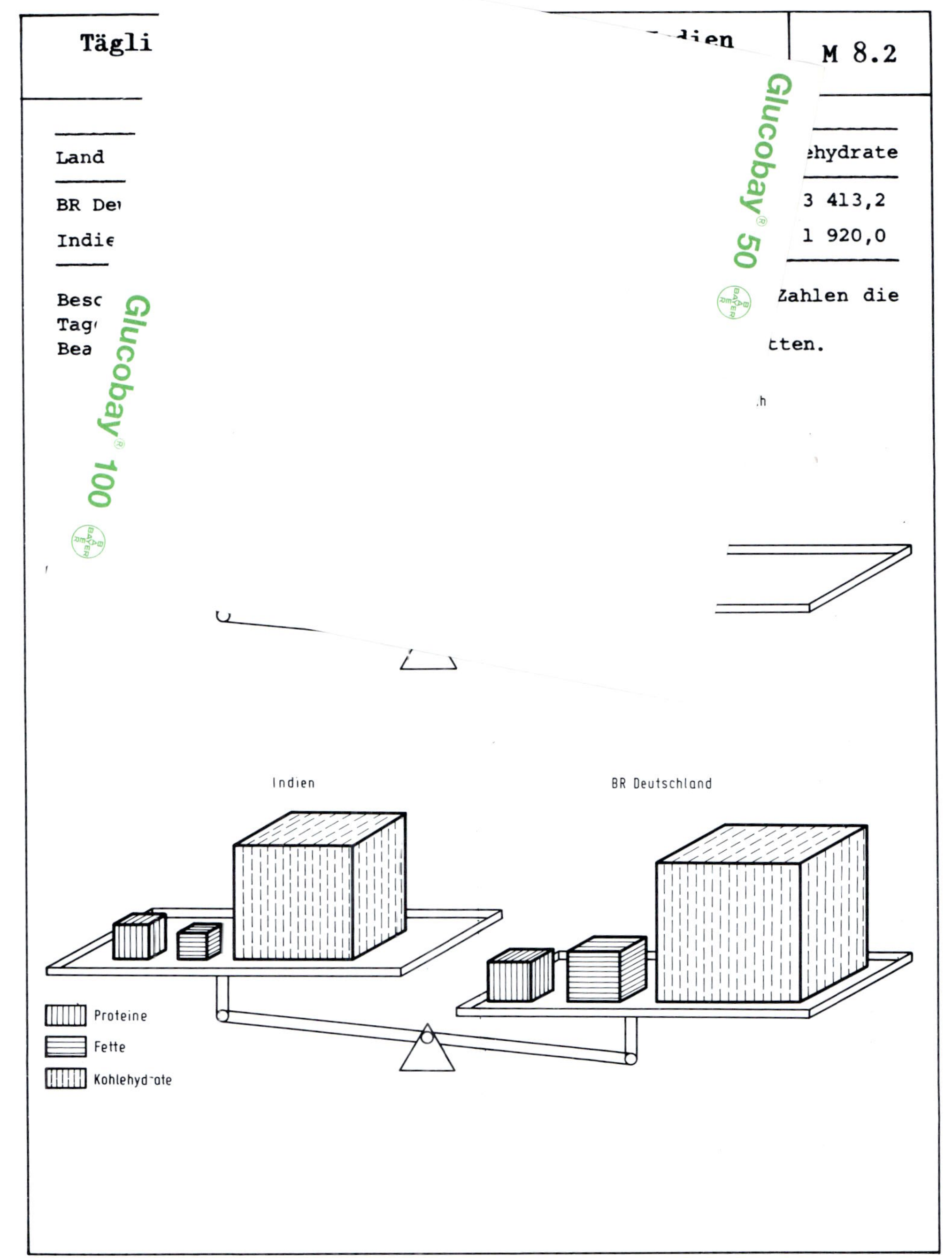

<table>
<tr><td>M 9.3</td><td>Kosten und Erlöse
in der Landwirtschaft</td></tr>
</table>

(a) Kosten/Erlöse in absoluter Höhe

	Kosten				Erlöse			
	1950 DM/ha	1960 bei Feldfrüchten	1975	1985	1950 DM/dt	1960 DM/dt	1975 DM/dt	1985 DM/dt
Weizen	290	580	862	1418	29,00	43,50	49,00	49,00
Roggen	165	330	494	1766	24,00	39,90	45,00	50,50
Gerste	220	440	675	1437	26,40	37,00	43,50	48,00
Hafer	170	340	515	2020	24,70	32,00	43,00	49,50
Raps	240	480	720	1789	60,00	66,00	91,00	110,00
Kartof- feln	500	1000	1522	1065	7,70	11,00	24,50	8,50
Zucker- rüben	340	680	1036	3137	5,00	6,75	10,20	12,00

Beschreibe die Entwicklung der Kosten und
Erlöse. Setze dann diese Entwicklung für je eine
einzelne Feldfrucht in eine graphische Darstellung (Kurve) um: Lege dazu für jede Feldfrucht
eine Übersicht nach dem folgenden Muster für
Weizen an. (Ausgangszahlen von Kosten und
Erlösen von 1950 entsprechen 100):

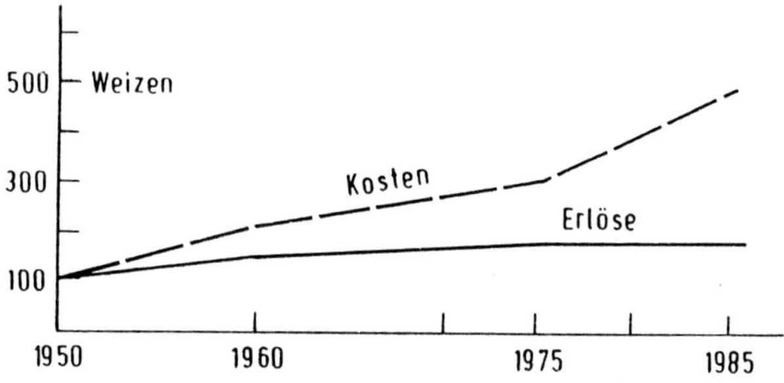

(b) Kosten und Erlöse in relativer Höhe

		1960	1975	1985
Weizen	Kosten	200	297	488
	Erlöse	150	168	168
Roggen	Kosten	200	299	1070
	Erlöse	166	187	210
Gerste	Kosten	200	306	653
	Erlöse	140	165	181
Raps	Kosten	200	300	745
	Erlöse	110	150	183
Hafer	Kosten	200	303	1188
	Erlöse	130	174	200
Zuckerrüben	Kosten	200	304	923
	Erlöse	135	204	240

Aus Tabelle (b) und selbstgefertigten Kurven
(Übersichten) kannst du eine deutliche Aussage
zum Verhältnis Kosten - Erlöse und damit zur
wirtschaftlichen Situation der Betriebe machen.

<table>
<tr><td>M 9.4</td><td>Ausgleich des Kosten-Preis-
Mißverhältnisses</td></tr>
</table>

Um das Mißverhältnis von Kosten und Erlösen
auszugleichen, mußten die Bauern eine Lösung
finden.

(a) Erntemengen (dt/ha) im Bereich Hannover

	1950	1960	1975	1986
Weizen	30	40	48	63
Gerste	29	38	40	48
Roggen	22	30	34	42
Hafer	26	31	40	47
Raps	15	22	23	27
Zuckerrüben	361	400	408	518
Kartoffeln	245	250	260	360

Erkläre aus den Zahlen dieser Tabelle, wie die
Landwirte das Mißverhältnis Kosten - Erlöse zu
beseitigen versuchten. Begründe, warum diese
Lösung nicht aufgehen kann.
Daß diese Lösung ohnehin nicht für alle
Landwirte möglich war, kann man aus nach-
stehender Tabelle herauslesen: Beschreibe und
erkläre diese Tabelle (b) und versuche, den
Trend (Entwicklungsrichtung) zu erkennen und
zu beschreiben.

(b) Zahl und Größe landwirtschaftlicher Betriebe in der BR Deutschland

Größenklasse ha LF	Zahl der Betriebe in 1 000				
	1950	1960	1970	1980	1986
1 - 10	1527	960	638	407	345
10 - 20	254	286	268	181	155
20 - 30	o	120	104	102	91
30 - 50	112	43	53	75	76
50 - 100	13	14	16	27	33
> 100	3	3	3	4	5

(a) Karte der Länder der EG

1. Setze in die Kreise die Länder-
   kennzeichen, die bei KFZ üblich
   sind.
   (Spanien und Portugal sind erst
   ab 1.1.1987 Mitglieder der EG)

(b) Anteil der Beschäftigten 1985 in Land-, Forstwirtschaft und Fischerei (I), in produzierendem
Gewerbe, Energie und Bauwirtschaft (II), in Dienstleistungen (III).

	D	F	I	NL	B	L	DK	GB	IR	GR
I	5	7	11	5	3	6	7	3	16	29
II	45	36	40	33	36	45	30	39	35	31
III	50	57	49	62	61	49	63	58	49	40

2. Stelle diese Zahlen als Kreisdiagramme dar!
3. Versuche eine Rangordnung aufzustellen, die nur die Zahlen der in Land-, Forstwirtschaft und
   Fischerei-Beschäftigten berücksichtigt!

(c) Flächenproduktivität in der EG (Erträge in dt/ha) 1985

	D	F	I	NL	B	L	DK	GB	IR	GR
Weizen	60,8	60,1	28,2	66,5	63,1	43,1	59	63,4	63,5	20,5
Getreide insges.	53,1	57,5	36,6	61,6	59,9	38	49,6	55,9	52,4	29,4
Kartoffeln	359	325	174	423	367	320	358	358	208	180

4. Vergleiche die Tabellen (b) und (c)! (Bedenke klimatische Unterschiede!). Welcher Zusammenhang
   besteht zwischen beiden Tabellen?

(d) Mechanisierung in der EG (1985)

	D	F	I	NL	B	L	DK	GB	IR	GR
Schlepper in 1 000	1483	1497	1141	170	108	8	169	512	150	248
Schlepper je 1 000 ha LF	123	47	64	84	75	68	59	27	26	27
Mähdrescher je 100 ha LF Getreidefläche	28	16	7	26	20	40	21	14	12	4

5. Als Maßstab für die Mechanisierung wird oft die Zahl der Schlepper angesehen. Der Mechanisie-
   rungsgrad wird aber nicht einfach durch die absolute Zahl der Schlepper deutlich.
   Versuche durch die obige Tabelle diese Aussage zu belegen!
   Vergleiche die absolute Zahl der Schlepper mit der der Schlepper pro 1 000 ha LF und die Anzahl
   der Mähdrescher!

Quellenverzeichnis

Zeitschriftenschlüssel:

BGR Beiheft Geographische Rundschau. Braunschweig (ab 1979: Praxis Geographie)
EHM Ehrenwirth Hauptschulmagazin. München
GiS Geographie in der Schule. Kiel
GiU Geographie im Unterricht. Köln
GR Geographische Rundschau. Braunschweig
PG Praxis Geographie. Braunschweig (bis 1978: Beiheft Geographische Rundschau)
WPB Westermanns Pädagogische Beiträge. Braunschweig
ZKF Zeitschrift für Kulturtechnik und Flurbereinigung. Berlin—Hamburg

G.1 Literaturverzeichnis

Achtnich, W. (1980): Bewässerungslandbau. Stuttgart.

Agrarbericht (1981 ff.): Agrar- und ernährungspolitischer Bericht der Bundesregierung. Bonn [erscheint jährlich neu].

Altmann, J. (1982): Erkundung eines Nebenerwerbsbetriebes. — In: PG 12, Heft 10, S. 15—21.

Andreae, B. (1974): Die Farmwirtschaft an den agronomischen Trockengrenzen. Wiesbaden (Erdkundl. Wissen 38).

Andreae, B. (1976): Strukturzonen und Betriebsformen in der Europäischen Landwirtschaft. — In: GR 28, S. 221—234.

Andreae, B. (¹1977; ²1983): Agrargeographie. Berlin.

Andreae, B. (1980): Weltwirtschaftspflanzen im Wettbewerb. Berlin/New York.

Andreae B. (1985): Allgemeine Agrargeographie. (Sammlung Göschen Nr. 2624). Berlin/New York.

Andreae B./Greiser, C. (1978): Strukturen deutscher Agrarlandschaft. Landbaugebiete und Fruchtfolgezonen in der Bundesrepublik Deutschland. 2. Aufl., Trier. (Forschungen zur Deutschen Landeskunde 199).

Arnold, A. (1983): Die Agrargeographie als wissenschaftliche Disziplin. — In: Zeitschrift für Agrargeographie 1. Paderborn. S. 3—16.

Asche, H. (1982): Flurbereinigung Görsroth. — In: PG 12, Heft 10, S. 25—28 (= Beihefter S. 1—4).

Baade, F. (1956): Welternährungswirtschaft. Hamburg.

Bartels, D. (1980): Die heutigen Probleme der Land- und Forstwirtschaft in der BR Deutschland. 7. Aufl., Paderborn (Fragenkreise 23160).

Beckers, R. (1974): Methoden zur Erforschung eines Dorfes in einer großstädtischen Agglomeration. — In: BGR 4, Heft 2, S. 25—31.

Bernhard, H. (1915): Die Agrargeographie als wissenschaftliche Disziplin. — In Peterm. Geogr. Mitt. 61, S. 12—18.

Biller, M. (1979): Der bäuerliche Betrieb, heute und früher. — In: Die Scholle 47. Ansbach. S. 590—596.

Blanckenburg, P. von (1962): Einführung in die Agrarsoziologie. Stuttgart.

Bobek, H. (1984): Stellung und Bedeutung der Agrargeographie. — In: Erdkunde 2, S. 118—125.

Bobek, H. (1959): Die Hauptstufen der Gesellschafts- und Wirtschaftsordnung in geographischer Sicht. — In: Die Erde 90, S. 259—298.

Boesch, H. (²1969): Weltwirtschaftsgeographie. Braunschweig.

Borcherdt, C. (1961): Die Innovation als agrargeographische Regelerscheinung. — In: Arbeiten aus dem Geographischen Institut des Saarlandes 6, S. 13—50.

Born, M. (1974): Die Entwicklung der deutschen Agrarlandschaft. Darmstadt. (Erträge der Forschung 29).

Brucker, A. (1975): Flurbereinigung. Braunschweig (Westermann Planspiel).

Brunnöhler, E. (1978): Landwirtschaft. Stuttgart. (S II-Arbeitsmaterialien Geographie).

Buchwald, E. (1973): Landschaftspflege und Naturschutz in der Praxis. München.

Bünstorf, J. (1971): Formen der Viehwirtschaft im argentinischen Gran Chaco. — In: GR 23, S. 462—471.

Busch, P. (1978): Bevölkerungswachstum und Nahrungsspielraum auf der Erde. (Fragekreise 23170). Paderborn.

Carol, H. (1952): Das agrargeographische Betrachtungssystem. — In: Geographica Helvetica 7, S. 17—31 und S. 65—66.

Der Spiegel (1983): Füße im Wasser (Dattelpalmen). Jg. 39, Heft 40, S. 201—203.

Dietl, W. (1979): Standortgemäße Verbesserung und Bewirtschaftung von Alpweiden. Basel/Stuttgart.

Eckart, K. (1977): Die Entwicklung der Landwirtschaft in der DDR. — In: Die Realschule 85. Hannover. S. 54—59.

Eckart, K. (1979): Die privaten Landwirtschaften in den Ländern Ostmitteleuropas. Paderborn. (Fragenkreise 23537).

Engelbrecht, H. (1930): Die Landbauzonen der Erde. — In: Peterm. Geogr. Mitt., Erg.-H. 209, S. 287—297.

Enkelmann, R. (1981): Höhenstufen in den Alpen (Wallis). — In: GiU 6, S. 371—376.

Fahn, H.-J. (1980): Strukturprobleme der deutschen Landwirtschaft. — In: GiU 5, S. 309—312.

Fautz, B. (1970): Agrarräume in den Subtropen und Tropen Australiens. — In: GR 22, S. 385—391.

Feige, W./Muth, H. (1978): Nomaden werden seßhaft. — In: BGR 8, S. 121—131.

Fick, K. E. (1968): Die Arbeits- und Wirtschaftswelt als geographische Aufgabe. — In: WPB 20, S. 658—668.

Fraedrich, W. (1980): Australien — ein in der Entwicklung begriffener Wirtschaftsraum. — In: GiU 5, S. 421—442.

Fraedrich, W. (1982): Das Problem des Nomadismus in Afrika — eine Betrachtung aus landschaftsökologischer Sicht. — In: GiS 18, S. 24—41.

Gatzweiler, H. R. (1979): Der ländliche Raum — benachteiligt für alle Zeiten. — In: GR 31, S. 10—16.

Geisler, G. (1971): Pflanzenbau in Stichworten, 2 Bde. Kiel. (Hirt's Stichwortbücher)

Giese, E. (1974): Landwirtschaftliche Betriebskonzentration und Betriebsvergrößerung in der Sowjetunion. — In: GR 26, S. 473—480.

Glauert, G. (1975): Die Alpen. Kiel. (Geocolleg).

Grigg, D. (1969): Agricultural Region of the world. — In: Economic Geography 45, S. 95—132.

Hahn, E. (1892): Die Wirtschaftsformen der Erde. — In: Peterm. Geogr. Mitt. 38, S. 8—12.

Habrich, W. (1974): Die Agrarproduktion der USA und ihre Auswirkungen auf den Binnenmarkt und die Außenwirtschaft. — In: GR 26, S. 132—141.

Hampicke, U. (1977): Landwirtschaft und Umwelt. Ökologische und ökonomische Aspekte einer rationalen Umweltstrategie, dargestellt am Beispiel der Landwirtschaft in der BRD. Kassel (Urbs et regio 5).

Härle, J. (1982): Landwirtschaft — Umweltschützer oder Umweltschädiger? — In: GR 34, S. 105—112 (= Beihefter in H. 3, S. 1—8).

Heinemann, G. (1976): Die Landwirtschaft. Unterrichtssequenz für das 6. Schuljahr. — In: Die Scholle 44. Ansbach. S. 498—503.

Henkel, G. (1979): Dorferneuerung. — In: GR 31, S. 137—142.

Herzog, R. (1982): Der Nomadismus in der Sahara. — In: GR 34, S. 275—283.

Heuer, A. (1978): Landwirtschaft und Wirtschaftsordnung. Braunschweig. (Westermann Colleg Raum und Gesellschaft 4).

Hewes, L. (1971): Siedlung und Landnutzung in den Great Plains (USA). — In: GR 23, S. 385—389.

Heyn, E. (1982): Lehren und Lernen im Geographieunterricht. 3. Aufl., Paderborn.

Hofmeister, B. (1973): Nordamerika. Frankfurt a. M. (Fischer Länderkunde, Bd. 6).

Hoisl, R. (1977): Flurbereinigung bei abnehmender Bevölkerungszahl. — IN: ZKF 18, S. 233—248.

Hoisl, R. (1979): Ländliche Neuordnung in Gegenwart und Zukunft. — In: ZKF 20, S. 335—344.

Hollstein, W. (1937): Eine Bonitierung der Erde auf landwirtschaftlicher und bodenkundlicher Grundlage. (= Peterm. Geogr. Mitt., Erg.-H. 234).

Ibrahim, F. (1979): Desertifikation. Wüstenbildung ein weltweites Problem. Düsseldorf.

IMA (= Informationsgemeinschaft für Meinungspflege und Aufklärung) (1978): Landwirtschaft im Unterricht. Hannover.

IMA (= Informationsgemeinschaft für Meinungspflege und Aufklärung) (1982): Agrimente 1981—1987. Hannover [erscheint jährlich neu].

Jander, L./Schramke, W./Wenzel, H. J. (Hrsg.) (1982): Metzler Handbuch für den Geographieunterricht. Stuttgart.

Karbaumer, K. (1977): Warum arbeiten heute so wenige Menschen in der Landwirtschaft? — In: EHM 2, Heft 1, S. 29—32.

Karger, A. (1976): Probleme in der sowjetischen Getreideerzeugung. — In: GR 28, S. 265—269.

Kästner, W./Schwengler, H. (1981): Landwirtschaftliche Sonderkulturen in der BR Deutschland. — GiU 6, S. 1—42.

Kersberg, H. (1977): Projekt Dorferneuerung im Schullandheim. — In: päd. extra, Heft 4. Bensheim. S. 32—33.

Kirschner, H./Kirschner, U. (1982): Leitthema „Landwirtschaft". Überlegungen zu einem neuzeitlichen Erdkundeunterricht in der 5/6. Jahrgangsstufe. — In: Blätter für Lehrerfortbildung 34. München. S. 501—511.

Kolb, A./Jaschke, D. (1977): Die landwirtschaftliche Tragfähigkeit Nordaustraliens. — In: GR 29, S. 366—375.

Kreutzer, G. W. (1983): Der Negev — ein Entwicklungsgebiet Israels. 5. Aufl. Paderborn. (Fragenkreise 23360).

Lampe, K. (1982): Bewässerungslandwirtschaft in der Dritten Welt. Gedanken eines Kleinbauern. — In: GR 34, S. 538—544.

Lamping, H. (1982): Trockenräume, das Beispiel Australien. — In: Geographie und Schule, Heft 15. Köln S. 1—11.

Lappler, K.-H. (1980): Wirtschaftliches Handeln im landwirtschaftlichen Betrieb. Unterrichtssequenz für die 7. Jahrgangsstufe. — In: Pädagogische Welt. 34. Donauwörth. S. 84—91.

Lillotte, F. J. (1968): Die Bedeutung der Flurbereinigung für die Ordnung des ländlichen Raumes. — In: Innere Kolonisation 17. Bonn. S. 196—198.

Löhr, L. (1971): Die Bergbauernwirtschaft im Alpenraum. Graz.

Magel, H. (1980): Naturschutz und Landschaftspflege in der Flurbereinigung. — In: ZKF 21, S. 303—312.

Malthus, T. R. (1798): An essay on the principle of population. London. (Dt. Ausgabe: Stuttgart 1977, dtv Bd. 6021).

Mändle, E. (1974): Die Landwirtschaft in der Industriegesellschaft. Informationen zur politischen Bildung, Heft 158. Bonn.

Manshard, W. (1968): Agrargeographie der Tropen. Mannheim.

Maresch, W. (1983): Neulanderschließung im Negev. — In: PG 13, Heft 5, S. 32—36.

Matzke, O. (1982): Die weltweite Ernährungssituation und ihre künftige Entwicklung. — In: GR 34, S. 440—444.

Meier, L. (1979): Die Veränderung der Kulturlandschaft durch Maßnahmen der Flurbereinigung. — In: GiU 4, S. 13—18.

Mensching, H. (1971): Der Sahel in Westafrika. Hamburg. (Hamburger Geograph. Studien 24).

Mensching, H. (1977): Die Wüste. Lebensraum ohne Chance? — In: Der Überblick 25, Heft 4. Göttingen. S. 1—6.

Mensching, H. (1982): Physische Geographie der Trockengebiete. Darmstadt. (Wege der Forschung 536).

Merkt, J. (1968): Bemerkungen zu einer Karte der Lößverbreitung in Südniedersachsen. — In: Geologisches Jahrbuch 86, Hannover. S. 107—112.

Meyer, K. (1964): Ordnung im ländlichen Raum. Stuttgart.

Mohs, G. (1977): Einführung in die Produktionsgeographie. (Studienbücherei Geographie für Lehrer, Bd. 3). Gotha/Leipzig.

Müller, M. (1980): Handbuch ausgewählter Klimastationen der Erde. 2. Aufl., Trier. (Forschungsstelle Bodenerosion der Universität Trier, Heft 5).

Nitz, H.-J. (1970): Agrarlandschaft und Landwirtschaftsinformation. — In: Moderne Geographie in Forschung und Unterricht, Auswahl Reihe B, Bd. 39/40. Hannover. S. 70—93.

Nitz, H.-J. (1982): Agrargeographie. — In: PG 12, Heft 10, S. 5—9.

Obst, E. (^{3}1965): Allgemeine Wirtschafts- und Verkehrsgeographie. (Lehrb. d. Allgem. Geogr., Bd. 7). Berlin.

Otremba, E. (1960): Allgemeine Agrar- und Wirtschaftsgeographie. 2. Aufl. Stuttgart.

Otremba, E. (1970): Der Agrarwirtschaftsraum der Bundesrepublik Deutschland. Wiesbaden. (Erdkundliches Wissen 24).

Otremba, E. (1971): Gunst und Ungunst der Landesnatur für die Landwirtschaft im Gebiet der Bundesrepublik Deutschland. — In: GR 23, S. 106—108.

Otremba, E. (1976): Die Güterproduktion im Weltwirtschaftsraum. 3. Aufl., Stuttgart (Erde und Weltwirtschaft, Bd. 2/3).

Pacyna, G. (1958): Agrarfabriken oder Bauernhöfe? Hamburg.

Petrov, M. P. (1976): Deserts of the world. New York.

Pfeiffer, G. (1958): Zur Funktion des Landschaftsbegriffes in der deutschen Landwirtschaftsgeographie. — In: Studium Generale 11, S. 399—411.

Poitner, B. (1973): Vom Bauernhof zur Wohn- und Erholungsgemeinde — Wandlungen in der deutschen Landwirtschaft. — In: BGR 3, Heft 3, S. 29—33.

Priebe, H. (1982): Alternativen der Europäischen Agrarpolitik. — In: GR 34, S. 102—116.

Richter, W. (1970): Der Moshav Ovdim. Entwicklung und Probleme einer typischen kooperativen ländlichen Siedlungsform in Israel. — In: GR 22, S. 175—182.

Robinson, R. (1974): Überprüfung von Beziehungen zwischen Landnutzungsmustern und Distanz. — In: BGR 4, Heft 2, S. 13—17.

Rönick, V. (1982): Polocentro. Brasiliens Entwicklungsprogramm für die Region der Cerrados. — In: GR 34, S. 360—366.

Rostankowski, P. (1981): Getreideerzeugung nördlich 60° N. — In: GR 33, S. 147—152.

Rühl, A. (1929): Das Standortproblem in der Landwirtschaftsgeographie. Stuttgart.

Samel, J. U./Denninger, T./Müller, H. J. (o. J.): Unterrichtsmodell: „Menschen am Arbeitsplatz". [Unveröffentl. Manuskript eines Forschungsprojekts für das Fach Welt- und Umweltkunde] Hannover.

Scheuermann, K. (1981): Bewässerungsverfahren. — In: bau intern, Heft 8, München. S. 134—136.

Schiffers, H. (1971): Die Sahara und ihre Randgebiete. München.

Schliephake, K. (1982): Die Oasen der Sahara — ökologisch und ökonomische Probleme. — In: GR 34, S. 282—288.

Scholz, F./Janzen, J. (Hrsg.) (1982): Nomadismus — ein Entwicklungsproblem? — Abhandlungen des Geograph. Instituts der FU Berlin — Anthropogeographie, Bd. 33, Berlin.

Schütt, P. (1972): Weltwirtschaftspflanzen. Berlin—Hamburg.

Sick, W. D. (1983): Agrargeographie. (Das Geographische Seminar): Braunschweig.

Spering, F. (1982): Agrargeographie im Erdkundeunterricht. — In: PG 12, Heft 10, S. 2—4.

Sperling, W. (1971): Bibliographie zum Thema Lehrwanderungen. — In: *Ernst, E.:* Lehrwanderungen im Erdkundeunterricht. Der Erdkundeunterricht, Heft 13. Sutttgart S. 91—95.

Stamer, H. (1983): Agrarpolitik aktuell. Frankfurt/M.

Thünen, J. H. von (1826): Der isolierte Staat in Beziehung auf Landwirtschaft und Nationalökonomie. Berlin (Nachdrucke: Jena 1921, Stuttgart 1966).

Vogel, K. 81977): Die Flurbereinigung, ein Verfahren der Raumordnung. — In: EHM 2, Heft 7. S. 17—20.

Vogtmeier, A. (1977): Bewässerung im Negev. — In: GiU 2, S. 75—81.

Waibel, L. (1933): Das System der Landwirtschaftsgeographie. (Wirtschaftsgeograph. Abhandl. 1). Breslau.

Walter, H. (1951): Grundlagen der Pflanzenverbreitung. Stuttgart.

Weigand, K. (1970): Programm Nord. Wandel der Landschaft in Schleswig-Holstein. Kiel.

Weischet, W. (1978): Die grüne Revolution. (Fragenkreise 23519). Paderborn.

Wenzel, H. J. (1981): Agrarstrukturen und Agrarräume. (Studienreihe Geographie/Gemeinschaftskunde, Heft 5). Stuttgart.

Wenzel, H.-J. (1982): Agrargeographische Probleme im Unterricht. — In: *Jander, L./Schramke, W./Wenzel, H. J.* (Hrsg.). Metzler Handbuch für den Geographieunterricht. Stuttgart. S. 5—14.

Wilhelmy, H./Rohmeder, W. (1963): Die La-Plata-Länder. Braunschweig.

Windhorst, H. W. (1974): Agrarinformation. — In: Geographische Zeitschrift 62. Wiesbaden. S. 272—294.

Windhorst, H.-W. (1976): Spezialisierung und Strukturwandel in der Landwirtschaft. Paderborn. (Fragenkreise Nr. 23480).

Windhorst, H.-W. (²1978): Die Agrarwirtschaft der USA im Wandel. (Fragekreise 23502). Paderborn.

Windhorst, H.-W. (1982): Großbestandhaltungen. Probleme der Agrarindustrie in Südoldenburg. — In: PG 12, Heft 10, S. 41—48.

Windhorst, W.-H. (1983): Geographische Innovations- und Diffusionsforschung. (Erträge der Forschung 189). Darmstadt.

G.2. Quellenangaben zum Materialienteil
(soweit nicht in den jeweiligen Sachanalysen direkt nachgewiesen)

M 2.1: IMA (Hannover). — **M 3.7 (t) bis 3.13 (t):** *K. Taubert* (Hannover). — **M 4.4 (t):** aus *R. Enkelmann* (1981): — **M 5.1 (b) und M 5.2 (a) bis (e):** Botschaft des Staates Israel (Bonn). — **M 5.3 (b):** aus MENSCH UND RAUM (Realschulen), Kl. 7/8., S. 108 (Schroedel-Verlag Hannover). — **M 6.4 (a) bis (c):** Australische Botschaft (Bonn). — **M 8.1:** nach FISCHER-WELTALMANACH 1976, 1980 und 1984. — **M 9.3 (a) und (c):** aus AGRI-MENTE 1982. — **M 9.4 (a) und (b):** nach INFORMATIONEN ZUR POLITISCHEN BILDUNG, Heft 78/79 (1959) und Heft 95 (1961) sowie FISCHER-WELTALMANACH 1970 ff. — **M 9.1 (t) und M 9.2 (t):** Amt für Agrarstruktur Hannover (1976).